Bekämpfung der Organisierten Kriminalität speziell auf dem Gebiet der Rauschgiftkriminalität unter besonderer Berücksichtigung der V-Mann-Problematik

Europäische Hochschulschriften

Publications Universitaires Européennes

European University Studies

Reihe II

Rechtswissenschaft

Série II Series II

Droit

Law

Bd./Vol. 978

PETER LANG

Frankfurt am Main · Bern · New York · Paris

Axel Beck

Bekämpfung der Organisierten Kriminalität speziell auf dem Gebiet der Rauschgiftkriminalität unter besonderer Berücksichtigung der V-Mann-Problematik

PETER LANG
Frankfurt am Main · Bern · New York · Paris

CIP-Titelaufnahme der Deutschen Bibliothek

Beck, Axel:

Bekämpfung der organisierten Kriminalität speziell auf dem Gebiet der Rauschgiftkriminalität unter besonderer Berücksichtigung der V-Mann-Problematik / Axel Beck.-
Frankfurt am Main ; Bern ; New York ; Paris : Lang, 1990
(Europäische Hochschulschriften : Reihe 2,
Rechstwissenschaft; Bd. 978
Zugl.: Freibung (Breisgau), Univ., Diss., 1990
ISBN 3-631-42831-6

NE: Europäische Hochschulschriften / 02

D 25
ISSN 0531-7312
ISBN 3-631-42831-6

Printed in Germany 1 2 4 5 6 7

Meinen Eltern

INHALTSVERZEICHNIS

ABKÜRZUNGS- UND SCHRIFTTUMSVERZEICHNIS

Anuschat	Erich Anuschat: Artikel "Kriminaltaktik", in: Handwörterbuch der Kriminologie und der anderen strafrechtlichen Hilfswissenschaften, Bd. 2, S. 54 ff., hrsg. von Alexander Elster und Heinrich Lingemann, Berlin und Lepzig, 1936.
Arnau	Frank Arnau: Das Auge des Gesetzes, in: Polizei Digest, 1984, H. 6, S. 174 ff.
Ave-Lallemant, II	Friedrich Christian Benedict Ave-Lallemant: Das deutsche Gaunerthum, Bd. 2, Leipzig 1858.
Bauer, Bekämpfung	Günther Bauer: Bekämpfung der organisierten Kriminalität, Bericht über die Arbeitstagung an der Polizeiführungsakademie Hiltrup, in: Der Kriminalist, 1973, H. 4, S. 202 ff.
Bauer, Rauschgift	Derselbe: Rauschgift, Lübeck 1972.
Bauer, Verbrechensbekämpfung, II	Derselbe: Moderne Verbrechensbekämpfung, Bd. 2, Lübeck 1972.
Bauer, Verbrechensbekämpfung, III	Derselbe: Moderne Verbrechensbekämpfung, Bd. 3, Lübeck 1977.
Bauer	Kurt Bauer: Rauschgiftkriminalität - Entwicklung, Stand und Möglichkeiten der Bekämpfung -, in: Baden-Württembergische Polizei, 1978, S. 21 ff.
BDK, Dokumentation	Dokumentation und Konzeption zur Bekämpfung der Organisierten Kriminalität, 1983.
BDK, Hohensinn	Dokumentation anläßlich der 1. Tagung des Bundes Deutscher Kriminal-

beamter, Landesverband Bayern, München im September 1970. S. 37 ff.: Die Großstadtpolizei und ihre V-Personen, von Karl-Heinz Hohensinn.

BDK, Schramm — Dokumentation zur Verbrechensbekämpfung, Verband Bundeskriminalamt, 1979. S. 21 ff.: Organisierte Kriminalität in der Bundesrepublik Deutschland, von Horst Schramm.

BDK, Stümper — Dokumentation des Landesverbandes Baden-Württemberg, 1983. S. 12 ff.: Organisierte Kriminalität - ein ernstzunehmendes Problem, von Alfred Stümper.

Beer, Rauschgiftkriminalität — Konrad Beer: Rauschgiftkriminalität und Drogenmißbrauch,in: Polizei in Bayern, 1981, S. 31 ff.

Beer, Strategien — Derselbe: Polizeiliche Strategien und Taktiken bei der Drogenbekämpfung, in: Schriftenreihe des Bundeskriminalamtes, 1981, Bd.49, S. 199 ff.

Behr, Verbrechen — Hans-Georg Behr: Organisiertes Verbrechen, 1. Aufl., Düsseldorf und Wien 1985.

Bergbauer — Fritz Bergbauer: V-Mann-Gewinnung, V-Mann-Führung, rechtliche Probleme, in: Der Kriminalist, 1976, H. 10, S. 573 ff.

Bergbauer II — Derselbe: Fortsetzung aus 10/76, in: Der Kriminalist, 1976, H. 11, S. 607 ff.

BKA-Forschungsreihe — Forschungsreihe des BKA "Drogenabhängigkeit und Kontrolle, 1981, Bd. 14, Wiesbaden.

BKA-Schriftenreihe — Schriftenreihe des BKA, 1964, Bd. 24.

Boeden — Gerhard Boeden: Erscheinungsformen und polizeiliche Bekämpfungsmöglichkeiten der organisierten Kriminalität, in: Organisierte Kriminalität, S. 23 ff., hrsg. von Hans-Dieter Schwind, Gernot Steinhilper und Edwin Kube, Heidelberg 1987 = Kriminologische Schriftenreihe der Deutschen Kriminologischen Gesellschaft e. V., Bd. 93.

Boeden, UCA — Derselbe: UCA und V-Mann, in: Polizei Digest, 1984, H. 6, S. 20 ff.

Böge — Hans Böge: Vertrauenspersonen und Vigilanten, in: Polizei-Praxis, 1950, Nr. 5/6, S. 91 ff.

Boettcher, Definition — Otto Boettcher: Definition und Entwicklung des organisierten Verbrechens in der Bundesrepublik - Konsequenzen für die Bekämpfung, in: Vortragsreihe des Bundeskriminalamtes, 1975, Bd. 21, S. 181 ff.

Braun — Günther Braun: Den Sekt und die Mädchen bezahlte der Staat, in: Polizei Digest, 1984, H. 6, S. 39 ff.

Brinker — Horst Brinker: Bekämpfung krimineller Gruppen - organisatorische, materielle und personelle Voraussetzungen, in: Kriminalistik, 1975, H. 4, S. 152 ff.

Burghard — Waldemar Burghard: Kriminalistik. Eine Bestandsaufnahme der letzten Jahrzehnte, in: Kriminalistik, 1982, H. 1, S. 20 ff.

Bux — Kuno Bux: Polizeiliche Prävention bei der Bekämpfung der Rauschgiftkriminalität, in: Kriminalistik, 1980, H. 5, S. 194 ff.

Diercks — Uwe Diercks: Möglichkeiten und Grenzen von polizeilich verwendeten V-Leuten, undercover-agents und agent provocateurs aus strafrechtlicher Sicht, in: Die Polizei, 1985, H. 6, S. 161 ff.

Dopffel — Albert Dopffel: Die strafrechtliche Verantwortlichkeit des agent provocateur, Diss. Tübingen 1899, (Stuttgart 1899).

Drywa — Jürgen Drywa: Die materiellrechtlichen Probleme des V-Mann-Einsatzes, Diss. Freiburg 1986, (Pfaffenweiler 1987) = Reihe Rechtswissenschaft, Bd. 36.

Ehrlich — Camillo Ehrlich: Spitzel. Gefahren bei ihrer Verwendung, in: Kriminalistik, 1964, H. 5, S. 238 ff.

Eisenberg — Ulrich Eisenberg: Kriminologie, 2. Auflage, Köln usw. 1985.

Falk — Bernhard Falk: Beweis- und Zusammenarbeitsprobleme zwischen Polizei und Justiz durch den Einsatz von V-Leuten gegen Rauschgifthändler, in: Polizei in Frankfurt, 1983, S. 4 ff.

Folger — Gerhard Folger: Informationsgewinnung im Vorfeld, in: Vortragsreihe des Bundeskriminalamtes, 1975, Bd. 21, S. 169 ff.

Freiberg, Ermittlung — Konrad Freiberg: Verdeckte Ermittlung: Rechtssicherheit notwendig, in: Deutsche Polizei, 1985, H. 4, S. 21 ff.

Freiberg, Kriminalität I — Derselbe: Organisierte Kriminalität Teil I, in: Deutsche Polizei, 1983, H. 8, S. 20 ff.

Freiberg, Kriminalität II — Derselbe: Organisierte Kriminalität Teil II, in: Deutsche Polizei, 1983, H. 10, S. 17 ff.

Füllkrug — Michael Füllkrug: Das Ende des V-Mannes?, in: Kriminalistik, 1984, S. 122 ff.

Funk — Albrecht Funk: Die staatliche Gewalt nach innen, HabilSchr. Berlin 1983.

GdP, Boge — Berichtsband "Organisierte Kriminalität - eine akute Bedrohung?" über eine Fachveranstaltung der Gewerkschaft der Polizei am 9. und 10. 9. 1982 in Bonn, hrsg. von der Gewerkschaft der Polizei, Berlin 1983. S. 27 ff.: Entwicklungstendenzen organisierter Kriminalität in Deutschland und im internationalen Bereich, von Heinrich Boge.

GdP, Korneck — Daselbst S. 16 ff.: Möglichkeiten und Grenzen der Staatsanwaltschaft bei der Bekämpfung organisierter Kriminalität, von Peter Korneck.

GdP, Schoeler — Daselbst S. 40 ff.: Kriminalpolitische Betrachtungen zur Bekämpfung organisierter Kriminalität in Deutschland, von Andreas von Schoeler.

GdP, Stümper — Daselbst S. 20 ff.: Problemstellung der Polizei bei der Bekämpfung der organisierten Kriminalität, Lösungsansätze und Zukunftsperspektiven, von Alfred Stümper.

Geißer — Hans Geißer: Die Zusage der vertraulichen Behandlung einer Mitteilung bei der Straftatenklärung, in: Goltdammer´s Archiv für Strafrecht, 1985, S. 247 ff.

Gellersen — Claus Gellersen: Artikel "Neue Richtlinien für die Arbeit mit V-Leuten", in: Frankfurter Rundschau vom 14.7. 1983, S. 14.

Gemmer, Bekämpfung — Karlheinz Gemmer: Die Bekämpfung organisierter Bandenkriminalität, in: Grundlagen der Kriminalistik, 1973, Bd. 11, S. 169 ff.

Gemmer, Kriminalität	Derselbe: Organisierte Kriminalität in der Bundesrepublik?, in: Archiv für Kriminologie, 1983, Bd. 171, S. 1 ff.
Gemmer, Verbrechen	Derselbe: Organisiertes Verbrechen - eine Gefahr für die innere Sicherheit?, in: Kriminalistik, 1974, H. 12, S. 529 ff.
Goessner/Herzog	Rolf Goessner und Uwe Herzog: Im Schatten des Rechts. Methoden einer neuen Geheimpolizei, Köln 1984.
Gross/Geerds II	Hans Gross: Handbuch der Kriminalistik, Bd. 2, 10. Aufl. von Friedrich Geerds, Berlin 1978.
Haas	Hermann Heinrich Haas: V-Leute im Ermittlungs- und Hauptverfahren - Neue prozessuale Aspekte- , Diss. Freiburg 1985, (Pfaffenweiler 1986) = Reihe Rechtswissenschaft, Bd. 35.
Hackenberg	Gotthard Hackenberg: Artikel "Vigilanten", in: Handwörterbuch der Kriminologie und der anderen strafrechtlichen Hilfswissenschaften, Bd. 2, S. 987 f., hrsg. von Alexander Elster und Heinrich Lingemann, Berlin und Leipzig, 1936.
Hafenmaier	Dieter Hafenmaier: Heroinkonsum: Überlegungen zur Eindämmung der Nachfrage, in: Kriminalistik, 1979, H. 4, S. 174 ff.
Hamacher, Tatort	Hans Werner Hamacher: Tatort Bundesrepublik: Organisierte Kriminalität, Hilden 1986.
Harms/Duvenhorst/Hakel	Harms, Duvenhorst und Hakel (alle ohne Vornamen): Rechtliche und taktische Fragen zum Einsatz von Vertrauensleuten, in: Taschenbuch für Kriminalisten, 1974, Bd.24, S. 351 ff.

Hebler — K. H. Hebler: Polizeilich interessierende Rechtsfragen, in: Taschenbuch für Kriminalisten, 1959, Bd. 9, S. 294 ff.

Hentig, von — Hans von Hentig: Häftlinge und Vertrauensleute im Beweisverfahren, in: Monatsschrift für Kriminologie und Strafrechtsreform, 1965, H. 3, S. 105 ff.

Herren — Rüdiger Herren: Die Verbrechenswirklichkeit. Lehrbuch der Kriminologie, Bd. 1, 3. Aufl., Freiburg 1982.

Hertlein, Erfordernis — Heinz Hertlein: Erfordernis und Grenzen verdeckter polizeilicher Maßnahmen, in: Die Polizei, 1984, H. 11, S. 322 ff.

Hertlein, Ermittlungsgruppe — Derselbe: Die Operative Ermittlungsgruppe - ein Instrument gegen neue Erscheinungsformen der Schwerkriminalität, in: Baden-Württembergische Polizei 1978, S. 45 ff.

Hohensinn — Karl-Heinz Hohensinn: "V-Mann-Führung" bei der Polizei - ein Drama!, in: Der Kriminalist, H. 6, S. 340 f.

IMK — Ständige Konferenz der Innenminister und -senatoren: "Thesen zur Inanspruchnahme von Informanten und zum Einsatz von Vertrauenspersonen (V-Personen) sowie zum Einsatz verdeckter Ermittler im Rahmen der Strafverfolgung"; Beschluß vom 17.10.1985 in Würzburg; erarbeitet von einer gemeinsamen Kommission der Innenministerkonferenz und der Justizministerkonferenz.

Jaschke — Ralf Jaschke: Probleme der Strafbarkeit bei der Anstiftung durch einen Agent-Provocateur zu einem abstrakten Gefährdungsdelikt - Unter besonderer Berücksichtigung des Betäubungsmittelrechts -, Diss. Göttingen 1985.

Jeschke — Jürgen Jeschke: Weit positiver als büromäßige Rechtshilfe, in: Kriminalistik, 1985, H. 2, S. 69 ff.

Joachimski, V-Leute — Jupp Joachimski: V-Leute in der Bekämpfung der Rauschgiftkriminalität, in: Kriminalistik, 1971, H. 11, S. 555 ff.

Kaiser, Lehrbuch — Günther Kaiser: Kriminologie, Lehrbuch, Heidelberg und Karlsruhe 1980.

Kaiser, Einführung — Derselbe: Kriminologie, Einführung in die Grundlagen, 7. Aufl., Heidelberg 1985.

Kerner, Formen — Hans-Jürgen Kerner: Moderne Formen von Gruppenkriminalität und Konsequenzen für kriminalpolizeiliche Ermittlungen, in: Der Kriminalist, 1978, H. 12, S. 518 ff.

Kerner, Formen II — Derselbe: Moderne Formen von Gruppenkriminalität und Konsequenzen für kriminalpolizeiliche Ermittlungen, Teil 2, in: Der Kriminalist, 1979, H. 1, S. 14 ff.

Kerner, Verbrechen — Derselbe: Professionelles und organisiertes Verbrechen, Wiesbaden 1973 = Schriftenreihe des Bundeskriminalamtes o. Nr.

Keunecke — F. Keunecke: Unzulässige Ermittlungs- und Vernehmungsmethoden nach der höchstrichterlichen Rechtsprechung, in: Taschenbuch für Kriminalisten, 1962, Bd. 12, S. 235 ff.

Kleinknecht/Meyer — Theodor Kleinknecht und Karlheinz Meyer: Strafprozeßordnung: Gerichtsverfassungsgesetz, Nebengesetze und ergänzende Bestimmungen, Kommentar, 38. Auflage erläutert von Theodor Kleinknecht, fortgeführt von Karlheinz Meyer, München, 1987 = Becksche Kurzkommentare, Bd. 6.

Klink/Kordus	Manfred Klink und Siegfried Kordus: Kriminalstrategie: Grundlagen polizeilicher Verbrechensbekämpfung, Stuttgart, München und Hannover 1986.
Kollmar	Hans Kollmar: "Organisierte Kriminalität". Begriff oder Bezeichnung eines Phänomens?, in: Kriminalistik, 1974, H. 1, S. 1 ff.
Körner	Harald Hans Körner: Betäubungsmittelgesetz, Kommentar, 2. Aufl., München 1985 = Beck'sche Kurzkommentare, Bd. 37.
Körner, Glaubwürdigkeit	Derselbe: Die Glaubwürdigkeit und die Strafbarkeit von V-Personen - die Strafbarkeit der provozierten Tat, in: Strafverteidiger, 1982, H. 8, S. 382 ff.
Körner, V-Mann	Derselbe: Verteufelt und verherrlicht: Der V-Mann, in: Kriminalistik, 1983, H. 6, S. 290 ff.
Körner, V-Leute	Derselbe: V-Leute: Verbrannt und verblüht, in: Kriminalistik, 1984, H. 5, S. 230 ff.
Krause	Winfried Krause: V-Leute und die Verwertung ihrer Nachrichten im strafgerichtlichen Verfahren, Diss. Berlin, 1970.
Kreuzer, Drogen	Arthur Kreuzer: Drogen und Delinquenz, Wiesbaden 1975
Kreuzer, Drogenhandel	Derselbe: Der illegale Drogenhandel, in: Die Polizei, 1974, H. 4, S. 104 ff.
Kreuzer, Drogen-Scene	Derselbe: Drogen-Scene und polizeiliche Drogenkontrolle, in: Monatsschrift für Kriminologie und Strafrechtsreform, 1974, H. 4, S. 214 ff.

Kreuzer, Spitzel	Derselbe: Artikel "Wenn der Spitzel lockt", in: Die Zeit vom 29.1.1982, S. 53.
Kreuzer, Zeuge	Derselbe: Artikel "Zeuge im Zwielicht", in: Die Zeit vom 24.9.1982, S. 12.
KrimLexikon	Kriminalistik-Lexikon, hrsg. von Waldemar Burghard u. a., 2. Aufl, Heidelberg 1986 = Grundlagen/Die Schriftenreihe der Kriminalistik, Bd. 20.
Krupski, Betäubungsmittelkriminalität	Manfred Krupski: Betäubungsmittelkriminalität, in: Lehr- und Studienbriefe Kriminalistik, Nr. 7, Organisierte Kriminalität, Betäubungsmittelkriminalität, 1987, S. 51 ff., Hilden, Hrsg.: Waldemar Burghard und Hans-Werner Hamacher.
Krupski, Organisierte Kriminalität	Derselbe: Organisierte Kriminalität, in: Lehr- und Studienbriefe Kriminalistik, Nr. 7, Organisierte Kriminalität, Betäubungsmittelkriminalität, 1987, S. 3 ff., Hilden, Hrsg.: Waldemar Burghard und Hans-Werner Hamacher.
Kürbis/Müller	Gerhard Kürbis und Günter Müller: Im Sondereinsatz gegen Rauschgifthändler, in: Kriminalistik, 1971, H. 9, S. 449 ff.
Leppert	Norbert Leppert: Die verunsicherte Polizei, in: Polizei Digest, 1984, H. 6, S. 17 ff.
Leppert, V-Frau	Derselbe: Artikel"V-Frau handelte selber mit Heroin: Gefängnis", in: Frankfurter Rundschau vom 10.6.1983, S. 16.
Lindenau	Lindenau (ohne Vorname): Die Verwendung polizeilicher Vertrauenspersonen, in: Deutsche Strafrechtszeitung, 1918, H. 9/10, S. 284 ff.

Loos	Peter Loos: Vater Staat als Drogenspender?, in: Kriminalistik, 1987, H. 1, S. 17 ff.
Lüderssen, V-Leute	V-Leute, die Falle im Rechtsstaat, hrsg. von Klaus Lüderssen, Frankfurt, 1985.
Marten	Dietmar Marten: Blutige Spur um die Welt, in: Polizei in Düsseldorf, 1985/86, S. 38 ff.
Meier	Werner Meier: Das V-Mann-Karussel, in: Polizei Digest, 1984, H. 6, S. 29 ff.
Meixner	Franz Meixner: Kriminaltaktik, 1. Aufl., Hamburg 1954.
Meixner, Kapitel	Derselbe: Zum Kapitel "Vertrauensperson", in: Polizei-Praxis, 1951, H. 15/16, S. 239 f.
Meixner/Helldörfer	Franz Meixner und Heinrich Helldörfer: Auskunftsbuch für Kriminalbeamte, 2. Aufl., Hamburg 1964.
Mellenthin	Klaus Mellenthin: Rauschgiftkriminalität - Möglichkeiten der polizeilichen Bekämpfung und Vorbeugung, in: Taschenbuch für Kriminalisten, 1980, Bd. 30, S. 9 ff.
Meyer	Meyers Deutsches Polizei-Lexikon, Bd. 2, Leipzig, 1937.
Meyer, Problematik	Jürgen Meyer: Zur prozeßrechtlichen Problematik des V-Mannes, in: V-Leute, die Falle im Rechtsstaat, S. 425 ff., hrsg. von Klaus Lüderssen, Frankfurt, 1985.
Mohl, von	Robert von Mohl: Die Polizeiwissenschaft nach den Grundsätzen des Rechtsstaates, Bd. 2, 2. Aufl., Tübingen 1844.

Mörschel — Karl Mörschel: Über den Umgang mit V-Leuten, in: Kriminalistik, 1971, H. 4, S. 169 ff.

Mörschel, List — Derselbe: List im Ermittlungsverfahren, in: Kriminalistik, 1971, H. 9, S. 463 f.

MPI — Empirische Kriminologie, hrsg. von der Forschungsgruppe Kriminologie, Freiburg 1980 = Kriminologische Forschungsberichte aus dem Max Planck Institut für Ausländisches und Internationales Strafrecht, Freiburg, Bd. 1. S. 93 ff.: Private Verbrechenskontrolle. Eine empirische Untersuchung zur Anzeigeerstattung, von Richard Rosellen.

Münder — Münder (ohne Vornamen): Verführbarkeit in der Welt der Dealer, in: Sozialmagazin, 1983, S. 54 ff.

Nachtigall — Bernd Nachtigall: Rauschgift-Dealer gingen ins Netz - der Erfolg hing am seidenen Faden, in: Der Kriminalist, 1980, H. 1, S. 20 ff.

Neumeier — Andreas Neumeier: V-Leute. Strafrechtliche und strafprozessuale Probleme, Diss. Freiburg 1978.

N. N., Hausfrauen — N. N.: Nichts für Hausfrauen, in: Der Spiegel, 1984, Nr. 33, S. 63 f.

N. N., Konzessionsentzug — N. N.: Konzessionsentzug wegen mangelnder Kooperationsbereitschaft, in: Kriminalistik, 1979, H. 6, S. 283.

N. N., Verbrechen — N. N.: Dem Verbrechen an die Wurzel, in: Der Spiegel, 1977, Nr. 20, S. 62 ff.

N. N., 013 — N. N.: 013 geleimt, in: Der Spiegel, 1982, Nr. 42, S. 133 ff.

Panitz	Erich Panitz: Die Rauschgiftkriminalität einer Großstad, in: Grundlagen der Kriminalistik, 1972, Bd. 9, S. 383 ff.
Pawelczyk	Spiegel-Gespräch: "Abgetönte Scheibe, verstellte Stimme", Hamburgs Innensenator Alfons Pawelczyk über die V-Leute der Polizei, in: Der Spiegel, 1982, Nr. 18, S. 98 ff.
PFA-Schriftenreihe	Schriftenreihe der Polizei-Führungsakademie, 1975, H. 3, S. 3 ff.
Pfiszter	Franz Pfiszter: Leserzuschrift, in: Die Polizei, 1985, H. 8, S. 255 f.
Pietrzik	Werner Pietrzik: Der international organisierte Rauschgifthandel, in: Kriminalistik, 1980, H. 7-8, S. 315 ff.
Pietrzik, Rauschgifthandel	Derselbe: Der international organisierte Rauschgifthandel und die besonderen Probleme seiner Bekämpfung, in: Schriftenreihe des Bundeskriminalamtes, 1981, Bd. 49, S. 213 ff.
PolLexikon	Polizei Lexikon, hrsg. von Reinhard Rupprecht, Heidelberg 1986 = Grundlagen/Die Schriftenreihe der Kriminalistik, Bd. 30.
Prinz, Bekämpfung	Heinrich Prinz: Bekämpfung professioneller Tätergruppen, in: Der Kriminalist, 1981, S. 197 ff.
Prinz, Erfassung	Derselbe: Erfassung und Bekämpfung der organisierten Kriminalität, in: Der Kriminalist, 1986, H. 2, S. 73 ff.
Protokoll, Damm	Schlußbericht (Protokoll) über das Seminar für leitende Beamte der uniformierten Polizei und Kriminalpolizei in Großstädten vom 24.-28.4.1972 im Polizei-Institut Hiltrup mit dem Thema: Die Bekämpfung der Rauschmit-

telkriminalität; S. 31 ff: Probleme der Rauschmittelbekämpfung in einer Großstadt, von Damm (ohne Vorname).

Protokoll, Fach — Daselbst; S. 49 ff.: Zur Entwicklung neuer kriminaltaktischer Methoden bei der Bekämpfung organisierter Rauschgiftkriminalität, von Fach (ohne Vorname).

Protokoll I, Geißler — Schlußbericht (Protokoll) über die Arbeitstagung für leitende Beamte der uniformierten Polizei und der Kriminalpolizei in Großstädten vom 27.-29.4.1971 im Polizei-Institut Hiltrup; Thema: Die Rauschmittelsucht und ihre Bekämpfung durch die Polizei und andere staatliche Organe; S. 153 ff.: Probleme und Möglichkeiten der Rauschmittelbekämpfung, von Geißler (ohne Vorname).

Rebmann — Kurt Rebmann: Der Einsatz verdeckt ermittelnder Polizeibeamter im Bereich der Strafverfolgung, in: Neue Juristische Wochenschrift, 1985, H. 1/2, S. 1 ff.

Richterbund — Zur Problematik verdeckter Ermittlungen bei der Strafverfolgung; Thesen des Deutschen Richterbundes - Beschluß des Bundesvorstandes vom 8.5. 1985, in: Deutsche Richterzeitung, 1985, Juli, S. 275 f.

Riehle, Verdacht — Eckart Riehle: Verdacht, Gefahr und Risiko. Der V-Mann: ein weiterer Schritt auf dem Weg zu einer anderen Polizei?, in: Kriminologisches Journal, 1985, S. 44 ff.

Riehle, Verrechtlichung — Derselbe: Verrechtlichung verdeckter Polizeiarbeit, in: Bürgerrechte und Polizei, 1984, H. 17, S. 16 ff.

Ritgen — Werner Ritgen: Fahndung, in: Taschenbuch für Kriminalisten, 1977, Bd. 27, S. 25 ff.

Röhrich | Christian Röhrich: Rechtsprobleme bei der Verwendung von V-Leuten für den Strafprozess, Diss. Erlangen-Nürnberg 1974.

Salewsky | Franz Salewsky: Eine kritische Betrachtung der Bekämpfung der Rauschgiftkriminalität, in: Kriminalistik, 1977, H. 8, S. 346 ff.

Schaefer, Recht | (Hans-)Christoph Schaefer: Scheitert das Recht an der organisierten Kriminalität? Erfahrungen aus einer Großstadt, in: Organisierte Kriminalität, S. 41 ff., hrsg. von Hans-Dieter Schwind, Gernot Steinhilper und Edwin Kube, Heidelberg 1987 = Kriminologische Schriftenreihe der Deutschen Kriminologischen Gesellschaft e. V., Bd. 93.

Schaefer, Einsatz | Hans-Christoph Schaefer: Der Einsatz von V-Personen aus der Sicht der Staatsanwaltschaft, in: Hessische Polizeirundschau, 1983, H. 4, S. 12 ff.

Schäfer, Erfahrungen | Herbert Schäfer: Erfahrungen bei der Bekämpfung der Organisierten Kriminalität, in: Der Kriminalist, 1975, H. 9, S. 498 ff.

Schenk | Dieter Schenk: Die Bekämpfung der Rauschgiftkriminalität, in: Die Polizei, 1969, H. 9, S. 265 ff.

Schilasky | Ludwig Schilasky: Organisierte Kriminalität in Bayern?, in: Polizei in Bayern, 1981, S.27 ff.

Schmidtmann | Horst Schmidtmann: Auch im EDV-Zeitalter brauchen wir V-Leute, in: Kriminalistik, 1975, H. 4, S. 161 ff.

Schneider, Kriminologie | Hans Joachim Schneider: Kriminologie, Berlin und New York 1987.

Schneider, Verbrechen — Derselbe : Das organisierte Verbrechen, in: Jura, 1984, H. 4, S. 169 ff.

Schneider, Verbrechertum — Derselbe: Artikel "Verbrechertum, Organisiertes", in: Handwörterbuch der Kriminologie, Bd. 3, (2. Aufl.), S. 473 ff., hrsg. von Rudolf Sieverts und Hans Joachim Schneider, Berlin und New York 1975.

Schöffel — August Schöffel: Untergrundfahndung, Einsatz von Kriminalbeamten zur Bekämpfung der organisierten Schwerstkriminalität, in: Der Kriminalist, 1980, H. 2, S. 72 f.

Scholz — Rupert Scholz: Organisierte Kriminalität - Entwicklung und rechtspolitische Aufgabe, in: Organisierte Kriminalität, S. 61 ff., hrsg. von Hans-Dieter Schwind, Gernot Steinhilper und Edwin Kube, Heidelberg 1987 = Kriminologische Schriftenreihe der Deutschen Kriminologischen Gesellschaft e. V., Bd. 93.

Schramm — Horst Schramm: Das Auftreten krimineller Gruppen in der BRD, in: Schriftenreihe der Polizei-Führungsakademie, 1977, H. 2, S. 19 ff.

Schreiber — Manfred Schreiber: Strategie der Bekämpfung des organisierten Verbrechens aus der Sicht einer Großstadtpolizei, in: Vortragsreihe des Bundeskriminalamtes, 1975, Bd. 21, S. 207 ff.

Schubert — Wolfgang Schubert, Artikel "Die Fahnder gingen auf Tauchstation", in: Frankfurter Rundschau vom 14.5.1983, S. 14.

Schulz — Heinz Schulz: Die polizeiliche Bekämpfung der Rauschgiftkriminalität unter besonderer Berücksichtigung der Zentralstellenfunktion des Bundeskriminalamtes, in: Der Kriminalist, 1979, H. 9, S. 378 ff.

Schulz, Agent Provokateur	Derselbe: Agent Provokateur, UCA oder verdeckter Ermittler?, in: Kriminalistik, 1985, H. 10, S. 509 f.
Schulz, Bearbeitung	Derselbe: Die Bearbeitung von Rauschgiftfällen, in: Taschenbuch für Kriminalisten, Bd. 25, S. 263 ff.
Schulz, Bekämpfung	Derselbe: Die Bekämpfung der Rauschgiftkriminalität, Heidelberg 1987 = Kriminalistik - Wissenschaft und Praxis, Bd. 21.
Schulz, Erscheinungsformen	Derselbe: Erscheinungsformen der Drogenkriminalität, in: Schriftenreihe des Bundeskriminalamtes, 1981, Bd. 49, S. 123 ff.
Schulz, Rolle	Derselbe: Die Rolle der Polizei bei der Drogenbekämpfung, in: Schriftenreihe des Bundeskriminalamtes, 1981, Bd. 49, S. 95 ff.
Schulz, Situation	Derselbe: Die Situation der polizeilichen Rauschgiftbekämpfung in Bund und Ländern, in: Der Kriminalist, 1987, H. 3, S. 118 ff.
Schulz, Täter	Derselbe: Nicht der Täter, sondern die Polizei ist schuld. Angriffe gegen die kriminalpolizeiliche Untergrundfahndung (Teil 1), in: Der Kriminalist, 1982, H. 9, S. 401 ff.
Schulz, Täter II	Derselbe: Nicht der Täter, sondern die Polizei ist schuld. Angriffe gegen die kriminalpolizeiliche Untergrundfahndung (Teil 2), in: Der Kriminalist, 1982, H. 10, S. 457 ff.
Schulz, Thesen	Derselbe: Thesen zur Verdeckung der Strafverfolgung, in: Der Kriminalist, 1986, H. 2, S. 79 ff.

Sielaff, Bestechung	Wolfgang Sielaff: Bis zur Bestechung leitender Polizeibeamter?, in: Kriminalistik, 1983, H. 8-9, S. 417 ff.
Sielaff, Ermittlungen	Derselbe: Verdeckte Ermittlungen in der Sex- und Glücksspielindustrie, in: Kriminalistik, 1985, H. 12, S. 577 ff.
Steinke	Richard Steinke: Der V-Mann-Einsatz, in: Die Neue Polizei, 1973, S. 178 f.
Steinke, Aufstiegschancen	Wolfgang Steinke: Aufstiegschancen für den der schweigt, in: Kriminalistik, 1984, H. 7, S. 353.
Steinke, Begriffsentwirrung	Derselbe: Begriffsentwirrung: V-Mann, UCA, Vigilant, Gewährsperson ..., in: Kriminalistik, 1984, H. 6, S. 285 ff.
Steinke, Verbrechen	Derselbe: Das organisierte Verbrechen, in: Kriminalistik, 1982, H. 2, S. 78 ff.
Steinke, V-Mann	Derselbe: V-Mann und UCA, in: Polizei Digest, 1984, H. 6, S. 48 ff.
Straß, Erfahrungen	Erich Straß: Erfahrungen aus der Arbeit der Sonderkommissionen des Bundeskriminalamtes gegen internationale Verbrecherorganisationen, in: Vortragsreihe des Bundeskriminalamtes, 1975, Bd. 21, S. 103 ff.
Straß, Raum	Derselbe: Der europäische Raum - Aktionsfeld des illegalen Heroinhandels und -transits, in: Die Polizei, 1979, H. 6, S. 184 ff.
Stümper, Bekämpfung	Alfred Stümper: Bekämpfung der Rauschgiftkriminalität, in: Kriminalistik, 1979, H. 9, S. 403 ff.
Stümper, Milliarden	Derselbe: 150 Milliarden Mark jährlicher Schaden, in: Kriminalistik, 1985, H. 1, S. 8 ff.

Stümper, Polarisationen	Derselbe: Überholte Polarisationen, in: Kriminalistik, 1983, H. 7, S. 350.
Stümper, Probleme	Derselbe: Probleme der Bekämpfung einer konspirativ vorgehenden, bandenmäßig organisierten Kriminalität, in: Die Polizei, 1982, H. 8, S. 229 ff.
Stümper, Schnüffelpraxis	Derselbe: "Polizeiliche Schnüffel- und Spitzelpraxis" und die Bekämpfung konspirativer Kriminalität, in: Kriminalistik, 1982, H. 10, S. 532.
Thomas, Drogenkriminalität	Derselbe: Drogenkriminalität, Stuttgart, München und Hannover 1982 = Kriminaltaktik und Kriminologie, Bd. 2.
Thorwald	Jürgen Thorwald: Das Jahrhundert der Detektive, Zürich, 1964.
Tiedemann/Sieber	Klaus Tiedemann und Ulrich Sieber: Die Verwertung des Wissens von V-Leuten im Strafverfahren, in: Neue Juristische Wochenschrift, 1984, H. 14, S. 753 ff.
Tochtermann	Erwin Tochtermann: Artikel "Dubiose Geschäfte eines V-Mannes", in: Süddeutsche Zeitung, Nr. 42, vom 20./21.2.1982, S. 18.
Uhlhorn	Klaus Uhlhorn: Erfahrungen eines Rauschgiftermittlers, Grundlagen der Kriminalistik, 1972, Bd. 9, S. 491 ff.
Wehner, Begriffsverwirrung	Bernd Wehner: Babylonische Begriffsverwirrung, in: Kriminalistik, 1984, H. 12, S. 596.
Wehner, Definitionswirrwarr	Derselbe: Weiter Definitionswirrwarr: Verdeckte Ermittler - V-Personen - Informanten, in: Kriminalistik, 1985, H. 8, S. 355.

Wehner, V-Mann	Derselbe: Noch einmal: V-Mann und so weiter, in: Kriminalistik, 1985, H. 5, S. 227 f.
Wehner, Herbert	Herbert Wehner: Zur Arbeitstagung über "Organisiertes Verbrechen", in: Kriminalistik, 1974, H. 12, S. 533 ff.
Wehner, Wolfgang	Wolfgang Wehner: Schach dem Verbrechen. Geschichte der Kriminalistik, Köln 1963.
Weider	Hans-Joachim Weider: Verteidigung gegen Phantom-Gestalten - V-Männer im Strafverfahren, in: Bürgerrechte und Polizei, 1/1984, H. 17, S. 29 ff.
Wenzky	Oskar Wenzky: Grundsatzfragen der Zusammenarbeit mit Vertrauenspersonen (Vigilanten), in: Die Polizei, 1952, Nr. 21/22, S. 169 f.
Wenzky, Kriminaltaktik	Derselbe: Artikel "Kriminaltaktik", in: Handwörterbuch der Kriminologie, Bd. 2 (2. Aufl.), S. 92 ff., hrsg. von Rudolf Sieverts und Hans Joachim Schneider, Berlin und New York, 1977.
Werner	Adelheid Werner: Organisierte Kriminalität - Fiktion oder Realität?, in: Vortragsreihe des Bundeskriminalamtes, 1982, Bd. 27, S. 45 ff.
Wieczorek, ultima ratio	Derselbe: Ultima ratio: der agent provocateur, in: Kriminalistik, 1985, H. 6-7, S. 288.
Wienberg	Hans Wienberg: Kriminaltaktische Erfahrungen bei der Überführung von Rauschgiftdealern, in: Grundlagen der Kriminalistik, 1972, Bd. 9, S. 437 ff.

Zimmermann	Carl Wilhelm Zimmermann: Die Diebe in Berlin, Berli 1847.
Zühlsdorf/Güssow	Hans Zühlsdorf und Eckart Güssow: Drogenprobleme und Polizei, Stuttgart, München und Hannover 1973 = polizei aktuell, Bd. 10.
Zühlsdorf, Ausstattung	Hans Zühlsdorf: Die Ausstattung einer Rauschgiftdienststelle der Kriminalpolizei in der Großstadt, in: Grundlagen der Kriminalistik, 1972, Bd. 9, S. 519 ff.
Zühlsdorf, Bekämpfung	Derselbe: Bekämpfung organisierter Verbrechen, Stuttgart, München und Hannover 1974 = polizei aktuell, Bd.18.
Zühlsdorf, Probleme	Derselbe: Probleme der polizeilichen Untergrundarbeit - hier: bei der Bekämpfung der Rauschmittelkriminalität, in: Kriminalistik, 1974, H. 5, S. 193 ff.
Zühlsdorf, Rauschgiftkriminalität	Derselbe: Die Rauschgiftkriminalität in der Bundesrepublik, in: Kriminalistik, 1974, H. 8, S. 349 ff.

E I N L E I T U N G

1. Problemstellung

Die vorliegende Arbeit hat die Beschreibung polizeilicher Verbrechensbekämpfung mittels Informanten, V-Personen und verdeckten Ermittlern zum Gegenstand. Sie konzentriert sich dabei insbesondere auf den Bereich der Bekämpfung des (organisierten) Rauschgiftschmuggels und -handels mit sogenannten V-Personen.

Ein Ziel der Arbeit besteht darin, die Notwendigkeit der Anpassung taktischer Konzepte, polizeilicher Mittel, Methoden und Möglichkeiten an kriminelle Verhaltensweisen herauszuarbeiten und zu begründen.
Dazu soll zunächst der Schwerpunkt polizeilicher Rauschgiftbekämpfung dargestellt werden, um schließlich anhand der Untersuchung des rauschgiftspezifischen Anzeigeverhaltens, der Konspiration auf der Ebene lokaler Rauschgiftszenen und des Organisationsgrades des Rauschgiftschmuggels und -handels die wesentlichen und besonderen Probleme der polizeilichen Rauschgiftbekämpfung aufzuzeigen.
Von den Problemen der Bekämpfung der Rauschgiftkriminalität soll der Schluß gezogen werden auf das Versagen klassischer Ermittlungsmethoden und Strafverfolgungsmuster sowohl im Bereich lokaler Rauschgiftszenen als auch in dem des (international) organisierten Rauschgiftschmuggels und -handels.
Die so gewonnenen Ergebnisse sollen die Inanspruchnahme von Informanten und den Einsatz von V-Personen und verdeckten Ermittlern als notwendige polizeiliche Reaktion auf im wesentlichen rauschgift- und organisationsspezifisches Täter- und Opferverhalten darstellen, jedoch ohne zu verschweigen, daß umgekehrt die sich ständig verfeinernden Methoden der Kriminellen durchaus in gewissem Maß als Funktion polizeilicher Verfolgung begriffen werden können.

Im Mittelpunkt der Arbeit steht die Erstellung einer Phänomenologie der polizeilichen Informationsbeschaffung und Verbrechensbekämpfung mittels Informanten, V-Personen und verdeckten Ermittlern, insbesondere im Bereich der Rauschgiftkriminalität.
Dazu sollen zunächst die für die Aufgabe eines Informanten bzw. einer V-Person in Betracht kommenden Personenkreise herausgearbeitet und ihre Rekrutierung durch die Polizei beschrieben werden. In diese Untersuchung soll die der Kooperation mit der Polizei zugrundeliegende Motivation einbezogen werden.
Des weiteren sollen Funktionen und Arbeitsweisen von Informanten, V-Personen und verdeckten Ermittlern zum Gegenstand der Betrachtung gemacht werden, wobei insbesondere eine detaillierte Darstellung der Abwicklung sogenannter Scheingeschäfte in verschiedenen Variationen erfolgen soll. Um eine möglichst weitestgehende Klärung zu erreichen, soll u. a. auch die Frage nach der den Informanten und V-Personen gewährten Gegenleistung, nach der praktischen Handhabung der Zusicherung der Vertraulichkeit sowie nach den von Informanten und V-Personen ausgehenden Gefahren beantwortet werden.

Im letzten Teil der Arbeit soll die Situation der polizeilichen Rauschgiftbekämpfung im allgemeinen und unter besonderer Berücksichtigung der Relevanz von Informanten, V-Personen und verdeckten Ermittlern für die polizeiliche Ermittlungsarbeit und das justitielle Verfahren dargestellt werden. Dabei soll auch die Frage aufgeworfen und beantwortet werden, ob die öffentliche, v. a. aber auch politische und juristische Diskussion um die strafprozessuale V-Personen-Problematik in einem angemessenen Verhältnis zur tatsächlichen Relevanz von V-Personen für das Strafverfahren steht.

Der Umfang der zu behandelnden Materie machte eine Beschränkung auf die Erarbeitung ihrer Phänomenologie erforderlich. Deswegen mußte die in der Vergangenheit vieldiskutierte "strafprozessuale V-Mann-Problematik" ebenso unberücksichtigt bleiben wie im wesentlichen auch die davon kaum zu trennenden und mit dem Terminus "agent provocateur" angesprochenen Probleme.

2. Stand der bisherigen Forschung

Gerade die letztgenannten Problembereiche haben bereits eine eingehende Erörterung nicht nur unter Praktikern und Juristen erfahren. Auch die höchstrichterliche Rechtsprechung hat sich in zahlreichen Entscheidungen mit den Grenzen rechtsstaatlicher Tatprovokation und den Folgen ihrer Überschreitung auseinandergesetzt.
Demgegenüber wurde bisher vergleichsweise wenig zur Phänomenologie der polizeilichen Arbeit mit Informanten, V-Personen und verdeckten Ermittlern gesagt. Die ganz überwiegende Mehrzahl der phänomenologisch orientierten Beiträge behandelt nur Einzelfragen. Eine umfassende Beschreibung, wie sie sich die vorliegende Arbeit zum Ziel gemacht hat, fehlt dagegen ganz.

3. Methodik

Die Erstellung einer Phänomenologie der Informationsbeschaffung und Verbrechensbekämpfung durch Informanten, V-Personen und verdeckte Ermittler stößt zunächst auf das Problem, daß Polizei und Justiz naturgemäß nicht bzw. nur beschränkt an einer Offenlegung polizeilicher Instrumente der Verbrechensbekämpfung interessiert sind.
Die meisten Veröffentlichungen der letzten Jahre befassen sich denn kaum mit der phänomenologischen Seite des Untersuchungsgegenstandes, als vielmehr mit dessen rein theoretisch-juristischen Problemen. Nur zu einigen wenigen hier angeschnittenen Einzelfragen existieren empirische Untersuchungen. Diese wurden, soweit erforderlich und möglich, in die Arbeit eingebracht. Ansonsten hat die behandelte

Thematik in zahlreichen Veröffentlichungen von Polizeipraktikern Niederschlag gefunden, die ihr Wissen aus eigenen Erfahrungen ziehen und diese durch gelegentliche Fallschilderungen untermauern.
Vor allem auf der Grundlage der letztgenannten Publikationen und gestützt auf inzwischen erlassene und veröffentlichte Richtlinien wurden im Wege der Sekundäranalyse die für die zu behandelnde Thematik erforderlichen Informationen gewonnen. Soweit möglich, wurde derart eruiertes theoretisches Wissen durch - von Polizeipraktikern geschilderte und selbst abgewickelte - konkrete Fälle belegt.

4. Informant, V-Person und verdeckter Ermittler im Sinne dieser Arbeit

Wie sich aus den vorstehenden Ausführungen ergibt, konzentriert sich die vorliegende Arbeit auf die Notwendigkeit und Phänomenologie verdeckter Informationsbeschaffung mit Hilfe von Personen, welche gewissermaßen aus dem Milieu heraus bzw. aus dessen Randbereichen der Polizei Informationen zukommen lassen oder diese in anderer Weise unterstützen. Vor einer eingehenden Erörterung der damit zusammenhängenden Fragen ist eine terminologische Präzisierung und Einordnung der im Mittelpunkt stehenden Personen bzw. Personengruppen angebracht. Diesbezüglich erweist sich der Blick in das einschlägige Schrifttum[1] als wenig hilfreich: Die Zahl der teils synonym, teils aber auch mit unterschiedlichen Inhalten verwendeten Begriffe ist groß.
In der Regel sind folgende, nur exemplarisch ausgewählte Begriffe anzutreffen:

---

1) BERGBAUER, S. 573; THOMAS, Drogenkriminalität, S. 152 f.; DIERCKS, S. 162; GEISSER, S. 247 f., Fn. 2; STEINKE, Begriffsentwirrung, S. 285; WEHNER, Begriffsverwirrung, S. 596; DERSELBE, Definitionswirrwarr, S. 355 f.; SCHULZ, Agent Provokateur, S. 509; KLINK/KORDUS, S. 230; HEBLER, S. 321; KEUNECKE, S. 238 ff.; HARMS/DUVENHORST/HAKEL, S. 354 ff.; RÖHRICH, S. 12.

Informant
Kontaktperson (bzw. -mann)
Vertrauensperson (bzw. -mann)
Verbindungsperson (bzw. -mann)
Gewährsperson (bzw. -mann)
Denunziant
Konfident
Spitzel[1]
Vigilant
agent provocateur
Polizei- bzw. Lockspitzel
undercover agent
verdeckter Ermittler
Untergrundfahnder bzw. -agent

Die bestehende, babylonische Begriffsverwirrung[2] soll hier nicht weiter vergrößert, sondern bereinigt werden. Daher wird darauf verzichtet, bisherige Bemühungen um treffende Bezeichnungen und Definitionen detailliert darzustellen. Ein gewisses Mindestmaß an Begriffsklarheit ist jedoch Voraussetzung für ein besseres Verständnis, denn die mit den o. g. Begriffen verbundenen Arbeitsweisen weichen z. T. nicht unerheblich voneinander ab (und werfen dementsprechend auch unterschiedliche rechtliche Probleme auf).

In der Vergangenheit wurde oft versucht, die einzelnen Personengruppen mittels persönlicher und tätigkeitsbezogener Merkmale voneinander abzugrenzen.[3] Dies führte zu ei-

---

1) Der beinahe polemische Beitrag Ehrlichs verdeutlicht, wie sehr die Begriffswahl manchmal von Emotionen und Wertvorstellungen geprägt wird, EHRLICH, S. 238 ff.

2) So eine (fast resignierende?) Feststellung von WEHNER, Begriffsverwirrung, S. 596.

3) KRAUSE, S. 31 ff., differenziert nach Planmäßigkeit, Dauer und Initiative des Tätigwerdens, nach der Beziehung zu Verbrecherkreisen; GEISSER, S. 247 f., Fn. 2, u. a. nach Initiative und Polizeizugehörigkeit; FÜLLKRUG, S. 122, differenziert nach Herkunft, Motiven und Art der Tätigkeit; JASCHKE, S. 1 f., nach Dauer und Bezug zu kriminellen Kreisen; DRYWA, S.4 f., nach Arbeitsweise und Verhältnis zur Ermittlungsbehörde; RÖHRICH, S. 13, nach Bezug zum Milieu, Motiven, Inhalt und Dauer der Tätigkeit, Verhältnis zur und Art der Behörde.

ner unübersichtlichen Vielfalt von Bezeichnungen und Fallgruppen. Die Anknüpfung an verschiedene Abgrenzungsmerkmale erlaubt nämlich i. d. R. nur, einzelne Begriffspaare bzw. die ihnen zuzuordnenden Personengruppen voneinander zu unterscheiden. Demgegenüber erfüllt die zu beurteilende Person oft die Kriterien verschiedener Gruppen gleichzeitig, so daß sich zahlreiche Überschneidungen ergeben. Eine klare Abgrenzung insgesamt ist daher auf diese Weise nicht möglich.[1)]

Ausgehend von dieser Erkenntnis ist man heute im allgemeinen bestrebt, die bunte Palette der anzutreffenden Bezeichnungen auf ein praktikables Maß zu reduzieren. In diesem Zusammenhang setzt sich zunehmend der Begriff "V-Mann" als Sammel- bzw. Oberbegriff durch.[2)] Nicht selten wird diese Bezeichnung weit gefaßt, um möglichst viele Personen bzw. Einsatzformen subsumieren zu können.[3)] So hat der Große Strafsenat des BGH in seiner Entscheidung vom 17. 10. 1983 (=BGHSt 32, 115 ff.(121)) z. B. festgestellt, daß der V-Mann-Begriff nicht nur den gelegentlichen Hinweisgeber erfaßt, der berufsbedingt, z. B. als Taxifahrer oder Gastwirt, Erkenntnisse erlangt, die für die Polizei von Interesse sein können. Vielmehr will der BGH auch Personen einbeziehen, "...die entweder dem kriminellen Milieu angehören oder angehört haben oder mit der Absicht in dieses Milieu eingedrungen sind (z. B. underco-

---

1) So im Ergebnis auch RÖHRICH, S. 17, und NEUMEIER, S. 4.

2) Die Berücksichtigung auch des weiblichen Geschlechts legt nahe, anstelle des Begriffes V-"Mann" den der V-Person zu gebrauchen! BERGBAUER, S. 573 stellte bereits 1976 eine eindeutige Bevorzugung des "V-Mannes" fest; ebenfalls für "V-Mann": FÜLLKRUG, S. 122; DRYWA, S. 6 f.; NEUMEIER, S. 5; HAAS, S. 7; unter dem Stichwort "V-Mann": KrimLexikon, S. 257; PolLexikon, S. 424. Dagegen für "Verbindungsperson": THOMAS, Drogenkriminalität, S. 152.

3) Dies schlagen im Ergebnis auch NEUMEIER, S. 4, RÖHRICH, S. 17 und DRYWA, S. 6 vor. BERGBAUER, S. 573 subsumiert alle "Informanten, die als Nachrichtenträger und -sammler anzusehen sind. Nach FÜLLKRUG, S. 122 reicht das Spektrum des V-Mannes von der Informationsweitergabe bis zur Veranlassung eines vom internen oder externen Mitarbeiter kontrollierten und gesteuerten Geschehens.

ver-agent), Erkenntnisse zu erlangen, und die ihr Wissen der Polizei preisgeben." Mit der ausdrücklichen Bezugnahme auf den undercover-agent dehnt der BGH den V-Mann-Begriff also auch auf verdeckt ermittelnde Polizeibeamte aus.[1]

In dieser Weite ist der Begriff des V-Mannes als Grundlage für die folgenden Erörterungen allerdings ungeeignet. Sie haben doch grundsätzlich zwei in vielerlei Hinsicht grundlegend verschiedene Personenkreise zum Gegenstand: Einerseits diejenigen "V-Personen", die sich aus den Kreisen der Bevölkerung rekrutieren, andererseits Polizeibeamte, welche in den Untergrund eingeschleust werden.[2]

Nur letztere unterliegen dem Beamtenrecht, v. a. aber der Strafprozeßordnung und dem dort normierten Legalitätsprinzip.[3] Vergegenwärtigt man sich die strafrechtliche Absicherung des Legalitätsprinzips in § 258 a StGB, so wird offenbar, welchen erheblichen rechtlichen Risiken der im Untergrund eingesetzte Polizeibeamte im Vergleich zu "Zivilisten" ausgesetzt sein kann. Die sich anschließenden Ausführungen müssen daher auf der Grundlage einer begrifflichen Unterscheidung zwischen Polizeibeamten und anderen, nicht strafverfolgungspflichtigen Personen erfolgen.[4]

Unabhängig von dieser Vorgabe sollten einige der o. g. Begriffe von vornherein aus weiteren Überlegungen zu einer begrifflichen Abgrenzung ausgenommen werden:

- So tauchen im Zusammenhang mit der Einschleusung von Polizeibeamten in die "Szene" gelegentlich die Begriffe "verdeckter Ermittler", "undercover-agent" und "Unter-

---

1) So auch NEUMEIER, S. 6, der allerdings Personen mit nur einmaligem Kontakt zur Behörde aus dem V-Mann-Begriff ausklammert. RÖHRICH, S. 18 spricht bei polizeiangehörigen V-Leuten lieber vom "V-Mann-ähnlichen" Einsatz.
2) SCHULZ, Agent Provokateur, S. 510, und REBMANN, S. 2.
3) SCHULZ, a. a. O. spricht daher von Polizeibeamten und anderen, nicht strafverfolgungspflichtigen Personen.
4) So auch REBMANN, S. 2. Zutreffend meint WEHNER, Begriffsverwirrung, S. 596, daß ein Kriminalbeamter nicht V-Mann im herkömmlichen Sinn sein könne; dagegen DRYWA, S. 6, der gerade diese Differenzierung - jedenfalls für seine Arbeit - als Beispiel einer überflüssigen Unterscheidung aufführt.

grundfahnder" bzw. "-agent" auf.
Der undercover-agent (uca) ist insbesondere aus dem nordamerikanischen Rechtsraum bekannt. Er lebt unter einer entsprechenden Legende über einen längeren Zeitraum milieuangepaßt in einer kriminogenen Szene bzw. kriminellen Organisation.[1] Der wesentliche Unterschied zwischen dem uca und seinem deutschen Pendant ist der, daß der uca ohne Bindung an ein konkretes Ermittlungsverfahren bzw. ohne Bindung an einen konkreten Auftrag arbeitet, also sozusagen auf "freie Jagd" geht. Demgegenüber haben die uca's deutscher Einsatzgebiete stets konkrete Aufträge[2] und unterliegen insgesamt engeren Einsatzgrundsätzen.[3] Einsatzformen i. S. d. uca amerikanischer Prägung werden von den Polizeien des Bundes und der Länder nicht praktiziert.[4] Bezogen auf bundesdeutsche Verhältnisse ist daher dem Begriff des verdeckten Ermittlers der Vorzug zu geben.[5] Dies gilt auch im Verhältnis zum Begriff des Untergrundfahnders bzw. -agenten, der wegen seiner engen übersetzungsmäßigen Anlehnung an den uca ungerechtfertigt James-Bond-Allüren der betreffenden Person assoziiert.

- Der "agent provocateur" (auch Lock- oder Polizeispitzel)[6] wirkt nach allgemeiner Ansicht tatprovozierend auf einen potentiellen Täter ein. Dadurch soll eine Beweislage geschaffen werden, die dessen Überführung ermöglicht.[7] Der Ausdruck agent provocateur umschreibt damit i. e. L. eine Verhaltensweise, weniger eine spezifische Rolle. Diese Verhaltensweise ist nicht auf bestimmte Personen bzw. Personengruppen beschränkt, so

---

1) PolLexikon, S. 401, Stichwort "under cover agent"; WEHNER, Definitionswirrwarr, S. 355; KÖRNER, S. 421, § 31, Rn. 43.
2) WEHNER, V-Mann, S. 228; DERSELBE, Definitionswirrwarr, S. 355; PFISZTER, S. 255.
3) HERTLEIN, Erfordernis, S. 323; PolLexikon, S. 401, Stichwort "under cover agent".
4) WEHNER, Definitionswirrwarr, S. 355; PFISZTER,S. 255.
5) PolLexikon, S. 401, Stichwort "under cover agent"; KLINK/KORDUS, S. 230.
6) REBMANN, S. 2. Gegen die Übersetzung mit "Lockspitzel" allerdings WIECZOREK, ultima ratio, S. 288.
7) Vgl. unter dem Stichwort "Agent Provokateur": KrimLexikon, S. 3; MEIXNER/HELLDÖRFER, S. 24; PolLexikon, S. 12.

daß durch den "agent provocateur" keine eigenständige Begriffskategorie gebildet wird.[1]

- Beim "Vigilanten"[2] handelt es sich um einen Beobachter, Aufpasser, Spitzel,[3] welcher, v. a. im absolutistischen Frankreich ,[4] der Polizei Informationen lieferte oder auch mit besonderem Auftrag eingesetzt wurde.[5] Kennzeichnend für den Vigilanten war, daß er selbst Verbrecherkreisen angehörte bzw. ihnen zumindest nahestand.[6]
  Heute ist man sich wohl darüber einig, daß Informationen aus dem kriminellen Milieu am ehesten von Personen zu erhalten sind, die diesem Milieu selbst angehören oder sonst eine irgendwie geartete Beziehung zur Unterwelt haben. So hat der Präsident des BKA dargelegt,[7] daß V-Leute erfahrungsgemäß zu einem Großteil dem kriminellen Milieu angehören, daß aber, insbesondere als Hinweisgeber, auch unbescholtene Bürger in Betracht kommen, die im Zusammenhang mit ihrer Berufsausübung Berührung mit dem kriminellen Milieu haben (z. B. Gastwirte, Kellner, Taxifahrer).[8] Milieuzugehörigkeit, zumindest aber Milieunähe stellen somit den Normalfall dar. Es besteht daher kein Bedürfnis, hierauf durch die Verwendung des Begriffs Vigilant ausdrücklich hinzuweisen.
- Personen, die der Polizei aufgrund eines wie auch immer gearteten spezifischen Eigeninteresses Nachrichten zukommen lassen, wurden und werden noch im Volksmund und Ganovenjargon herabsetzend "Spitzel" genannt. Demgegen-

---

1) KrimLexikon, S. 3, Stichwort "Agent provocateur"; SCHULZ, Agent Provokateur, S. 510; STEINKE, Begriffsentwirrung, S. 285; WIECZOREK, ultima ratio, S. 288; REBMANN, S. 2.
2) Auch als Konfident bezeichnet, THOMAS, Drogenkriminalität, S. 152; von den "Kollegen" auch als Achtgroschenjungs tituliert, HARMS/DUVENHORST/HAKEL, S. 356.
3) THOMAS, Drogenkriminalität, S. 152; MEIXNER/HELLDÖRFER, S. 521, Stichwort "Vigilant"; KEUNECKE, S. 239.
4) KEUNECKE, a. a. O.; DOPFFEL, S. 5.
5) THOMAS, Drogenkriminalität, S. 152.
6) THOMAS, a. a. O.; KEUNECKE, S. 239; KRAUSE, S. 33.
7) Stellungnahme vom 21.9.1983 vor dem GSSt des BGH, Entscheidung vom 17.3.1983, BGHSt 32/115 ff.(121).
8) Nach MEIXNER/HELLDÖRFER, S. 519, liegt es in der Natur der Sache, daß Vertrauenspersonen fast ausschließlich selbst Verbrecherkreisen angehören oder ihnen nahestehen.

über haben "Vertrauenspersonen" die Polizei aus natürlichem Rechtsempfinden unterstützt.[1] Diese Anknüpfung der begrifflichen Unterscheidung an die Motivation des Betreffenden kann nicht aufrechterhalten werden. Zum einen eignet sie sich nicht für eine klare Abgrenzung der Personengruppen insgesamt. Zum anderen sind die wirklichen Motive regelmäßig nur schwer feststellbar, und uneigennützige Beweggründe dürften nur eine untergeordnete Rolle spielen. Außerdem ist zu berücksichtigen, daß die Bezeichnung einer Person als Spitzel i. e. L. nur dazu dienen soll, dieser gegenüber ein nicht unerhebliches Maß an Geringschätzung zum Ausdruck zu bringen.[2]

- Entsprechendes gilt für den Begriff des "Denunzianten". Denunziation ist (lediglich) eine abwertende Bezeichnung für das Anzeigen von Tatsachen, die behördliche, insbesondere strafrechtliche Maßnahmen auslösen können, v. a. wenn dies aus Rachsucht geschieht. Ähnlich wie der Begriff des Spitzels assoziiert also auch der des Denunzianten eine niedrige Gesinnung des so Bezeichneten. Auf seine Verwendung sollte daher verzichtet werden.

Von derartigen Erkenntnissen und Erwägungen haben sich wohl auch diejenigen Organe leiten lassen, welche die mit der Verbrechensbekämpfung und -sanktionierung befaßten Personengruppen repräsentieren. Denn übereinstimmend gehen sowohl die von der ständigen Konferenz der Innenminister und -senatoren der Länder[3] als auch die vom Deutschen Richterbund[4] beschlossenen Begriffsbestimmungen von einer grundsätzlichen Zweiteilung in strafverfolgungspflichtige und andere Personen aus, ebenso wie im übrigen auch die Begriffsdefinitionen der Leiter der Landeskrimi-

---

1) MEYER, S. 1216; HEBLER, S. 321; KEUNECKE, S. 238.
2) Nach MEIXNER/HELLDORFER, S. 519 war die Bezeichnung "Spitzel" zu Zeiten Fouches (Wende 18./19. Jahrhdt.) angebracht.
3) IMK, S. 105/107 ff.
4) Richterbund, S. 276.

nalämter und des Bundeskriminalamtes.[1] Lediglich die Gruppe der nicht strafverfolgungspflichtigen Personen wurde nochmals aufgeteilt, und zwar nach der Intensität der Mitarbeit des Betreffenden. Im übrigen wurde auf eine weitere Differenzierung verzichtet, so daß viel vom terminologischen Ballast früherer Abgrenzungsversuche entfallen ist. Dies ermöglicht es, jede zu beurteilende Person exakt und wertfrei einzuordnen. Hiermit sind aber die Gemeinsamkeiten im wesentlichen auch erschöpfend aufgezählt. Angesichts der unterschiedlichen Positionen des Richterbundes, der Ständigen Konferenz der Innenminister und -senatoren und des Bundeskriminalamtes bzw. der Landeskriminalämter in der Verbrechensbekämpfung und -sanktionierung vermag dies nicht zu verwundern. Wegen der nicht unwesentlichen Abweichungen der Definitionen sollen diese hier gegeneinander abgegrenzt werden:

BKA/LKA	IMK	Richterbund
Informant ist eine Person, die gegen Zusicherung der vertraulichen Behandlung im Einzelfall bereit ist, der Polizei Informationen zu geben.	**Informant** ist eine Person, die im Einzelfall bereit ist, gegen Zusicherung der Vertraulichkeit der Strafverfolgungsbehörde Informationen zu geben.	**Informanten** Personen, die wegen der Sorge von Nachteilen nur gegen Zusicherung der vertraulichen Behandlung ihrer Angaben im Einzelfall bereit sind, den Strafverfolgungsbehörden (insbesondere der Polizei) Informationen zu geben oder auf andere Weise zur Sachaufklärung beizutragen.

---

1) Vom März 1985, PFISZTER, S. 255.

BKA/LKA	IMK	Richterbund
V-Person (VP)	**V-Person**	**V(ertrauens)-Personen**
ist eine Person, die, ohne einer Strafverfolgungsbehörde anzugehören, diese bei der Verhinderung bzw. Aufklärung von Straftaten auf unbestimmte Zeit vertraulich unterstützt und deren Identität grundsätzlich geheimgehalten wird.	ist eine Person, die, ohne einer Strafverfolgungsbehörde anzugehören, bereit ist, diese bei der Aufklärung von Straftaten auf längere Zeit vertraulich zu unterstützen, und deren Identität grundsätzlich geheimgehalten wird.	Personen, die gegen Zusicherung der Geheimhaltung ihrer Verbindung zur Polizei sowie ihrer Identität auf unbestimmte Zeit an der Aufklärung von Straftaten - i. d. R. unter Führung eines Polizeibeamten - mitwirken.
Verdeckte Ermittler	**Verdeckte Ermittler**	**Verdeckt eingesetzte Ermittlungsbeamte**
sind besonders ausgewählte Polizeivollzugsbeamte, die im Rahmen des geltenden Rechts auf längere Dauer angelegt mit konkretem Auftrag versehen zur Bekämpfung besonders gefährlicher und/oder schwer aufklärbarer Kri-	sind besonders ausgewählte und ausgestattete Polizeivollzugsbeamte, die unter einer Legende Kontakt zur kriminellen Szene aufnehmen, um Anhaltspunkte für Maßnahmen der Strafverfolgung zu gewinnen, und deren	(als solche werden .. Hilfsbeamte der Staatsanwaltschaft ... verstanden): Sie überschreiten die Grenzen strafrechtlicher Verbote nicht; bei ihnen können neben ihrer persönlichen Gefährdung Probleme u. a. im

minalität (z. B. organisierter Kriminalität) unter einer Legende und Geheimhaltung ihrer Identität Kontakte zur kriminellen Szene aufnehmen, um Anhaltspunkte für Maßnahmen der Gefahrenabwehr und/oder Strafverfolgung zu gewinnen, wenn anderc kriminalistische Methoden versagt haben oder keinen Erfolg versprechen.	Identität auch im Strafverfahren geheimgehalten werden soll.	Hinblick auf das Legalitätsprinzip und ein faires Verfahren auftreten. Informanten und V(ertrauens)-Personen faßt der Richterbund unter dem Oberbegriff "Gewährspersonen" zusammen.

Ein Vergleich der o. g. Definitionen bzgl. des "Informanten" ergibt zunächst noch weitgehende Übereinstimmung. Trotz unterschiedlicher Formulierungen sehen alle Definitionen die Zusicherung der Vertraulichkeit im technischen Sinn als Voraussetzung dafür an, daß der Informant überhaupt zur Weitergabe von Informationen bereit ist.

- Bezüglich des Adressaten der vertraulich gemachten Angaben erwähnt die IMK die Strafverfolgungsbehörde, bezieht also auch die Staatsanwaltschaft ein. Dafür indiziert diese Begriffswahl jedoch eine Beschränkung der Informantentätigkeit auf den repressiven Bereich.[1] Demgegenüber geht die Definition der Leiter der LKA und des BKA von der (realistischeren) Einschätzung aus, daß

---

1) Schon ihrem Titel nach beschränken sich die Thesen der IMK auf den Bereich der Strafverfolgung.

Adressat der Informantentätigkeit regelmäßig die Polizei sein wird. Dies schließt zwar die Staatsanwaltschaft aus, dehnt aber dafür den Kreis der Informanten auch auf diejenigen Personen aus, deren Informationen Ausgangspunkt auch für Maßnahmen der Gefahrenabwehr sein können. Eine Mittelstellung scheint zunächst der Richterbund einzunehmen, wenn er im Informanten eine Person sieht, "die...den Strafverfolgungsbehörden (insbesondere der Polizei) Informationen" zu geben bereit ist. Im letzten Halbsatz enthält die Definition des Richterbundes jedoch einen Auffangtatbestand, der mit seiner Bezugnahme auf die "andere Weise" der Sachaufklärung auch die bloße Informationsgabe dahingehend konkretisiert, daß sie zu Zwecken der Straftatenaufklärung erfolgt.[1]

- Alle drei Definitionen beschränken die Mitwirkung des Informanten auf den "Einzelfall". Leider ist diese Beschränkung unklar.
  Verwendet man synonym für den "Einzelfall" das Wort "gelegentlich", so erfassen insbesondere die Definitionen der IMK einen Großteil der in Frage kommenden Personen nicht. Denn für V-Personen fordert sie eine Unterstützung "auf längere Zeit". Es entstehen daher weiße Kreise betreffend die Personen, die auf Dauer nur bereit sind, Informationen zu geben, und hinsichtlich solcher, die nur "gelegentlich" zu einer über die bloße Informationsgabe hinausgehenden Unterstützung bereit sind. Umfassender erweisen sich die Definitionen von BKA/LKA und Richterbund, da sie für V-Personen nur ein Handeln auf "unbestimmte" Zeit fordern und daher auch den nur "gelegentlich" zu einer qualifizierten Mitwirkung Bereiten erfassen.[2]

---

1) Die in der vorangehenden Fußnote getroffene Feststellung gilt auch für die Thesen des Richterbundes; dem wäre noch hinzuzufügen, daß - m. E. - rein begrifflich eine Beschränkung auf die bloße Informationsgabe indiziert ist, "qualifizierte" Mitwirkungen dagegen grundsätzlich den V-Personen zuzuordnen sind.

2) Nur derjenige, der sich zu einer dauerhaften Informationsübermittlung bereit findet, wird nicht erfaßt.

Es käme auch in Betracht, den "Einzelfall" als "einen konkreten (Einzel-)Fall betreffend" zu verstehen. Auch in dieser Auslegung ergibt sich hinsichtlich der Lückenhaftigkeit der Definitionen kein anderes Bild. Keine der Begriffsbestimmungen erfaßt dann die Personen, die nicht auf einen konkreten Fall beschränkte Informationen zu geben bereit sind. Bei der IMK-Definition kommt hinzu, daß Personen nicht erfaßt werden, die nur für kurze Zeit zu einer über die Informationsgabe hinausgehenden Mitwirkung bereit sind.[1]

Im wesentlichen sind damit bereits auch die Unterschiede betreffend die "V-Personen" angesprochen. Richterbund und IMK beschränken hier die Unterstützungstätigkeit der V-Personen ausdrücklich auf den Bereich der Straftatenaufklärung, wobei die IMK zusätzlich eine Handlungsbereitschaft für längere Zeit fordert. Mit der Einbeziehung nicht nur von Beiträgen zur Aufklärung von Straftaten, sondern auch von solchen zu deren Verhinderung, erfaßt die Definition der Leiter von BKA/LKA auch im Bereich der V-Personen den größten Personenkreis.[2]

Erhebliche Abweichungen ergeben sich letztendlich im Hinblick auf den "verdeckten Ermittler" bzw. auf den "verdeckt eingesetzten Ermittlungsbeamten".
Insoweit enthalten die Thesen des Richterbundes gar keine Definition i. e. S., sondern eine kurze Aufzählung der mit dieser Figur u. U. verbundenen straf- und verfahrensrechtlichen Probleme.
Die Definitionen von IMK und BKA/LKA enthalten i. w. übereinstimmende Kernaussagen, soweit sie die Tätigkeit verdeckter Ermittler betreffen. BKA/LKA haben jedoch einige

---

1) SCHULZ, Thesen, S. 83.
2) Interessant ist in diesem Zusammenhang auch, daß bzgl. des "Informanten" auf die Bereitschaft des Betreffenden abgestellt wird, was die IMK - konsequent - auch für "V-Personen" genügen läßt. Bei letzteren stellt die Definition der BKA/LKA eigenartigerweise auf die tatsächliche Mitwirkung ab!

zusätzliche , klarstellende Merkmale in ihre Definition eingebaut. Es drängt sich der Eindruck auf, daß damit der zunehmend heftiger werdenden Kritik am Einsatz verdeckter Ermittler entgegnet werden sollte. Anders ist die Feststellung, die Tätigkeit verdeckter Ermittler halte sich im Rahmen des geltenden Rechts ebensowenig zu erklären wie der ausdrückliche Hinweis auf die Ausstattung verdeckter Ermittler mit einem konkreten Auftrag.[1]
Der "ultima-ratio-Charakter" des Einsatzes verdeckter Ermittler wird deutlich gemacht durch die Beschränkung auf besonders qualifizierte Verbrechensbereiche und auf den Fall, daß andere kriminalistische Methoden versagt haben oder keinen Erfolg versprechen. Auch beim verdeckten Ermittler bezieht einzig die Definition von BKA/LKA den Bereich der Gefahrenabwehr ein.

Die vorstehenden Ausführungen zeigen, daß weder die IMK noch der Richterbund dazu imstande (oder bereit?) waren, von standortspezifischen Elementen völlig freie Definitionen zu schaffen. Eine vorwiegend phänomenologisch orientierte Arbeit kann sich jedoch nicht auf Definitionen stützen, die von juristischen Elementen geprägt sind. Sie muß sich vielmehr an den Realitäten messen.
Betrachtet man die vorgängig erläuterten Begriffsbestimmungen unter dieser Prämisse, dann wird deutlich, daß die Definitionen der Leiter des Bundeskriminalamtes und der Landeskriminalämter v. a. wegen der Einbeziehung der Gefahrenabwehr insgesamt die ausgewogenste und den Realitäten am ehesten entsprechende Lösung darstellen. Demgegenüber sind die Definitionen der IMK und des Richterbundes mit ihrer Beschränkung auf die Straftatenaufklärung zu eng und entziehen dadurch ohne Not von vornherein einen großen Personenkreis einer begrifflichen Einordnung. Die Realität macht nicht halt vor der formal-juristischen

---

1) Damit soll wohl i. e. L. das "Schreckgespenst" des auf "freier Jagd" befindlichen uca vertrieben werden.

Trennung von vorbeugender und aufklärender Verbrechensbekämpfung.
Im weiteren Verlauf der Arbeit werden daher den Begriffen "Informant", "V-Person" und "verdeckter Ermittler" die Begriffsbestimmungen der Leiter des Bundeskriminalamtes und der Landeskriminalämter zugrundegelegt. Die inhaltliche Ausgestaltung der Begriffe erfolgt im phänomenologischen Teil der Arbeit, da ansonsten später zu erörternde Fragen vorweggenommen werden müßten.

ERSTER TEIL

VON DEN ANFÄNGEN BIS ZUR GEGENWART

Ein Blick in die Geschichte "verdeckter Informationsbeschaffung" macht deutlich, daß es sich hierbei nicht um eine kriminaltaktische Erfindung sog. moderner Polizeien handelt. Das Gegenteil ist richtig!

So berichtet Wehner,[1] daß bereits der erste bekannte und authentische Bericht über einen Kriminalfall und dessen Aufklärung aus dem Jahre 1100 v. Chr. auf ein dem damaligen Polizeiapparat zur Verfügung stehendes, gut ausgebautes Spitzelsystem hinweist.

Das "Verdienst", in der Neuzeit erstmals in größerem Umfang Spitzel und Denunzianten geworben zu haben, kann wohl dem Marquis d'Argenson, französischer Polizeiminister von 1697 bis 1718, zugesprochen werden. Seine Leute schlichen sich in die obersten gesellschaftlichen Schichten ein und lieferten ihm kompromittierende Informationen über wichtigste Persönlichkeiten bis hinauf zum Thron.

Das so gesammelte Wissen verhalf d'Argenson zu einer beinahe unerschütterlich erscheinenden Stellung.[2]

Unter seinen Nachfolgern wurde die Polizei immer stärker zum Schutz der Krone eingesetzt, während die Verbrechensbekämpfung in den Hintergrund trat. Mit der Zunahme des Spitzelunwesens ging ein Ansehensverlust der Polizei einher. Eine - wenn auch zweifelhafte - Blüte erreichte die Geheimpolizei- und Spitzelarbeit unter Fouché, dem französischen Polizeiminister seit 1799. Auch er benutzte die Polizei mehr als Instrument zur Bespitzelung und Festnahme der Gegner der jeweiligen Herrscher denn zur Aufklärung von Straftaten. Die Kriminalpolizei hatte denselben Zielen zu dienen wie die politische Polizei, welche Fouché ausbaute. Darüber hinaus hielt Fouché die Kriminalpo-

---

1) WEHNER, Wolfgang, S.13; der Fall spielt im Ägypten Ramses IX.
2) ARNAU, S. 174 f.

lizei für unnütz.[1]
Allerdings kam es durch Eugene Francois Vidocq, vom Spitzel Fouchés zum Gründer und Chef der Sûreté aufgestiegen, zur zentralen Bekämpfung des "herkömmlichen" Verbrechens in Paris. Wie auch Fouché handelte Vidocq in seinem engeren Wirkungskreis nach der Maxime "Wissen ist Macht" und verschaffte sich dieses Wissen mit Hilfe einer Armee von Informanten.[2] Nach dem Grundsatz, daß das Verbrechen nur durch Verbrecher bekämpft werden könne, rekrutierte Vidocq diese Informanten und auch seine Mitarbeiter aus dem Kreis ehemaliger Häftlinge.[3]
Dieser klassische Spitzel beschränkte sich auf die Übermittlung oder Mitteilung von Nachrichten,[4] durch die er polizeiliche Aktivitäten auslöste oder unterstützte. Demgegenüber war seine Mitwirkung für die tatsächliche beweiskräftige Überführung und Verurteilung des Täters nicht mehr erforderlich, insbesondere war sein Auftreten im Strafprozeß als Zeuge entbehrlich.[5]
Spätestens seit den letzten Jahrzehnten des vorigen Jahrhunderts treten, jedenfalls für den Bereich des strafrechtlichen Staatsschutzes i. w. S., Anzeichen einer neuen Dimension der verdeckten Informationsbeschaffung offen zutage:

- So hielt es der preußische Innenminister bereits am 12.11.1886 in einer Verfügung an den Berliner Polizeipräsidenten "... für angezeigt, daß die mit der geheimen Überwachung staatsgefährdender Personen betrauten Exekutivbeamten des Polizeipräsidiums nochmals darauf hingewiesen werden, daß sie hierbei lediglich eine passive Haltung einzunehmen und sich auf das Sorgsamste vor eigenen Äußerungen, welche als eine Einwirkung auf andere zur Begehung strafbarer Handlungen aufgefaßt wer-

---

1) ARNAU, S. 176 ff.
2) WEHNER, Wolfgang, S. 80.
3) THORWALD, S. 11.
4) MEYER, S. 1216, Stichwort "Spitzel"; HEBLER, S. 321.
5) Das entspricht heute wohl mehr denn je den Idealvorstellungen der Polizei.

den können, unter allen Umständen zu hüten haben...".[1] Anlaß zu dieser Verfügung war, daß die Provokation eines preußischen Polizeispitzels gerichtskundig wurde.

- Demgegenüber hatte sich das Reichsgericht im Prozeß gegen den Lagerverwalter Bullerjahn[2] wie schon zuvor die französische Rechtsprechung im Verfahren gegen Dreyfuß u. a. mit der Frage der Verwertung von Zeugenaussagen über Äußerungen geheimgehaltener V-Leute auseinanderzusetzen.

Damit waren allgemein die Problembereiche Zulässigkeit und Folgen staatlicher Verbrechensprovokation und Einführung bzw. Verwertung des Wissens eines geheimgehaltenen Zeugen in den Prozeß angesprochen. Damit war aber auch indiziert, daß sich allmählich ein Rollenwechsel vollzogen hatte. Informanten, V-Personen und verdeckte Ermittler, die, ohne in Erscheinung zu treten, durch ihre Informationen bzw. Mitarbeit an der Gefahrenabwehr und/oder Straftatenaufklärung mitgewirkt hatten, fanden sich nun in der - wohl ungewollten - Rolle des Zeugen vom Hörensagen und des agent provocateurs, wenn nicht gar des Anstifters wieder.

Im Bereich der sonstigen Kriminalität scheint sich dieser Rollenwechsel ebenfalls vollzogen zu haben, wenn auch mit erheblicher Verzögerung. Einen Hinweis darauf gibt die zunehmende revisionsmäßige Inanspruchnahme der Strafsenate des BGH seit Beginn der 80er Jahre in Fragen der Zulässigkeit und Folgen staatlicher Tatprovokation,[3] der (Un-)

---

1) Der preußische Innenminister Puttkammer am 12.11.1886 an den Berliner Polizeipräsidenten Richthofen; eine erneute Verfügung des neuen preußischen Innenministers Herfurt vom 12.9.1888 bezog neben "Exekutivbeamten" ausdrücklich auch "Agenten" ein und hatte die "Provokation zur Begehung strafbarer Handlungen" zum Gegenstand. Ein Ministerialerlaß vom 9.4.1913 (in Erinnerung gebracht am 18.9.1918) nennt "Polizeibeamte" und "Dritte" (= Informanten und/oder V-Personen?), FUNK, S. 467, Fn. 3/4.

2) Urteil vom 11.12.1925.

3) Z. B.: BGH, Urteil v. 15.4.1980 - 1 StR 107/80, in: Neue Zeitschrift für Strafrecht, 1981, S. 18. BGH, Urteil v. 21.10.1980 - 1 StR 477/80, in: Strafverteidiger, 1981, S. 163.

Erreichbarkeit von geheimgehaltenen V-Leuten,[1] der Einführung ihrer Aussagen in den Prozeß bei gleichzeitiger Geheimhaltung der Identität[2] etc... In zahlreichen Entscheidungen wurde gewissermaßen der Rahmen abgesteckt, in dem die Verwendung von Informanten, V-Personen und verdeckten Ermittlern zulässig ist und die durch sie gewonnenen Erkenntnisse beweiskräftig in den Strafprozeß eingeführt werden können. Damit zeigte die Rechtsprechung einer schon lange geübten, sich ständig weiterentwickelnden polizeilichen Praxis Grenzen auf.

Denn schon von jeher hat die Polizei erfolgreich Informanten eingesetzt. Lange Zeit wurde jedoch ihre Inanspruchnahme, der Einsatz von V-Personen und verdeckten Ermittlern durch die Polizei als Selbstverständlichkeit angesehen, und es drang wenig darüber an die Öffentlichkeit. Aus taktischen Gründen versuchte die Polizei, nicht zu viel über ihre Methoden bekannt werden zu lassen, um die eigene Arbeit nicht unnötig zu erschweren. Die Gegenseite nutzt ihre Kenntnis nämlich nicht nur dazu, ihr eigenes kriminelles Verhalten auf die polizeilichen Methoden einzustellen, sondern sie prangert diese auch an. Durch den explosionsartigen Anstieg insbesondere der Rauschgiftkriminalität seit Ende der 60er, Anfang der 70er Jahre hat auch die Untergrundfahndung eine starke Ausdehnung erfahren. Teilweise war es unvermeidbar, diesbezügliche Erkenntnisse in die Ermittlungsakten einfließen zu lassen, so daß diese polizeiliche Tätigkeit letztlich über Hauptverhandlungen publik wurde.[3]

Damit kamen öffentliche Diskussionen auf, im juristischen Bereich v. a. Probleme im Rahmen der Beweisaufnahme und der Zulässigkeit, Grenzen und Folgen staatlicher Tatpro-

---

1) Z. B.: BGH, Beschluß v. 15.9.1980 - 5 StR 325/80, in: Strafverteidiger, 1981, S. 110. BGH, Beschluß v. 29.10.1980 - 3 StR 335/80, in: Strafverteidiger, 1981, S. 58.
2) Z. B.: BGH, Urteil v. 10.10.1979 - 3 StR 281/79, in: Neue Juristische Wochenschrift, 1980, S. 464. BGH, Beschluß v. 9.9.1981 - 2 StR 406/81, in: Strafverteidiger, 1981, S. 596.
3) SCHULZ, Täter, S. 403; DERSELBE, Bekämpfung, S. 512 .

vokation. Verteidiger strebten, v. a. aus prozessualen und entlastenden Gründen, die Aufdeckung der polizeilichen Informationsquellen an, stellten - nicht selten medienwirksam - ihre Mandanten als Opfer staatlicher Verbrechensprovokation dar.[1]
Eine Vielzahl daraufhin ergangener höchstrichterlicher Entscheidungen konnte nur eine juristische Klärung dahingehend herbeiführen, daß strafprozessuale Zulässigkeiten und Grenzen weitgehend abgesteckt und strafrechtliche Begriffe, Formulierungen und Handlungsweisen verbindlich ausgelegt wurden. Der rechtliche Rahmen der Befugnisse zur Beweiserlangung und -verwertung ist damit heute vorgegeben und unproblematisch und die tatbestandsmäßige Einordnung einzelner Verhaltensweisen von Informanten, V-Personen und verdeckten Ermittlern ist aufgezeigt.[2]
Auch die juristische Klärung konnte jedoch nicht verhindern, daß die gesamte Problematik zunehmend die öffentliche, polizeiinterne und v. a. auch politische Diskussion beschäftigte und in Gang hält. Im allgemeinen werden hierbei Aufklärungsmethoden und -erfolge der Polizei ebenso kritisiert wie harte Strafurteile gegen Rauschgifthändler und Abschiebungen von Ausländern. Bagatellisierungen krimineller Intensitäten überwiegen die Darstellungen der Verwerflichkeit und folgenschweren Skrupellosigkeit organisierter Rauschgifthändlerbanden.[3] Die Diskussion wird nicht zuletzt auch durch eine einseitige Berichterstattung weiter Teile der Presse angeheizt, die mit Vorliebe den in Einzelfällen aufgekommenen Verdacht krimineller Verfehlungen von V-Personen und verdeckten Ermittlern herausstreicht.
Die beschriebene Entwicklung wirft die Frage auf, ob, wie oft behauptet, die vermehrte Inanspruchnahme von Informanten, V-Personen und verdeckten Ermittlern tatsächlich auf

---

1) SCHULZ, Täter, S. 403.
2) SCHULZ, Bekämpfung, S. 314; vgl. v. a. auch die Analyse des Beschlußes des Großen Senates für Strafsachen vom 17.10.1983 bei TIEDEMANN/SIEBER, S. 753 ff.
3) SCHULZ, Bekämpfung, S. 313 f.

eine zunehmende Unfähigkeit der Polizei zu kriminalistischer Klein- und Feinarbeit zurückzuführen ist, oder ob nicht doch die Probleme der Polizei bei der Bekämpfung mancher Kriminalitätsbereiche komplexere Ursachen haben. Diese sollen im folgenden anhand des Rauschgiftschmuggels und -handels untersucht werden.

ZWEITER TEIL

DIE BESONDEREN PROBLEME DER BEKÄMPFUNG DES ILLEGALEN SCHMUGGELS UND HANDELS MIT RAUSCHGIFT

A. Schwerpunkt polizeilicher Rauschgiftbekämpfung

Der Begriff der Rauschgiftkriminalität steht für eine lange Kette delinquenter Verhaltensweisen einschließlich deren "Begleitdelinquenz",[1] und nicht alle Glieder dieser Kette sind einer polizeilichen Bekämpfung gleichermaßen zugänglich.

I. Anbau und Herstellung von Rauschgift

Die Illegalität beginnt bereits mit dem Anbau und der Herstellung von Betäubungsmitteln,[2] in der Bundesrepublik strafbar gem. § 29 I Nr. 1 BtMG (i. d. F. v. 28.7.1981, BGBl: III 2121-6-24).
Allerdings wird der deutsche Drogenmarkt v. a. hinsichtlich der am meisten gehandelten und konsumierten Stoffe, wie z. B. Cannabis, Heroin und Kokain, nahezu ausschließlich aus dem Ausland beliefert, und zwar durch den international organisierten illegalen Rauschgifthandel. Auch die Herstellung hat sich, von gewissen Ausnahmen abgesehen, in die Anbaugebiete verlagert. Hierzulande spielen also Anbau bzw. Herstellung und demgemäß auch die entsprechende Delinquenz nur eine untergeordnete Rolle. Aus dem Inland stammen nur pharmazeutische BtM, dem BtMG nicht

---

1) Gemeint sind damit die direkte und indirekte Beschaffungskriminalität und die Folgekriminalität, welche im folgenden außer Betracht bleiben sollen.
2) Die Terminologie des BtMG definiert in den § 1 I i. V. m. 2 I Nr. 1 auch die Pflanzen selbst als BtM!

unterstehende Ausweichmittel und einige Hallizunogene.[1] Auch in den Anbauländern wird nur ein geringer Teil der BtM legal angebaut. Das Gros dient von vornherein der illegalen Rauschgiftgewinnung.[2]
Die Bekämpfung der illegalen Produktion ist aus diesen Gründen i. e. L. Sache der Staaten, in denen die Anbaugebiete liegen. Sie könnten das Rauschgiftangebot dadurch einfach, wirkungsvoll und verhältnismäßig billig zurückdrängen, daß die Anbauflächen von Mohn-, Koka- und Cannabispflanzen verringert oder gar eliminiert werden.[3] Aus deutscher Sicht ist zu diesem Zweck aber kein polizeiliches, sondern ein verstärktes außen- und entwicklungspolitisches Engagement erforderlich.[4]

II. Rauschgiftkonsumenten

Das Ende der Kette bildet der Konsument. Abgesehen von einer Erlaubnis gem. § 3 I Nr. 1 BtMG - die für den "normalen" Verbraucher jedoch nicht in Betracht kommt - und mit Ausnahme eines ordnungsgemäßen ärztlichen Rezepts, macht sich auch der Rauschgiftkonsument mit dem Erwerb und Besitz von BtM strafbar, § 29 I Nr. 1 u. 3 BtMG.[5]
In erster Linie ist die Eindämmung der Nachfrage seitens der Konsumenten eine Aufgabe der Prävention. Erforderlich ist eine Einwirkung auf potentielle oder tatsächliche Verbraucher im Rahmen gezielter Maßnahmen erzieherischer und bildungspolitischer Art sowie sozialer und medizinischer Betreuung und Rehabilitation .[6]
Hier soll der Frage nicht nachgegangen werden, ob und inwiefern die Rauschgiftprävention überhaupt eine polizeiliche Aufgabe ist oder sein kann. Unzweifelhaft liegen

---

1) SCHULZ, Bekämpfung, S. 66, 91, 303, 305.
2) A. a. O., S. 66
3) BÜX, S. 196; PIETRZIK, Rauschgifthandel, S. 223.
4) So die "Konzeption zur Intensivierung der Bekämpfung der Rauschgiftkriminalität" des Bundes Deutscher Kriminalbeamter von 1980, nach: SCHULZ, Bekämpfung, S. 326.
5) SCHULZ, Bekämpfung, S. 59.
6) SCHULZ, Rolle, S. 97/121; MELLENTHIN, S. 71.

die Hauptansatzpunkte für nachfrageeindämmende, präventive Maßnahmen jedoch in den sozialen und gesundheitlichen Bereichen, bei den Eltern, Lehrern, Erziehern und Jugendlichen. Schon fachliche Erwägungen lassen demgegenüber hier die relative Inkompetenz der Polizei vermuten.[1] Polizeiliche Einsätze gegen die Verbraucher können i. w. nur darauf abzielen, diese den Gesundheits- und Sozialdiensten bekannt zu machen und gegebenenfalls gewaltsam zuzuführen. Ansonsten dient auf dieser Ebene polizeiliches Vorgehen dazu, anfängliche, gelegentliche und auch potentielle Verbraucher zu verunsichern und damit von weiterem Konsum abzuhalten.[2]

III. Schmuggel und Handel mit Rauschgift

Verbindendes Element zwischen diesen beiden Bereichen ist der Schmuggel von bzw. Handel mit BtM, i. w. von § 29 I Nr. 1 u. 5 BtMG erfaßt.
Der Ein- und Ausfuhrschmuggel fällt i. e. L. in den Aufgaben und Zuständigkeitsbereich des Zolls.[3]
Seit sich etwa Anfang der 70er Jahre die Erkenntnis durchgesetzt hat, daß es nicht primäre Aufgabe der Polizei sein kann, den Drogenverbraucher einer gerichtlichen Bestrafung zuzuführen, konzentrieren sich die polizeilichen Aktivitäten zunehmend darauf,

- das in den illegalen Verkehr (= Handel und Schmuggel) gelangte Rauschgift aufzuspüren,
- es dem Markt zu entziehen und
- möglichst viele der beteiligten Täter zu identifizieren und zu überführen.[4]

Damit deckt die Polizei den Bereich zwischen den auf die Bekämpfung des Angebots gerichteten außen- und entwick-

---

1) SCHULZ, Bekämpfung, S. 471.
2) SCHULZ, Situation, S. 129. Anders natürlich beim dealenden Süchtigen!
3) SCHULZ, Täter, S. 403.
4) ZÜHLSDORF, Rauschgiftkriminalität, S. 351; SCHULZ, Täter, S. 403.

lungspolitischen Betätigungsfeldern und den gegen die Nachfrage zielenden medizinisch-therapeutischen und sozialen Einwirkungs- und Zuständigkeitsbereichen ab. Dabei ist man sich i. a. darüber einig, daß nachhaltige Erfolge in der Bekämpfung des illegalen Rauschgifthandels und -schmuggels nur mit einer Bekämpfungsstrategie zu erzielen sind, die sich gegen alle Ebenen des Handels und Schmuggels richtet.[1]

---

1) SCHULZ, Situation, S. 125; HAFENMAIER, S. 174; BUX, S. 198; ferner: Feststellungen zum Lagebild der Rauschgiftkriminalität im "Konzept zur intensivierten Bekämpfung des illegalen Rauschgifthandels und -konsums", beschlossen vom Arbeitskreis II - öffentliche Sicherheit und Ordnung - der Ständigen IMK am 16./17.5.1979, nach: SCHULZ, Bekämpfung, S. 336. Die ersten Aktionsprogramme der Bundesregierung und der Bundesländer in den Jahren 1970/71 sahen demgegenüber noch die Bekämpfung der straff organisierten und nach konspirativen Methoden vorgehenden Verteilerringe als vordringliches Ziel an, nach: ZÜHLSDORF, Rauschgiftkriminalität, S. 353.

B. Das Anzeigeverhalten im Bereich der Rauschgiftkriminalität verglichen mit der klassischen und Massenkriminalität

Verglichen mit der Bekämpfung "herkömmlicher" Kriminalität stößt die Polizei beim Kampf gegen den Rauschgiftschmuggel und -handel auf zusätzliche Schwierigkeiten mit den unterschiedlichsten Ursachen und Wirkungen. Diese Schwierigkeiten sind für die vorliegende Arbeit insoweit von Interesse, als sie sich - auf einen gemeinsamen Nenner gebracht - mit dem Begriff "Informationsdefizit" umschreiben lassen.

I. Situation im Bereich der klassischen und Massenkriminalität

1. Die Täter-Opfer-Situation

Im Bereich der klassischen und Massenkriminalität besteht i. d. R. ein offener Interessengegensatz zwischen dem Täter einerseits und dem Opfer bzw. Geschädigten andererseits.[1] Das spezifische Opferinteresse ist auf Sühne, d. h. Bestrafung, bzw. auf Wiedergutmachung in Form von Schadensersatz gerichtet. Dies setzt die Überführung des jeweiligen Täters voraus. Insoweit ist das Interesse des Opfers deckungsgleich mit dem Interesse der Polizei, das Bestehen staatlicher Strafansprüche zu erkennen und diese durchzusetzen.

2. Die Relevanz privater Anzeigeerstatter für das Bekanntwerden der polizeilich registrierten Delikte

Aus den o. g. Gründen ist daher wenig überraschend, daß in den hier angesprochenen Kriminalitätsbereichen gerade die privaten Anzeigeerstatter den Großteil der registrierten Delikte zur Kenntnis der Polizei bringen und auf die-

---

1) ZUHLSDORF, Rauschgiftkriminalität, S. 354.

se Weise die Strafverfolgung auslösen. Demgegenüber werden aufgrund polizeilicher Wahrnehmung und Initiative nur verhältnismäßig wenige Verfahren in Gang gebracht. Auch wenn die Zahlen hierzu geringfügig voneinander abweichen, geht man doch allgemein davon aus, daß über 90% der polizeilich registrierten Delikte durch private Anzeigeerstatter bekannt werden.[1] Darüberhinaus werden i. a. auch bereitwillig Angaben über das Tatgeschehen und den Täter gemacht. Aufgrund dieser Mitwirkung der Tatbetroffenen verfügt die Polizei regelmäßig von Anfang an über brauchbare Ermittlungsansätze.[2] Der Geschehensablauf folgt dem Schema:

Straftat - Anzeige - Ermittlungen
Aufklärung - Anklage - Verurteilung[3]

II. Situation im Bereich der Rauschgiftkriminalität

1. Die spezifische Täter-Opfer-Situation

Ein völlig anderes Bild ergibt sich bei der Bekämpfung der Rauschgiftkriminalität, insbesondere des Rauschgifthandels. Hier gibt es keine klassischen Opfer im Sinne eines "Nur"-Geschädigten, sondern lediglich Beschuldigte, da sich alle am Deal Beteiligten - auch der erwerbende Konsument - nach den Vorschriften des BtMG strafbar machen.[4] Keiner der Beteiligten betrachtet sich als Opfer oder Geschädigter, sodaß kein Bedürfnis nach Sühne bzw. Wiedergutmachung und folglich auch kein Interesse an einer Anzeige besteht.[5] Vielmehr ist der Rauschgifthandel für den Verkäufer ein lukratives Geschäft, und, da er die Nachfrage der Käufer bzw. die Bedürfnisse der Süchtigen

---

1) KAISER, Lehrbuch, S. 185, Rz. 15: 2-9% durch eigene polizeiliche Initiative; MPI, S. 93: über 90% durch private Anzeige.
2) ZÜHLSDORF, Rauschgiftkriminalität, S. 354.
3) PIETRZIK, S. 320.
4) SCHENK, S. 266; ZÜHLSDORF, Rauschgiftkriminalität, S. 354; BAUER, S. 24; BUX, S. 194.
5) SCHULZ, Rolle, S. 98; BAUER, S. 24; BAUER, Bekämpfung, S. 204; WIENBERG, S. 439; ZÜHLSDORF, Ausstattung, S. 522.

befriedigt, würden diese sich durch eine Anzeige oder Aussage nur der eigenen Bezugsquelle berauben.[1] Gibt es einmal Augenzeugen des Deals, so handelt es sich meist um Insider, die selbst strafrechtlich verstrickt sind.[2] Unbeteiligte Außenstehende erfahren so gut wie nie etwas. Erlangen sie doch einmal Erkenntnisse, dann wird ihnen oft der strafbare Charakter der betreffenden Angelegenheit entweder gar nicht bewußt, oder aber er offenbart sich erst aufgrund weiterer Zusatzinformationen. Viele behalten aber auch ganz einfach ihr Wissen für sich. Dafür gibt es die verschiedensten Gründe:
Eltern von Rauschgiftkonsumenten, Fürsorger, Erzieher, Pädagogen und Ärzte bevorzugen i. d. R. erzieherische bzw. therapeutische Maßnahmen[3] und betrachten, nicht zuletzt wegen des Zwanges zur Strafverfolgung, die Information der Polizei als ultima ratio.
Andere, wie z. B. Hauswirte, Kellner, Gaststättenbetreiber, Drogenberater usw. scheuen jegliche Kooperation mit der Polizei, weil sie
- nicht unmittelbar betroffen sind,
- sich aus Furcht vor Unannehmlichkeiten nicht um anderer Leute Angelegenheiten kümmern,
- keinen "Verrat" üben wollen,
- Repressalien befürchten,
- mit dem Täter befreundet oder verwandt sind,
- davon ausgehen, daß der Datenschutz oder eine Verschwiegenheitspflicht der Informationspreisgabe entgegensteht,
- aus ihrem Schweigen u. U. selbst einen persönlichen Vorteil ziehen können etc..[4]

Diese Besonderheiten lassen bereits erkennen, welch große Unterschiede hinsichtlich der Ermittlungsvoraussetzungen zwischen der Bekämpfung des Rauschgifthandels und der her-

---

1) ZÜHLSDORF, Rauschgiftkriminalität, S. 354; DERSELBE, Ausstattung, S. 522.
2) SCHULZ, Täter, S. 403.
3) WIENBERG, S. 439.
4) SCHULZ, Rolle, S. 98; DERSELBE, Bekämpfung S. 316 u. S. 449.

kömmlichen polizeilichen Tätigkeit bestehen. Typisch für den illegalen Rauschgifthandel ist das Fehlen von Opfern bzw. Geschädigten (und damit auch der Täter-Opfer-Situation), von Zeugen, Anzeigen und konkret abgrenzbaren Tatorten.[1]

2. Die Relevanz privater Anzeigeerstatter für das Bekanntwerden der Rauschgiftdelikte

Diese "rauschgiftspezifische" Situation spiegelt sich denn auch in den Zahlen zum Anzeigeverhalten wieder. Hier finden wir eine glatte Umkehr der Verhältnisse vor, wie sie von der klassischen Kriminalität her bekannt und oben beschrieben sind. Die Rauschgiftkriminalität wird nur zu etwa 4% ohne Zutun der Polizei bekannt, dagegen zu ungefähr 96% erst aufgrund polizeilicher Ermittlungsarbeit.[2] Dabei kommen als Ansatzpunkte für Maßnahmen der Polizei im Bereich des Rauschgiftschmuggels und -handels nur ein mehr oder weniger begründeter Verdacht gegen einen mehr oder weniger großen Verdächtigenkreis in Betracht.[3]

---

1) SCHENK, S. 266; KREUZER, Drogen-Scene, S. 218; SCHNEIDER, Verbrechen, S. 182; PIETRZIK, S. 320; BDK, Schramm, S. 26; BEER, Rauschgiftkriminalität, S. 33; BUX, S. 194; SCHULZ, Erscheinungsformen, S. 129; DERSELBE, Täter, S. 402; DERSELBE, Bekämpfung, S. 447; STÜMPER, Bekämpfung, S. 403.
2) SALEWSKY, S. 346.
3) PIETRZIK, S. 320.

C. Konspiration auf der Ebene lokaler Rauschgiftszenen

Die im vorangehenden Abschnitt beschriebenen Umstände haben zur Folge, daß sich die Polizei Informationen und Anhaltspunkte bzgl. begangener oder bevorstehender BtM-Delikte selbst auf der lokalen Szene beschaffen muß. Schon hier sieht sich die Polizei jedoch kaum überwindbaren Schwierigkeiten ausgesetzt, da bereits auf der Ebene des Klein- und Kleinsthandels zunehmend konspirativ agiert wird.[1] Wegen der Strafbarkeit aller Beteiligten und der daraus resultierenden gleichgelagerten Geheimhaltungsinteressen von Rauschgiftlieferanten, -händlern und -verbrauchern versuchen diese - vom Hersteller bis zum Konsumenten - ihre Tätigkeiten dem Einblick Dritter zu entziehen.[2] Insbesondere ist man darauf bedacht zu verhindern, daß der Stoff von Außenstehenden gefunden werden kann.[3] Im einzelnen haben sich folgende Verhaltensmuster herausgebildet:

- Seit Mitte der 70er Jahre hat eine Verlagerung der bis dahin offen zugänglichen Umschlagplätze von öffentlichen Lokalen und Plätzen in geschlossene, nicht jedermann zugängliche Örtlichkeiten stattgefunden. So werden heute i. a. auf der Szene, d. h. auf der Straße, in Gaststätten usw. nur noch Kontakte geknüpft und Geschäfte verabredet. Die eigentlichen Verhandlungen und die Waren- und Geldübergabe erfolgen dann aber regelmäßig in privaten Wohnungen des Verkäufers oder Käufers, die man zudem noch unabhängig voneinander aufsucht.[4]
- Der Großteil der Geschäfte wird nur noch unter Eingeweihten abgewickelt, die sich gegenseitig als Händler oder Konsument kennen.[5]

---

1) BAUER, S. 22/25; HAFENMAIER, S. 175; BUX, S. 195.
2) SCHULZ, Erscheinungsformen, S. 129; HAFENMAIER, S. 176.
3) SCHULZ, a. a. O.
4) BAUER, S. 22; KREUZER, Drogen, S. 225; STÜMPER, Bekämpfung, S. 405; PIETRZIK, S. 315; allgemein für Schwerkriminalität: HERTLEIN, Ermittlungsgruppe, S. 45.
5) SCHULZ, Erscheinungsformen, S. 129.

- Gegenüber unbekannten Geschäftspartnern wird besondere Zurückhaltung geübt, weil mit dem Einsatz von V-Personen oder verdeckten Ermittlern gerechnet wird. Unbekannte werden regelmäßig vor dem Geschäft abgeklärt, z. B. durch "Vorführen" des Betreffenden in einschlägigen Lokalen.[1]
- Vorgesehene Treffs werden kurzfristig abgesagt oder verlegt. Um eventuelle polizeiliche Verfolger bzw. Observanten abzuschütteln, werden öffentliche Verkehrsmittel benutzt und gewechselt.[2]
- Dem eigentlichen (größeren) Geschäft werden Vertrauenskäufe vorgeschaltet.[3]
- Äußerst interessant ist - wenn es auch an einem Zusammenhang mit dem hier erörterten Erkenntnisdefizit der Polizei fehlt - daß auf lokaler Ebene nur noch geringe Mengen BtM mitgeführt werden. Größere Mengen werden in sogenannten "Bunkern" oder Depots gelagert. Damit hat sich die Szene anscheinend auf die Spruchpraxis deutscher Gerichte "BtM-Menge = Menge der Strafe" eingestellt. Außerdem ermöglicht der Besitz nur geringer Mengen die kaum widerlegbare Ausrede, die Droge(n) nur zum Eigenverbrauch im Besitz zu haben.[4]

Die Entwicklung dieser vorsichtigen und konspirativen Verhaltensweisen hat dazu geführt, daß es der Polizei bereits auf der Ebene lokaler Rauschgiftszenen beinahe unmöglich geworden ist, abgesicherte Informationen für eventuelle Gegenmaßnahmen zu erlangen.[5]

---

1) SCHULZ, Erscheinungsformen, S. 129; HERTLEIN, Ermittlungsgruppe, S. 45; BAUER, S. 22; STÜMPER, Bekämpfung, S. 405.
2) HERTLEIN, a. a. O.
3) A. a. O.
4) LOOS, S. 21; SCHULZ, Erscheinungsformen, S. 146. Dies ist besonders wichtig im Hinblick auf § 29 V BtMG!
5) So die Erfahrung von BUX, S. 200, aus der täglichen Praxis. In diesem Sinne auch BAUER, S. 22.

D. Die aus dem "Organisationsmoment" resultierenden Probleme der polizeilichen Bekämpfung der Rauschgiftkriminalität

I. Zurechnung des Rauschgiftschmuggels und -handels zur organisierten Kriminalität aufgrund von Indikatoren

Die Strafbarkeit aller Beteiligten stellt die Polizei also schon bei der Bekämpfung des Klein- und Kleinsthandels vor große Probleme. Hinzu kommt seit einigen Jahren, daß mit der Konsolidierung des Rauschgiftmarktes der Rauschgiftschmuggel und -handel zu einem der Hauptbetätigungsfelder organisierter Kriminalität geworden ist. Dies trifft zwar nicht für alle Rauschgiftarten, Anbaugebiete und Nationalitäten der daran Beteiligten gleichermaßen zu, dennoch sind heute im Zusammenhang mit dem Rauschgifthandel und -schmuggel vermehrt die nachfolgend beschriebenen Indikatoren bzw. Wesensmerkmale anzutreffen, welche nach Ansicht der Fachleute auf organisierte Kriminalität hinweisen.[1] Da diese Indikatoren und Wesensmerkmale nur in ihrer Gesamtheit einen treffenden Eindruck von den Schwierigkeiten vermitteln, denen sich die Polizei bei der Bekämpfung organisierter Kriminalität ausgesetzt sieht, soll hier zugunsten einer umfassenden Lagebeschreibung in Kauf genommen werden, daß nicht alle Indikatoren mit den hier erörterten Fragen in unmittelbarem Zusammenhang stehen.

Grundsätzlich können die Indikatoren in zwei Gruppen eingeteilt werden, und zwar in die der generellen und die der - deliktsbereichsspezifischen - speziellen Indikato-

---

1) Aussagen zum Vorhandensein organisierter Kriminalität in quantitativer Hinsicht können nur Prognosecharakter haben, da organisierte Kriminalität keine Straftat an sich ist und daher statistisch auch nicht erfaßt wird. Qualitative Aussagen sind jedoch anhand der Indikatoren möglich, siehe: FREIBERG, Kriminalität I, S. 20; GdP, BOGE, S. 27.

ren.[1] Zugunsten einer besseren Übersichtlichkeit ist jedoch eine differenziertere Einteilung der zahlreichen Indikatoren angebracht.[2] Im einschlägigen Schrifttum[3] werden v. a. folgende Indikatoren und Wesensmerkmale genannt:

1. <u>Generelle Indikatoren</u>

a) Aus dem Komplex der Tatplanung/-vorbereitung

- Präzise Planung

  Sowohl die kriminelle Verbindung als auch alle entfalteten kriminellen und nichtkriminellen Aktivitäten werden bis ins kleinste Detail geplant. Hinsichtlich der Straftatenbegehung erstreckt sich die Planung auf alle Phasen, beginnend bei den Vorbereitungen bis hin zum Reinwaschen der Erträge. Die Planung wird vor dem Beginn eines Unternehmens überprüft. Das geschieht dadurch, daß dessen ganzer Ablauf durchgespielt, mögliche Schwachstellen und Fehler gesucht und Alternativen zu deren Abhilfe entwickelt werden. Selbst das Verhalten vor Gericht wird geplant und festgelegt, wer u. U. nach außen als Täter präsentiert wird.[4]

- Anpassung an Markterfordernisse

  Die Bereiche, in denen organisierte Kriminalität zur Entstehung gelangt, werden durch die Bedürfnisse der Bevölkerung nach illegalen Gütern und Diensten determiniert. Diese Bedürfnisse werden erkundet und, sofern eine Marktlücke besteht, befriedigt. Letzteres jedoch nur dann, wenn das Ergebnis einer Abwägung von Risiken und Kosten einerseits und Gewinnen andererseits der beson-

---

1) So z. B.: BOETTCHER, Definition, S. 194; STEINKE, Verbrechen, S. 80; GEMMER, Kriminalität, S. 2.
2) Vgl. zu dieser Einteilung: SIELAFF, Bestechung, S. 418 f.
3) Siehe dazu: BAUER, Verbrechensbekämpfung III, S. 185 ff.; PRINZ, Bekämpfung, S. 198; STÜMPER, Milliarden, S. 10; BDK, STÜMPER, S. 12 ff.; HERTLEIN, Erfordernis, S. 323; PIETRZIK, Rauschgifthandel, S. 220/224; DERSELBE, S. 315; SCHREIBER, S. 208; PFA, Schriftenreihe, S. 3 ff. Das Schrifttum lehnt sich i. d. R. eng an die von der Fachkommission der AG Kripo vorgeschlagenen Indikatoren an.
4) KERNER, Formen II, S. 19; SCHULZ, Täter, S. 405.

ders ausgeprägten Profitorientierung der organisierten Kriminalität gerecht wird.[1]

- Arbeit auf Bestellung
  Im Gegensatz zur "Marktforschung", wo nach aktuellen Bedürfnissen in der Bevölkerung gesucht wird, werden in bestimmten Kriminalitätsbereichen konkrete Wünsche durch Hehler oder über diese auch durch einzelne Interessenten in die Szene eingebracht. Allgemein ist festzustellen, daß nicht mehr der Täter, sondern der Kunde die Tat bestimmt.[2] Zu den Deliktsbereichen, in denen auf Bestellung gearbeitet wird, ist z. B. die Entwendung und Verschiebung hochwertiger Kfz ins Ausland zu zählen.[3]
- Augenscheinlich hohe Investitionen
  Vorfinanzierung aus nicht erkennbaren Quellen.[4]

b) Indikatoren betreffend die Qualität der Tatausführung

- Professionelle, präzise, hochqualifizierte Tatausführung.[5]
- Verwendung verhältnismäßig teurer, unbekannter oder schwierig einzusetzender wissenschaftlicher Hilfsmittel oder Erkenntnisse.[6]
- Tatausführung durch auswärtige oder ausländische Spezialisten, die eigens zu diesem Zweck an- und sofort wieder abreisen.
- Arbeitsteiliges Zusammenwirken
  Im Rahmen der Planung werden die verschiedenen Aufgaben nach einer zweckrationalen Ordnung aufgeteilt. Ist für eine Position eine geeignete Person nicht verfügbar, so werden Spezialisten engagiert. Das Ergebnis dieser Spezialisierung auf bestimmte Planungs- bzw. Ausführungshandlungen ist eine arbeitsteilige Rollengliederung.[7]

---

1) SCHNEIDER, Kriminologie, S. 51 f.; HAMACHER, Tatort, S. 152; SIELAFF, Bestechung, S. 418; BAUER, Verbrechensbekämpfung III, S. 187.
2) KERNER, Formen II, S. 16.
3) GdP, STÜMPER, S. 22.
4) SIELAFF, Bestechung, S. 418.
5) A. a. O.; BDK, STÜMPER, S. 12 ff.
6) SIELAFF, Bestechung, S. 418.
7) PFA, Schriftenreihe, S. 6; SCHNEIDER, Kriminologie, S. 51.

Die einzelnen Aufgaben werden von verschiedenen Personen bzw. Gruppen, die sich oft gar nicht kennen, durchgeführt, beginnend mit dem Aufbau der Logistik, über die Vorbereitung, bis hin zur Durchführung und Nachbereitung einzelner Taten.[1]

c) Konspiratives Täterverhalten

- Erkundung der Kriminalpolizei

  Die Drahtzieher organisierter Kriminalität versuchen, kriminalpolizeiliche Fahndungs- und Ermittlungsmethoden, deren Ergebnisse und laufende bzw. geplante Maßnahmen auszuspähen und zu unterlaufen.[2] Dies geschieht durch das Einschleusen von Informanten in den Polizeiapparat, durch entsprechende Einwirkung auf Beamte, durch Gegenobservationen usw.[3]

- Abschottung

  Die totale Abschottung nach innen und außen spielt eine zentrale Rolle bei der Schöpfung des Verdachts auf das Vorliegen organisierter Kriminalität. Die Abschottung nach innen bedeutet, daß innerhalb der Organisation der Informationsfluß kanalisiert und deren Personal- bzw. Organisationsstruktur wegen strenger Isolierung der verschiedenen Ebenen nicht zu durchschauen ist. Jeder kennt nur seinen unmittelbaren Partner oder Kontaktmann in der Hierarchie, d. h. die persönliche Kenntnis der Beteiligten reduziert sich auf ein für das Funktionieren der Organisation unentbehrliches Maß.[4]

- Verwendung von Decknamen, Legenden, falschen Papieren, konspirativen Wohnungen, Codierungen.[5]

Die konspirativen Verhaltensweisen dienen der Risikoverminderung gegenüber den Strafverfolgungsorganen.

---

1) STÜMPER, Milliarden, S. 10.
2) BDK, STÜMPER, S. 12 ff.; BDK, Dokumentation, S. 10.
3) BOETTCHER, Definition, S. 194; PRINZ, Bekämpfung, S. 199; DERSELBE, Erfassung, S. 78; BDK, Dokumentation, S. 10.
4) KLINK/KORDUS, S. 225; FREIBERG, Kriminalität I, S. 22; PRINZ, Erfassung, S. 73; SCHOLZ, S. 76; PIETRZIK, Rauschgifthandel, S. 222.
5) Vgl. statt vieler: BDK, STÜMPER, S. 12 ff.

d) Täterverbindungen/Tatzusammenhänge

Organisierte Kriminalität weist fast ausschließlich überregionale und internationale Tatzusammenhänge und Täterverbindungen auf. Als Beispiel sei verwiesen auf die Kfz-Verschiebung und auf den Rauschgifthandel, bei denen wegen der im Ausland ansässigen Abnehmer bzw. Produzenten automatisch internationale Bezüge gegeben sind.[1)]

e) Gruppenstruktur

- Hierarchischer Aufbau

  Die Entwicklung geht hin zu den im legalen Bereich bei Firmen und Vereinigungen anzutreffenden Organisationsstrukturen. Persönliche Beziehungen werden mehr und mehr zurückgedrängt. Organisierte Kriminalität zeichnet sich durch einen mindestens dreistufigen Aufbau mit festgelegten Verantwortungs- und Kommandoinstanzen aus. Autoritäts- und Statusstruktur sind deckungsgleich, da die Autoritätsstruktur grundsätzlich durch persönliche, nicht nur durch zugeteilte positionale Autorität abgesichert wird.[2)]
- Ein nicht ohne weiteres erklärbares Abhängigkeitsverhältnis zwischen mehreren Tatverdächtigen.
- Systematische Sanktionierung von Verstößen gegen ein internes Normensystem, u. U. durch speziell hierfür berufene Funktionsträger.[3)]

f) Hilfe für Gruppenmitglieder

- Fluchtunterstützung.
- Bestellung prominenter Anwälte oder hohe Kautionsangebote zur Aussetzung eines Haftbefehls auch für wenig begüterte Tatverdächtige, die der Ausführungsebene angehören.
- Mitführen vorbereiteter Vertretungsvollmachten für Rechtsanwälte.

---

1) KLINK/KORDUS, S. 223.
2) PFA, Schriftenreihe, S. 5 f.
3) A. a. O.; PRINZ, Bekämpfung, S. 202. Die Disziplinierung kann aber auch dadurch erfolgen, daß diejenigen, welche gegen die "Geschäftsregeln" verstoßen haben, gezielt zur Kenntnis der Polizei gebracht werden, so KERNER, Formen II, S. 18.

- Bereitstellung größerer Barmittel für Rechtsanwaltshonorare und Kautionszahlungen.
- Bedrohung und Einschüchterung von Prozeßbeteiligten.
- Unauffindbarkeit von Zeugen, dagegen plötzliches Auftreten bis dahin unbekannter Entlastungszeugen.
- Unnatürliche Gedächtnisschwäche bei unbeteiligten Zeugen, dagegen präzise, auffällig übereinstimmende (Entlastungs-) Aussagen von Personen aus dem jeweiligen Milieu. Typisches, ängstliches Schweigen Betroffener.
- Betreuung in der Haft, wirtschaftliche und soziale Absicherung des Inhaftierten und seiner Angehörigen, Wiederaufnahme in die Organisation nach Haftentlassung und nahtlose Wiedereingliederung in den Arbeitsprozeß.

g) Beuteverwertung
- Die Beuteverwertung erfolgt in höchstem Maß profitorientiert.
- Gewinne fließen in die legale Wirtschaft und werden "weißgewaschen". Die Geldwäsche erfolgt im wesentlichen auf zwei Wegen:
  Über Scheingesellschaften und Auslandskonten wird das Geld so oft umgeschlagen, daß die Zusammenhänge des Transfers verschleiert werden und das Geld nun offen und legal weiterverwendet werden kann.[1]
  Über Mittelsmänner erfolgt eine Beteiligung an bzw. der Kauf von legalen Firmen, welche selbst nicht durch bzw. für kriminelle Manipulationen ausgenutzt werden, sondern gewissermaßen ein zweites geschäftliches Standbein der organisierten Kriminalität bilden.[2]

h) Beeinflussung der Strafverfolgungsorgane
- durch Beschwerdeschriftsätze, Dienstaufsichtsbeschwerden, Schadensersatzforderungen wegen Rufschädigung, zielgerichtete Strafanzeigen,
- durch "Geneigtmachen" von Amtsträgern, z. B. mittels Gewährung von Vorteilen, die im Einzelfall durchaus legal sein können,[3]

---

1) KERNER, Formen II, S. 16.
2) A. a. O., S. 18.
3) A. a. O.

- durch Schaffung von Abhängigkeiten (durch Provozieren kompromittierender Situationen) mit dem Ziel der Erpressbarkeit der betreffenden Person,
- durch Bestechung, Bedrohung und Korrumpierung.

Übergeordnetes Ziel der Beeinflussung ist es, die Inaktivität der Verfolgungsorgane zu erreichen und bereits laufende Ermittlungen zu beeinflussen.[1]

i) Monopolisierungsbestrebungen; diese äußern sich
- in der gewaltsamen Übernahme von Geschäftsbetrieben,
- in der Kontrolle über bestimmte Branchen des Nachtlebens,
- im Aufzwingen von "Schutz" gegen Bezahlung,
- in gesteuerten Hinweisen auf Straftaten von Milieu- bzw. professionellen Kriminellen an die Verfolgungsorgane.

j) Öffentlichkeitsarbeit
- in Form von gesteuerten, tendenziösen oder von einem bestimmten Tatverdacht ablenkenden Presseveröffentlichungen. Dadurch sollen zum einen die Polizei diskriminiert und die kriminellen Intensitäten verharmlost, zum anderen aber auch ganz gezielt Prozesse beeinflußt werden.[2]
- durch Kontaktpflege mit Persönlichkeiten des öffentlichen Lebens und dem damit verbundenen Streben nach gesellschaftlicher Anerkennung.[3]

Hierarchisch höher gestellte Mitglieder verfügen jedoch oft schon über gesellschaftlich anerkannte Berufe und Existenzen.[4]

k) Täter-/Opferstruktur
- Die Täterstruktur ist oft gekennzeichnet durch die Zugehörigkeit zu einer ethnischen Gruppe mit starken Bindungen und/oder durch die Einbindung in bestimmte Schich-

---

1) PRINZ, Bekämpfung, S. 202; FREIBERG, Kriminalität I, S. 22.
2) KLINK/KORDUS, S. 225; PRINZ, Erfassung, S. 78; BDK, Dokumentation, S. 11.
3) HAMACHER, Tatort, S. 152.
4) FREIBERG, Kriminalität I, S. 22.

ten (hohe Vorstrafen und Milieugebundenheit).[1]

- Die Opferstruktur zeichnet sich dadurch aus, daß es in weiten Bereichen organisierter Kriminalität überhaupt an Opfern im herkömmlichen Sinn fehlt. Die Bereitschaft zur Kooperation mit den Strafverfolgungsorganen in Form von Anzeigen oder Zeugenaussagen ist gering. Das liegt oft daran, daß sich die Betroffenen selbst nicht als Opfer sehen und/oder sie selbst strafrechtlich verstrickt sind (z. B. der Drogenkonsument). Zum anderen werden die Opfer, sofern es solche gibt, ganz massiv von Anzeigen oder Aussagen abgehalten (z. B. bei der Kriminalität im Zusammenhang mit dem Nachtleben).[2]

l) Deliktübergreifender Charakter

Organisierte Kriminalität zeichnet sich i. a. durch ihren deliktsübergreifenden Charakter aus. Betätigungsfeld sind die verschiedensten, auch wechselnden Deliktsbereiche. Die Mitglieder verwirklichen die unterschiedlichsten Straftatbestände in allen möglichen Beteiligungsformen. Die These von der Verbrecherperseveranz, nach der der Verbrecher stets eine gleichartige Arbeitsweise beibehält, die ihn wie ein Fingerabdruck oder eine Handschrift verrät, gilt nur noch bedingt.[3]

m) Marktsituation

Auch bestimmte Phänomene auf dem Markt weisen auf die Existenz organisierter Kriminalität hin:[4]

- Nachfragedeckende Versorgung des Marktes mit illegalen Gütern wie Rauschgift und Waffen.
- Verlust hochwertiger Güter in beachtlichem Ausmaß und Rückfluß in den Markt.
- Entwendete Halbfertigwaren tauchen als Fertigprodukte wieder im Handel auf.
- Wertvolle Einzelgüter werden entwendet und verschwinden dauerhaft (z. B. Diebstahl und Verschiebung hochwertiger Kfz).

---

1) FREIBERG, Kriminalität I, S. 22; BAUER, Verbrechensbekämpfung III, S. 188 f.
2) KLINK/KORDUS, S. 223 f.
3) A. a. O.
4) HAMACHER, Tatort, S. 155.

2. Spezielle Indikatoren

Die generellen Indikatoren sind verstärkt in den sog. "organisationsverdächtigen Kriminalitätsbereichen" anzutreffen.[1] Zu diesen zählt u. a. auch die Rauschgiftkriminalität.

Das vermehrte Antreffen spezieller Indikatoren erhärtet den (durch generelle Indikatoren begründeten) Verdacht, daß eine Straftat, ein Straftatenkomplex oder ein Verdächtiger dem Bereich organisierter Kriminalität zuzurechnen ist.

Als spezielle Indikatoren für organisierte Rauschgiftkriminalität werden i. a. genannt:[2]

- Vorhandensein von Verteilerringen.
- Transport (Ein-, Aus-, Durchfuhr) größerer Mengen.
- Aufwendige Verstecke (Umbau von Kfz).
- Unverhältnismäßig hoher Aufwand beim Transport (z. B. Mitführen einer als Versteck dienenden Maschine).
- Auffällige Übereinstimmung der Verbindungswege, -methoden und -mittel.
- Professionelle Gewinnung von Kurieren.
- Illegales Aufbereiten, Gewinnen und Herstellen von Drogen in arbeitsteiligem Zusammenwirken bzw. Auffinden der dafür erforderlichen technischen Einrichtungen.
- Auffinden größerer Mengen von Substanzen, die zur Verarbeitung bestimmt sind.

Bei der Arbeit mit Indikatoren darf nicht außer acht gelassen werden, daß es sich eben nur um Indikatoren handelt. Ihr tatsächliches Vorliegen oder Nichtvorliegen bedeutet daher nicht zwingend, daß wirklich ein Fall organisierter Kriminalität vorliegt bzw. daß dies ausgeschlossen werden kann. Insoweit begründen die Indikatoren nur eine Vermutung.

---

1) SIELAFF, Bestechung, S. 419.
2) BOETTCHER, Definition, S. 194; PRINZ, Bekämpfung, S. 200; FREIBERG, Kriminalität I, S. 20 ff.; DERSELBE, Kriminalität II, S. 17 ff.

II. Tatsächliches Erscheinungsbild des organisierten Rauschgifthandels und -schmuggels

1. Wesensmerkmale der organisierten, insbesondere der Rauschgiftkriminalität

Die Existenz organisierter Kriminalität im allgemeinen wird heute in der Bundesrepublik nicht mehr ernsthaft bestritten, unabhängig davon, wie man sie definiert.[1] Dabei haben von allen Kriminalitätsbereichen der Waffen- und der Rauschgifthandel den höchsten Organisationsgrad erreicht,[2] so das Ergebnis einer Studie der AG "Zusammenarbeit in Europa" der Europäischen Regionalkonferenz der IKPO-Interpol bzgl. Organisierter Kriminalität in Dänemark, den Niederlanden, Frankreich, der Schweiz und der Bundesrepublik.[3] Diese Studie stellt, in weitgehender Übereinstimmung mit den o. g. Indikatoren, folgende Wesensmerkmale Organisierter Kriminalität fest:

- Modernste Formen der Nachrichtenübermittlung.
- Verwendung von Codes.
- Hochentwickelte Abwehrtechniken gegenüber den Strafverfolgungsorganen.
- Transport der betr. Ware durch Länder mit geringer oder keiner Straferwartung.
- Abklärung von Geschäftspartnern gegen den Einsatz von V-Personen und verdeckten Ermittlern.

---

1) SCHRAMM, S. 23; STEINKE, Aufstiegschancen, S. 353; MARTEN, S. 38; BOEDEN, S. 35; SIELAFF, Bestechung, S. 417; SCHULZ, Täter, S. 401. So auch HERREN, S. 40, wenn er feststellt, daß der eigentliche organisierte Verbrecher i. S. d. "amerikanischen Syndikatsgangster" bei uns noch nicht existiert, daß sich aber manche Übergangsstufen (Bsp.: internationaler Rauschgifthandel) in beklemmender Nähe zum "Gangsterismus à l'americaine" befinden.
2) PIETRZIK, Rauschgifthandel, S. 214, bezeichnet den Rauschgifthandel als Musterbeispiel international organisierter Kriminalität. Ähnlich auch SCHULZ, Situation, S. 118.
3) Beraten bei der 13. Europäischen Regionalkonferenz (11.-13.4.1984) im Generalsekretariat; zusammenfassende Darstellung in STEINKE, Aufstiegschancen, S. 353 f. Im übrigen wurden Organisationen nach der Art der Mafia oder Cosa Nostra in keinem der beteiligten Staaten festgestellt.

- Abhören des Polizeifunks, Gegenobservation, Desinformation.
- Weißwaschen der Gewinne.
- Von den Nachrichtendiensten kopierte, hochentwickelte Methoden der Konspiration; die Täter sind mit Legenden, Legendenpapieren und konspirativen Wohnungen ausgestattet.
- Überwachung der Bandenmitglieder.
- Disziplinierungsmaßnahmen.
- Fürsorgemaßnahmen.
- Honorierung von Aussageverweigerungen.
- Schaffung von Abhängigkeiten und Hinderung von Verrat durch die Gewährung von Krediten.[1]

Im Bereich der Rauschgiftkriminalität sind insbesondere anzutreffen:
- Eine vertikale und horizontale Abschottung.
- Der Aufbau von Verteilerringen mit internationalen Verbindungen.
- Eine flexible Reaktion auf polizeiliche Ermittlungserfolge.
- Die illegale Herstellung in arbeitsteiligem Zusammenwirken.
- Der Einsatz aufwendiger technischer Einrichtungen.
- Der Bezug großer Mengen chemischer Substanzen, welcher hohe Investitionen erfordert.[2]
- Gewinnmaximierung.
- Hierarchische Gliederung.
- Überörtliche Begehungsweisen.
- Allgemein arbeitsteiliges Zusammenwirken.[3]

2. <u>Situation in der Bundesrepublik</u>

Die so charakterisierten Phänomene sind längst keine Seltenheit mehr, vielmehr wird die Situation im Bereich der

---

1) Vgl. die o. g. Studie.
2) BOEDEN, S. 33; ferner PIETRZIK, Rauschgifthandel, S. 220.
3) PIETRZIK, a. a. O.

Rauschgiftkriminalität durch derartige, international organisierte und operierende Gruppierungen bestimmt.[1] Sie werden hinsichtlich personeller Zusammensetzung und Tätigkeit entscheidend von den Staatsangehörigen der jeweiligen Drogenherkunftsländer beeinflußt und gesteuert.[2] So liegt z. B. der Heroinhandel vorwiegend in den Händen streng abgeschotteter türkischer, kurdischer, pakistanischer und chinesischer Tätergruppen.[3] Der Handel mit Cannabis und Kokain wird von der Produktion bis zum Endverbraucher durch hierarchisch gegliederte Tätergruppierungen abgewickelt und kontrolliert.[4] Die jeweils anzutreffende Situation ist jedoch einem ständigen Wandel unterworfen. So ändern sich Herkunft - und damit gleichbedeutend Zusammensetzung und Arbeitsweise der jeweiligen Gruppe - und Mengen der Rauschgiftzufuhren entsprechend den Verfolgungsaktivitäten und den damit korrespondierenden behördlichen Behinderungen des illegalen Verkehrs in den jeweiligen Herkunfts- und Transitländern.[5]

Innerhalb der Bundesrepublik ist in den Ländern mit starken Ausländerfrequenzen in großstädtischen Ballungsräumen (z. B. Berlin, Hessen mit Frankfurt und dem übrigen Rhein-Main-Gebiet) ein besonders hoher Anteil der Handels- und Schmuggelfälle festzustellen. In den genannten Gebieten liegt der Ausländeranteil an den ermittelten illegalen Rauschgifthändlern und -schmugglern mit mindestens 40%, teilweise aber über 50% besonders hoch! In Baden-Württem-

---

1) BOEDEN, S. 33; SCHULZ, Bekämpfung, S. 90; DERSELBE, Erscheinungsformen, S. 147; DERSELBE, Situation, S. 119; BDK, Dokumentation, S. 18. Demgegenüber nehmen noch 1981 SCHILASKY, S. 28 f., und BEER, Rauschgiftkriminalität, S. 31 an, daß, wohl wegen der hohen Straferwartung in Bayern, Rauschgifthändlerringe diesen Raum meiden und nur von außen nach Bayern hineinwirken.
2) SCHULZ, Situation, S. 119; DERSELBE, Bekämpfung, S. 91.
3) So die o. g. genannte Studie. Nach Ansicht von GdP, BOGE, S. 27, handelt es sich dabei im wesentlichen um Familienverbände.
4) A. a. O.; beim Kokainhandel ist wiederum ein besonders hoher Organisationsgrad festzustellen, GdP, BOGE, S. 27 und SCHULZ, Bekämpfung, S. 97.
5) SCHULZ, Situation, S. 119.

berg beträgt dieser Ausländeranteil immer noch zwischen 30% und 40%.[1]

3. Darstellung einer Rauschgiftschmuggler- und -händlerorganisation

Versuchen, Rauschgiftschmuggler- bzw. -händlerorganisationen darzustellen, ist mit besonderer Vorsicht zu begegnen. Denn zum einen sind diesbezügliche Erkenntnisse für präzise und/oder allgemeingültige Aussagen viel zu gering, da es die betreffenden Organisationen ja gerade darauf anlegen, Einblicke Dritter und insbesondere der Strafverfolgungsbehörden abzuwehren. Zum anderen unterliegen der Rauschgifthandel und -schmuggel einer ständigen Dynamik, welche längerfristig gültige Aussagen über Struktur, personelle Zusammensetzung, Arbeitsweise etc. nur begrenzt erlaubt. Hierbei spielen insbesondere auch polizeiliche Verfolgungsmethoden, -maßnahmen und -intensitäten eine nicht unerhebliche Rolle. In diesem Zusammenhang hat sich die Ansicht durchgesetzt, daß die Polizei das Erscheinungsbild der organisierten und professionellen Kriminalität wesentlich(!) miterzeugt.[2]

Trotz dieser grundsätzlichen Bedenken dürfte die Pyramide Kreuzers,[3] die er zur Darstellung hierarchisch strukturierter Händlersysteme heranzog, in ihren Grundaussagen auch auf heutige Verhältnisse übertragbar sein. Dabei muß jedoch berücksichtigt werden, daß heutzutage anscheinend öfter als früher der Handel mit Rauschgiften durchgängig von der Produktion bis zum Kleinhandel oder gar bis zum

---

1) SCHULZ, Situation, S. 119 f.; Schulz spricht dort auch die Vermutung aus, daß eine Erfassung der Großschmuggler und tatverdächtigen Mitglieder illegaler Rauschgifthändlerorganisationen mit großer Sicherheit einen erheblich größeren Ausländeranteil daran ergeben würde.
2) KERNER, Formen, S. 520; in diesem Sinne auch WEHNER, Herbert, S. 535 und KREUZER, Drogenscene, S. 217; letzterer stellt fest, daß die Solidarisierung der Drogenkonsumenten, die Festigung subkultureller Bindungen und das Selbstverständnis dieser Subkultur als Konflikt-Milieu auch als eine Funktion polizeilicher Verfolgung begriffen werden könne, diese Umstände sich umgekehrt wieder intensivierend auf die polizeiliche Verfolgung auswirken.
3) KREUZER, Drogen, S. 207.

Endverbraucher durch dieselbe Organisation gesteuert wird.
Nach Ansicht Kreuzers stellen sich die Struktur des Rauschgifthandels (rechte Pyramidenhälfte) und die dort anzutreffende Hierarchie (linke Pyramidenhälfte)[1] folgendermaßen dar:

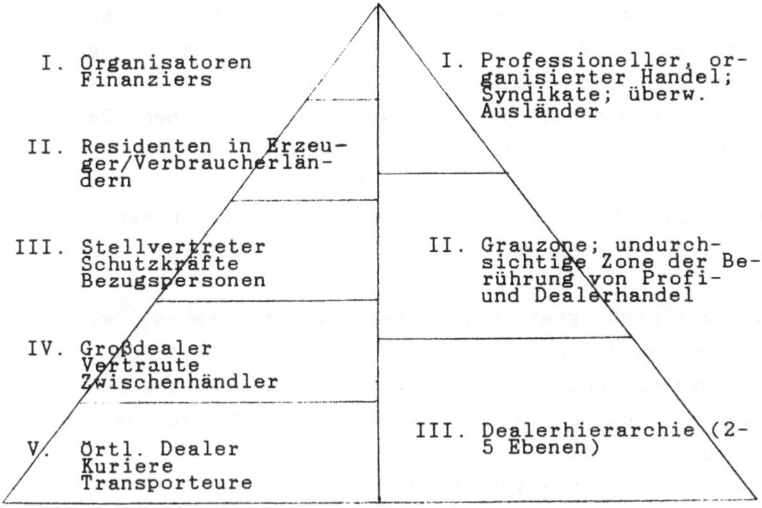

Der Handel mit Rauschgiften vom Produzenten bis zum Endverbraucher kann also grundsätzlich in drei Stufen eingeteilt werden, jedoch gibt es innerhalb dieser Stufen wieder zahlreiche Ebenen. Auf der mittleren Stufe, der sogenannten "Grauzone", stoßen der "freie" Handel mit seinen mehrheitlich süchtigen Dealern und der professionelle bzw. organisierte Handel - i. d. R. repräsentiert durch "Nur-Händler" - aufeinander. Grundsätzlich ist davon auszugehen, daß die Organisatoren bzw. Hintermänner, die an der Spitze der Organisation stehen, den Verkehr mit Rauschgiften bis in die Grauzone hinab kontrollieren.[2]
Wie bereits oben erwähnt, gibt es aber auch Organisationen, bei denen die Kontrolle durchgängig bis zu dem Klein-

---

1) KREUZER, Drogenhandel, S. 105.
2) DERSELBE, Drogen, S. 207.

händler hinab läuft, der direkt an den Endabnehmer verkauft (z. B. Familienunternehmen).[1] Was bestimmte Funktionen innerhalb der Gruppierungen und ihre Ausübung durch bzw. Besetzung mit Angehörigen bestimmter Nationalitäten betrifft, ist folgendes festzustellen: Anfangs besorgten die organisierten Händlerringe zum Teil auch den Vertrieb des Stoffes durch eigene Verteiler. Seit Mitte der 70er Jahre zogen sich die Organisationen aber - abgesehen von den o. g. Familienunternehmen - auf die oberen Handelsstufen zurück. Die Verteilung wurde zunehmend Deutschen überlassen. Die Beteiligung Deutscher beginnt, von oben gesehen, auf der mittleren Händlerebene, während die höhere Händlerebene nahezu vollständig auf ausländische Minderheiten beschränkt ist.[2]

Nur der Vollständigkeit halber sei erwähnt, daß es - wenn auch überwiegend Rauschgiftzufuhr und -vertrieb in den Händen international organisierter Rauschgifthändlerbanden liegen,[3] daneben auch einfachere Methoden des Rauschgiftschmuggels gibt.[4]
So sind z. B. für den Transport von Heroin aus dem Nahen und Mittleren Osten nicht unbedingt umfangreiche organisatorische Vorbereitungen erforderlich. Vielmehr ermöglichen Umstände wie
- die räumliche Nähe zwischen Herkunfts- und Verbrauchergebieten,
- zahlreiche Verkehrsverbindungen,
- traditionelle Wirtschaftsbeziehungen,
- Urlauber- und Gastarbeiterströme und
- Freizügigkeit

auch Schmuggel und Handel durch Selbstversorger, Urlauber und Gastarbeiter in Eigenregie.[5] Mit einer derartigen

---

1) KREUZER, Drogen, S. 212; Studie der IKPO-Interpol (s. o.); SCHULZ, Bekämpfung, S. 90; DERSELBE, Erscheinungsformen, S. 147.
2) KREUZER, Drogen, S.212; GdP, BOGE, S. 27.
3) BDK, Dokumentation, S.18; SCHULZ, Situation, S. 119.
4) GdP, BOGE, S. 27.
5) PIETRZIK, S. 317; STRASS, Raum, S. 188.

Zufuhr befassen sich, wohl wegen der kleineren Risiken und des geringeren Aufwandes, seit einiger Zeit in zunehmendem Maße auch organisierte Gruppierungen.[1] Damit unterliegen die nicht organisierten Händler einem zusätzlichen Risiko, weil die Händlerorganisationen durch Druck oder gezielte Information der Polizei um eine Unterbindung des sogenannten "Ameisenhandels" bemüht sind und insoweit selbst expandieren. Auch die Rauschgiftlieferanten werden im Sinne der Händlerorganisationen beeinflußt. Die Zahl der Selbstversorger und "Ameisenhändler" geht daher immer mehr zurück.[2]

III. "Organisationsspezifische" Ursachen des Informationsdefizits der Polizei

Die oben beschriebenen Wesensmerkmale der organisierten Kriminalität, insbesondere des international organisierten Rauschgifthandels und -schmuggels lassen erahnen, welchen Schwierigkeiten die Polizei bei der Gewinnung der für eine wirkungsvolle Bekämpfungsarbeit erforderlichen Ansätze und Informationen ausgesetzt ist. Soweit diese Umstände in besonderer Weise zum Erkenntnisdefizit der Polizei beitragen, soll hier eine kurze, präzisierende Darstellung erfolgen.

1. Das Anzeigeverhalten

Bereits im Anzeigeverhalten von Betroffenen und Zeugen liegt eines der wesentlichen Probleme der Bekämpfung organisierter Kriminalität.[3] So berichtet Schramm[4] von Erfahrungen mit der Bekämpfung international organisierter Straftätergruppen, daß nie Strafanzeigen gegen organisierte kriminelle Gruppen gestellt werden. Wenn überhaupt, dann richten sie sich gegen absolute Randfiguren, und

---

1) STRASS, Raum, S. 188.
2) SCHULZ, Bekämpfung, S. 90.
3) SCHREIBER, S. 208.
4) SCHRAMM, S. 34.

auch dann beziehen sie sich nicht auf das kriminelle Tun der hinter diesen Randfiguren stehenden Organisationen. Die Mehrzahl der Ermittlungen beginnt nach Schramms Angaben mit einem Bericht über Erkenntnisse aus einem anderen Ermittlungsverfahren, welches den Verdacht in der neuen Sache hat aufkommen lassen.

2. Die fehlende Aussagebereitschaft und die Unwissenheit gefaßter Täter

Im allgemeinen gehen der Polizei nur Angehörige der unteren, exponierten Ausführungsebene ins Netz.[1] Von ihnen sind jedoch regelmäßig weiterführende Angaben über andere Täter oder gar über die Struktur der betreffenden Organisation bzw. ihre führenden Köpfe nicht zu erhalten.[2] Dafür gibt es im wesentlichen zwei Gründe:

- Zum einen sorgen Androhung und Vollzug brutaler Disziplinierungsmaßnahmen ebenso für die Herabsetzung der Aussagebereitschaft wie die zu erwartende Fürsorge und Honorierung durch die Organisation i. F. d. Schweigens.[3]
- Zum anderen ist nicht viel geholfen, wenn im Einzelfall ein Täter doch zur Preisgabe seines Wissens bereit sein sollte.[4] Denn im Inneren der Organisation bedeutet die Abschottung eine Steuerung des Informationsflusses und mangelnde Transparenz der Personalstruktur.Die Führungsgruppe verkehrt mit den unteren, ausführenden Ebenen nur mittelbar.[5] Die persönliche Kenntnis der Beteiligten untereinander reicht nur so weit, wie dies für das Funktionieren der Organisation unbedingt erforderlich ist.[6] Die Kenntnis der personellen Struktur der Organisation ist demnach um so geringer, je weiter unten

---

1) KOLLMAR, S. 6; SCHOLZ, S. 76.
2) KERNER, Formen II, S. 16; BDK, SCHRAMM, S. 21; ZÜHLSDORF, Ausstattung, S. 523.
3) EISENBERG, S. 683 f.; STRASS, Erfahrungen, S. 112; HAMACHER, Tatort, S. 12; GEMMER, Verbrechen, S. 531; SCHNEIDER, Verbrechen, S. 182.
4) GEMMER, a. a. O.
5) BOETTCHER, Definition, S. 186.
6) SCHOLZ, S. 76; KLINK/KORDUS, S. 225; FREIBERG, Kriminalität I, S. 22.

der gefaßte Täter in der Hierarchie steht.[1] So kennen z. B. Kuriere bzw. Transporteure von Rauschgift i. d. R. weder Auftraggeber noch Abnehmer. Um alles zu vermeiden, was den Ermittlungsbehörden Ansatzpunkte zur Identifizierung der weiteren Beteiligten geben könnte, werden Kuriere und Transporteure regelmäßig nur mit Telefonnummern ausgestattet, zu deren Anschlüssen eine unbegrenzte Anzahl von Personen Zugang hat (z. B. in Lokalen).[2]
Organisierte Kriminalität beschränkt sich nicht nur auf solche kriminellen Aktivitäten, welche aus der jeweiligen Organisation heraus bzw. innerhalb dieser entfaltet werden. Vielmehr bedienen sich die Organisationen auch der Tätigkeit von Spezialisten, die als Organisationsfremde zur auftragsmäßigen Erledigung konkreter Delikte herangezogen werden. Diese kommen oft aus dem Ausland und sind zum Zeitpunkt der Entdeckung der Tat bereits wieder auf der Heimreise. Da auch sie i. d. R. nur mittelbaren Kontakt zu ihren Auftraggebern haben, gelangt die Polizei im Falle einer Verhaftung nicht einmal an den äußeren Ring der beauftragenden Organisation heran.[3]
Aus diesen Gründen ist Nicht- bzw. Teilwissen ein Normalphänomen bei kriminalpolizeilichen Ermittlungen, solange nicht zur leitenden Ebene krimineller Organisationen durchgedrungen werden kann.[4]

3. Die Nichtidentifizierbarkeit bzw. Unverantwortlichkeit der Hintermänner

Diejenigen, die an der Spitze der jeweiligen Organisation stehend in deren tatsächliche Struktur, Arbeitsweise usw. eingeweiht sind und demnach brauchbare Aussagen liefern könnten, die Organisatoren, vermeiden es jedoch selbst auf kriminelle Weise in Erscheinung zu treten. Sie halten sich vielmehr im Hintergrund und beschränken sich auf die

---

1) EISENBERG, S. 684.
2) SCHULZ, S. 382; DERSELBE, Erscheinungsformen, S. 147 f.; GdP, BOGE, S. 27.
3) KOLLMAR, S. 6.
4) KERNER, Formen II, S. 16.

Planung[1] und sind deshalb vor Entdeckung und Strafverfolgung relativ sicher.[2] Die Beweisführung gegen die direkt - weil im Besitz von Rauschgift befindlichen - Beteiligten wie Depothalter, Kuriere und Transporteure bereitet i. a. keine Schwierigkeiten.
Gegen die Organisatoren ist demgegenüber der Nachweis einer irgendwie gearteten Beteiligung an den Straftaten sowohl wegen der Abschottung zwischen allen Ebenen einer mehrstufigen Hierarchie als auch wegen der vielgeübten Methode der "Unverantwortlichkeit der Verantwortlichen" selbst im Falle der - äußerst seltenen - Identifizierung kaum zu führen.[3]
Überhaupt ist die einem normalen Strafprozeß üblicherweise zugrundeliegende Beweissituation mit Aussagen von Zeugen und Geschädigten im Bereich organisierter Kriminalität praktisch nicht anzutreffen.[4] Das ist im Zusammenhang mit dem für diese Kriminalitätsform spezifischen Täter- und Zeugenverhalten zu sehen (s. o. bei den Indikatoren). Die Überführung von Angeklagten - v. a. von hierarchisch höher stehenden - ausschließlich aufgrund von Sachbeweisen ist selten möglich, weil es bei der strafrechtlichen Beurteilung kriminellen Verhaltens entscheidend auf subjektive Momente wie Täterplan, -wille und das Verhältnis der Beteiligten untereinander ankommt.[5] Ermittlungsmaßnahmen wie Telefonüberwachung, Postbeschlagnahme, Durchsuchung usw. sind regelmäßig nur geeignet, das "Wie" des Betriebsablaufes einer kriminellen Organisation zu beweisen, nicht aber die dem vorangehende Planung und Organisation offenzulegen.[6]

---

1) KOLLMAR, S. 6; SCHOLZ, S. 76; FREIBERG, Kriminalität II, S. 18; PRINZ, Bekämpfung, S. 197.
2) WERNER, S. 48.
3) HAMACHER, Tatort, S. 10; SCHULZ, S. 380.
4) GdP, KORNECK, S. 17.
5) A. a. O.
6) A. a. O.

DRITTER TEIL

DAS VERSAGEN KLASSISCHER ERMITTLUNGSMETHODEN UND STRAFVERFOLGUNGSMUSTER UND DIE POLIZEILICHE REAKTION

A. Unzulänglichkeit klassischer Ermittlungsmethoden im Bereich der Bekämpfung lokaler Rauschgiftszenen

Die vorstehend beschriebenen Umstände konnten nicht ohne Einfluß auf die bisher geübte Praxis polizeilicher Verbrechensbekämpfung bleiben. Denn die Polizei mußte bald feststellen, daß klassische Ermittlungsmethoden wie die offene Fahndung, die Durchsuchung und Vernehmung v. a. an dem konspirativen Täterverhalten mehr und mehr scheiterten.[1]

Dies gilt nicht nur für den Bereich der organisierten Kriminalität, sondern schon bei der Bekämpfung lokaler Rauschgiftszenen. Hier sind polizeiliche Maßnahmen darauf gerichtet

- etablierte Treffpunkte zu zerschlagen,
- allgemeine Verunsicherung hervorzurufen und
- die Versorgung des Marktes zu stören

mit dem weiterführenden Ziel, die Nachfrage nach Rauschgiften einzudämmen.[2] Voraussetzung für hierauf abzielende exekutive Maßnahmen ist jedoch die Erkundung der Struktur und personellen Zusammensetzung der Szene hinsichtlich Dealer, Pusher und Konsumenten.[3] Dabei darf nicht außer acht gelassen werden, daß im konkreten Fall der einzelne Dealer meist nur überführt werden kann, wenn er auf frischer Tat ertappt wird. Das liegt daran, daß klassische Beweismittel wie Aussagen von Anzeigeerstattern und Zeugen, Sachbeweise und Geständnisse selten zu erlangen

---

1) HERTLEIN, Ermittlungsgruppe, S. 45; FOLGER, S. 170.
2) HAFENMAIER, S. 177; ähnlich BEER, Rauschgiftkriminalität, S. 33.
3) HAFENMAIER, S. 176; BEER, a. a. O.

sind.[1] Ein Überraschender Zugriff auf frischer Tat setzt voraus, daß die Polizei möglichst frühzeitig Informationen über Tatbeteiligte, -ort und -zeit gewinnen kann.[2]

Das oben angesprochene Anzeigeverhalten und insbesondere das zunehmend vorsichtig-konspirative Verhalten der Beteiligten bereits auf der Ebene des nicht organisierten Klein- und Kleinsthandels - und v. a. der damit verbundene Rückzug in private Bereiche - haben die Informationsgewinnung derart erschwert, daß die Drogenkriminalität schon auf lokaler Ebene mit den klassischen Ermittlungsmethoden nicht wirksam bekämpft werden kann.[3] Die Polizei muß daher versuchen, die ihr im Rauschgiftbereich durch die
- besondere Täter-Opfer-Situation,
- subkulturellen Verfestigungen der Drogenszene und
- in diesem Milieu übliche Taktik

gesetzten Hindernisse zu unterlaufen.[4]

B. Das Versagen des klassischen Musters der Strafverfolgung und die Zielrichtung polizeilicher Tätigkeit im Bereich organisierter Rauschgiftkriminalität

Im Bereich der Bekämpfung organisierter (Rauschgift-) Kriminalität kommt erschwerend hinzu, daß das klassische Muster der Strafverfolgung regelmäßig die Erzielung nachhaltiger Erfolge erschwert wenn nicht gar verhindert. Denn es konzentriert sich auf die Überführung und Ergreifung des einzelnen Täters.[5] Demgegenüber ist hier ausschlaggebend, daß jede Tat in einem großen Gesamtzusammenhang steht,[6] welcher der Polizei i. d. R. ebenso verborgen bleibt wie auch die Organisationsstruktur, Informa-

---

1) BAUER, S. 26.
2) A. a. O.
3) A. a. O., S. 22.
4) KREUZER, Drogen-Scene, S. 229.
5) KLINK/KORDUS, S. 217; KERNER, Formen II, S. 20.
6) KERNER, a. a. O.

tionswege, Planung, Fürsorge- und Disziplinierungsmaßnahmen.[1]
Zur Zerschlagung (international) organisierter Rauschgifthändler- und -schmugglerbanden ist es demgemäß nicht ausreichend, der betreffenden Organisation bzw. Gruppierung durch Aufklärung eines konkreten Falles einschließlich der Überführung und Ergreifung des jeweiligen Täters einzelne, wenn auch u. U. maßgebliche Mitglieder zu entziehen.[2] Sie werden i. a. schnell durch andere ersetzt, so daß die Organisation bzw. Gruppierung in ihrem Bestand unangetastet bleibt und weiterhin agieren kann.[3]
Von einer wirkungsvollen Bekämpfung des (international) organisierten Rauschgifthandels kann daher nur gesprochen werden, wenn es gelingt, über den kurzfristigen Einzelerfolg hinaus auch künftige verbrecherische Aktivitäten der Organisation zu verhindern. Dies setzt jedoch voraus, daß die in den oberen Organisationsebenen bzw. in der Spitze organisierter Kriminalität tätigen Personen identifiziert, überführt und damit die betreffenden Organisationen insgesamt zerschlagen werden können.[4]
Kriminaltaktisch wichtiger als die Aufklärung einzelner Taten ist es daher, zunächst über längere Zeit hinweg präzise und möglichst schon beweiskräftig abgesicherte Informationen über

- die personelle Struktur/Zusammensetzung der Gruppe,
- die Funktion und Wichtigkeit der Mitglieder,
- ihre Beziehungen zueinander,
- Arbeitsmethoden, Ziele und Reisewege,
- Verstecke/Lager,
- Vertriebs- und Verteilerringe, Abnehmer,
- bereits begangene Straftaten,
- geplante Aktionen usw.

---

1) HAMACHER, Tatort, S. 11.
2) BOETTCHER, Definition, S. 193; SCHNEIDER, Verbrechertum, S. 480; KERNER, Formen II, S. 20, spricht die Vermutung aus, daß derartige Einzelaufgriffe den Kriminellen den Wissensstand der Polizei offenbaren.
3) BOETTCHER, a. a. O.; SCHNEIDER, a. a. O.
4) BOETTCHER, a. a. O.; KOLLMAR, S. 7; PIETRZIK, Rauschgifthandel, S. 225; BDK, Dokumentation, S. 20; BOEDEN, S. 37; KLINK/KORDUS, S. 217; SCHREIBER, S. 212.

zu sammeln und auszuwerten.[1] Dann können entsprechende exekutive Maßnahmen eingeleitet werden.
Die bisher gemachten Erfahrungen haben jedoch gezeigt, daß - v. a. wegen des hochkonspirativen Verhaltens der betreffenden Täterkreise und insbesondere wegen der Abschottung - organisierte Kriminalität allein oder vorwiegend mit klassischen Ermittlungsmethoden wie der offenen Fahndung, der Observation, der Durchsuchung und Vernehmung nicht wirksam bekämpft werden kann.[2] Denn das Täterverhalten ist gerade darauf angelegt, Einblicke der Strafverfolgungsbehörden abzuwehren und Deliktshintergründe derart zu verbergen,[3] daß die einzelne Tat nicht als Teil eines Systems von Taten erkennbar wird.[4] Aus diesem Grund hat die Polizei schon Probleme, wenn es darum geht, organisierte Kriminalität - frühzeitig - zu erkennen oder ihr einzelne Straftaten bzw. -komplexe zuzuordnen.[5] Darüberhinaus aber gelingt es der Polizei regelmäßig nicht, den inneren Täterkreis zu überführen, da sich dieser weder an der Tatausführung noch am Absatz bzw. an der Verwertung der Ware/Beute unmittelbar beteiligt.[6] Auch eine "nur" mittelbare (planende, koordinierende, finanzierende...) Beteiligung ist meist wegen der Abschottung und des hochkonspirativen Verhaltens nicht beweiskräftig nachweisbar. Die Polizei erwischt daher i. a. nur die exponierten Handlanger der Ausführungsebene.[7] Um hier eine Änderung herbeizuführen, muß die Abschottung durchdrungen[8] und die Verantwortlichkeit der führenden Köpfe hergestellt werden.

---

1) BURGHARD, S. 40; STÜMPER, Milliarden, S. 13/15; FOLGER, S. 172; GdP, STÜMPER, S. 25; FREIBERG, Kriminalität II, S. 18; HERTLEIN, Ermittlungsgruppe, S. 45; PRINZ, Bekämpfung, S. 204.
2) SCHAEFER, Recht, S. 43; SCHOLZ, S. 76; HERTLEIN, a. a. O.; GdP, STÜMPER, a. a. O.; KAISER, Einführung, S. 215; SCHRAMM, S. 35; SCHULZ, Täter, S. 401; BOETTCHER, Definition, S. 189, bezeichnet daher den Versuch, organisierte Kriminalität mit herkömmlichen Methoden zu bekämpfen, als Kampf mit "Flitzbogen gegen Panzer".
3) SIELAFF, Bestechung, S. 419.
4) MARTEN, S. 38.
5) A. a. O.
6) HERTLEIN, Ermittlungsgruppe, S. 45; FREIBERG, Kriminalität II, S. 18; GdP, STÜMPER, S. 25.
7) STÜMPER, Polarisationen, S. 350.
8) SCHOLZ, S. 76.

C. Die Erforderlichkeit der Anpassung des taktischen Konzepts, der polizeilichen Mittel, Methoden und Möglichkeiten

Eine erfolgreiche Verbrechensbekämpfung verlangt im Bereich der Rauschgiftkriminalität generell und insbesondere im Bereich des international organisierten Rauschgiftschmuggels und -handels wie in kaum einem anderen Bereich, daß die Polizei ihre Methoden dem Täter- und Opferverhalten anpaßt. In der polizeilichen Taktik kommt die funktionale Abhängigkeit von Drogensubkultur und Sozialkontrolle zum Ausdruck. Sowohl Polizei als auch Täter verfeinern ihre Methoden orientiert an denen der Gegenseite und wirken sich so wiederum intensivierend auf diese aus. Entscheidenden Einfluß auf die polizeiliche Verbrechensbekämpfung hatte dabei die Tatsache, daß hier i. d. R. am Beginn von Ermittlungen nicht - wie üblich - ein konkretes Tatgeschehen oder ein bestimmter Straftatenkomplex steht.[1] Ausgangspunkt für polizeiliche Aktivitäten ist vielmehr eine sich auf wenig konkrete und kaum abgesicherte Informationen gründende Verdachtslage (im Sinne einer Vermutung) bzgl. vergangener oder bevorstehender krimineller Aktivitäten eines relativ unbestimmten Verdächtigenkreises.[2] Hierauf war mit einer Neuorientierung hinsichtlich der für den Ermittlungsbeginn zu fordernden Verdachtsstufe zu reagieren, m. a. W. erforderlich war und ist eine Anpassung des taktischen Konzepts, der polizeilichen Mittel, Methoden und Möglichkeiten.[3]
Im einzelnen sind folgende Haupterfordernisse[4] einer effektiven Bekämpfung der Rauschgiftkriminalität zu nennen:

---

1) GEMMER, Verbrechen, S. 532; BDK, SCHRAMM, S. 26.
2) BDK, SCHRAMM, a. a. O.; PIETRZIK, Rauschgifthandel, S. 224.
3) PIETRZIK, a. a. O., S. 225; HERTLEIN, Ermittlungsgruppe, S. 45; BOEDEN, S. 35.
4) Wobei insbesondere organisatorische Maßnahmen außer Betracht bleiben sollen.

I. Operatives Vorgehen

Weder auf der Ebene lokaler Rauschgiftszenen noch im Bereich organisierter Rauschgiftkriminalität kann sich die Polizei darauf beschränken, repressiv tätig zu werden, wenn ihr eine begangene Straftat angezeigt wird oder sonst zur Kenntnis gelangt.[1] Erforderlich ist vielmehr ein operatives Vorgehen mit dem Ziel, Ausgangsbasis und Logistik organisierter Kriminalität aufzuspüren und in der Entstehungsphase zu zerschlagen, oder im Falle bereits erfolgter Etablierung auszuhebeln.
Dabei muß die Ermittlung und u. U. sogar die Verhinderung einzelner Taten zurücktreten.[2]

II. Verdeckte Ermittlungen

Da die Polizei ihre Ermittlungen oft aufgrund von Informationen beginnen muß, die weder ausreichend abgesichert noch konkretisiert sind, kann sie nicht offen in Erscheinung treten. Im Hinblick auf das konspirative Täterverhalten ist sie vielmehr gezwungen, unerkannt, verdeckt, anonym oder pseudonym die Informationen und Beweise zu beschaffen, welche die anfänglich vage Verdachtslage konkretisieren können, und die mit herkömmlichen polizeilichen Instrumentarien bzw. mit konventionellen Mitteln und Methoden nicht zu erhalten sind.[3]
Zu den hiermit i. a. angesprochenen verdeckten Ermittlungen gehören:
- Observationen.
- Telefonüberwachungsmaßnahmen.
- Inanspruchnahme von Informanten.
- Einsatz von V-Personen und verdeckten Ermittlern.

---

1) SCHULZ, Rolle, S. 121; STÜMPER, Probleme, S. 230; BDK, STÜMPER, S. 12 f.; GdP, STÜMPER, S. 24; STÜMPER, Milliarden, S. 13/15.
2) STÜMPER, a. a. O.
3) BDK, SCHRAMM, S. 26; PIETRZIK, S. 323; DERSELBE, Rauschgifthandel, S. 227.

- Vertrauens- und Scheinkäufe.
- Kontrollierte Rauschgiftlieferungen.[1]

Die Anwendung verdeckter Ermittlungsmethoden ermöglicht der Polizei eine aktive Informationsbeschaffung im Vorfeld von Straftaten. Sie bedeutet, daß die Polizei kriminalistisch in die Offensive geht und ist somit eine notwendige Ergänzung des konventionellen Systems der Erkenntnisgewinnung, das sich auf das Sammeln und Auswerten mehr zufällig erlangter Informationen beschränkt.[2]

- Schon zur Bekämpfung der örtlichen Nachfragekriminalität muß zunehmend mit verdeckten Ermittlungsmethoden gearbeitet werden.[3] Als besonders wirkungsvoll und nützlich hat sich hierbei die Inanspruchnahme von Informanten und der Einsatz verdeckter Ermittler erwiesen. Unverzichtbar ist dagegen die Arbeit mit V-Personen.[4]

- Insbesondere aber im Bereich der organisierten Kriminalität, wo es vorrangig darum geht, die Drahtzieher zu ermitteln und die jeweilige Organisation zu zerschlagen, ist es unverzichtbar, Observationsgruppen einzusetzen, Informanten in Anspruch zu nehmen und durch V-Personen und verdeckte Ermittler in den Kreis der Verdächtigen einzudringen.[5] Durch die Einschaltung in die Täterkreise können Kontakte geknüpft und unterhalten und so unauffällig Beweise über die illegalen Aktivitäten des betreffenden Personenkreises einschließlich der ihn steuernden Hintermänner gewonnen und der günstigste Zeitpunkt für einen polizeilichen Zugriff bestimmt werden.[6]

---

1) PIETRZIK, S. 323; DERSELBE, Rauschgifthandel, S. 228.
2) SIELAFF, Bestechung, S. 419.
3) BAUER, S. 22/26.
4) A. a. O. hinsichtlich der 'Wirksamkeit'; HAFENMAIER, S. 177, bzgl. der 'Nützlichkeit' bzw. der 'Unverzichtbarkeit'.
5) HERTLEIN, Ermittlungsgruppe, S. 45; FREIBERG, Kriminalität II, S. 18; GdP, STÜMPER, S. 25; BDK, STÜMPER, S. 12 f.; STÜMPER, Probleme, S. 230; BAUER, Bekämpfung, S. 204.
6) HERTLEIN, a. a. O.; BDK, SCHRAMM, S. 26.

III. Personenbezogene Ermittlungen

Inzwischen hat sich die Erkenntnis durchgesetzt, daß der geeignete Ansatz zur Bekämpfung organisierter Kriminalität nicht im Auffinden, Sichern, Aus- und Bewerten von Sachspuren eines Tatortes zu suchen ist. Vielmehr kann die Aufklärung, d. h. die Aufdeckung der kriminellen Strukturen und Logistik nur durch ein - vom konkreten Ermittlungsfall unabhängiges - Vorgehen nach Tätern, nicht nach Taten erreicht werden.[1] Das hat verschiedene Gründe:

- Zum einen werden hier polizeiliche Aktivitäten weniger von einem konkreten Tatgeschehen als vielmehr von - vagen - Informationen über die kriminellen Machenschaften einer Personengruppe ausgelöst. Dies hat zur Folge, daß Ermittlungen oft im Vorfeld von Taten eingeleitet werden und sich daher zwangsläufig an Personen orientieren müssen.[2]
- Zum anderen mußte die Polizei wegen der Schwierigkeiten, Informationen über die im Hintergrund stehenden Organisatoren zu erhalten, neue potentielle Informationsquellen erschließen.[3] Zu den hierbei entdeckten Möglichkeiten gehört die zielgerichtete und umfassende Beschäftigung mit einschlägig Bekannten und Verdächtigen, welche aufgrund verschiedener milieutypischer Indikatoren mit hoher Wahrscheinlichkeit der Tätergruppe zuzurechnen sind.[4] Von diesen Personen aus können dann Verbindungen zu Straftaten gesucht und hergestellt werden.[5]
- Schließlich liegen Eigenart und Gefährlichkeit jeder Art von organisierter Kriminalität nicht in einzelnen Straftaten, sondern in der Rolle des einzelnen Kriminellen innerhalb dieser Organisation, in deren Führungs-

---

1) STÜMPER, Polarisationen, S. 350; SCHREIBER, S. 212; PRINZ, Erfassung, S. 73; SCHULZ, Situation, S. 122.
2) BDK, SCHRAMM, S. 26.
3) PIETRZIK, Rauschgifthandel, S. 226.
4) A. a. O.; SCHÄFER, Erfahrungen, S. 506.
5) SCHÄFER, a. a. O.; BAUER, S. 24.

struktur und Arbeitsweise.[1] Letztere zeichnet sich i. d. R. dadurch aus, daß die kriminellen Aktivitäten in verschiedenen und auch wechselnden Kriminalitätsbereichen entfaltet und dabei unterschiedlichste strafbare Handlungen durch verschiedene Täter in allen möglichen Beteiligungsformen begangen werden.[2] Die These von der Verbrecherperseveranz hat kaum noch Gültigkeit. Gerade deshalb müssen Ermittlungen schwerpunktmäßig nicht nur an einzelnen Tatorten und Sachverhalten, sondern im persönlichen Bereich ansetzen.[3]

Im Rahmen dieser personenbezogenen Ermittlungen werden alle erreichbaren Informationen über die "Zielperson" hinsichtlich

- momentaner Tätigkeit,
- persönlicher Verhältnisse und Fähigkeiten,
- Umgang,
- Lebenslauf,
- frühere Mittäter bzw. -häftlinge usw.

gesammelt und ausgewertet.[4] Dabei ist die Vorstellung illusionär, im Wege verdeckter personenbezogener Ermittlungen gewissermaßen in einem "Seiteneinstieg" in die mittleren bzw. oberen Schmuggels- oder Handelsstufen einsteigen zu können.[5] Denn meist treten die betreffenden Personen ja nach außen nicht in Erscheinung, sodaß sie zunächst im Hintergrund geortet und dann Wege zu ihnen gefunden werden müssen.[6] Diese beginnen regelmäßig bei bzw. führen über die exponierten Täter der Ausführungsebene, über Randfiguren und -gruppen.[7]

Bei den personenbezogenen Ermittlungen handelt es sich um die Beschaffung von Informationen im strafrechtlich noch

---

1) SCHREIBER, S. 212.
2) BDK, Dokumentation, S. 10.
3) GdP, STÜMPER, S. 24; STÜMPER, Polarisationen, S. 350; FREIBERG, Kriminalität II, S. 18.
4) PIETRZIK, Rauschgifthandel, S. 226 f.; SCHREIBER, S. 212; STRASS, Erfahrungen, S. 112; KLINK/KORDUS, S. 194.
5) PIETRZIK, a. a. O., S. 225 f.; PRINZ, Bekämpfung, S. 197.
6) KOLLMAR, S. 7; STÜMPER, Schnüffelpraxis, S. 532.
7) PIETRZIK, Rauschgifthandel, S. 226; PRINZ, Bekämpfung, S. 197.

nicht relevanten Vorfeld.[1] Sie ermöglichen der Polizei, regionale und überregionale Kriminalitätsstrukturen zu erkennen und so mobile und überregional kooperierende Täter effektiver bekämpfen zu können.[2] Im konkreten Fall kann eine Straftat u. U. bereits im Planungsstadium erkannt[3] und somit der günstigste Zeitpunkt für einen Zugriff bestimmt werden.

Allerdings sind (natürlich) auch personenbezogene Ermittlungen problembehaftet. Denn regelmäßig wird die Lokalisierung und Identifizierung einzelner Täter durch konspirative Verhaltensweisen wie z. B.
- die Benutzung falscher Papiere,
- die Benutzung von Kfz und Telefonanschlüssen, die durch Strohmänner gedeckt sind,
- die Abschottung von Wohn- und Aufenthaltsorten

erheblich erschwert.[4] Insbesondere aber die Austauschbarkeit einzelner Täter einerseits und die personelle Abschottung andererseits haben zur Folge, daß zum einen auch der rein persönliche Ermittlungsansatz nicht ausreicht[5] und daß zum anderen auch personenbezogene Ermittlungen nur im Rahmen der Anwendung verdeckter Ermittlungsmethoden erfolgversprechend sind.[6] Schnelle und spektakuläre Erfolge sind hier so gut wie ausgeschlossen.[7]

---

1) PIETRZIK, Rauschgifthandel, S. 226; damit handelt es sich um das glatte Gegenteil der überwiegenden polizeilichen Praxis. Sie besteht in einer Reaktion auf mitgeteilte oder sonst bekanntgewordene Sachverhalte.
2) KLINK/KORDUS, S. 194.
3) PIETRZIK, Rauschgifthandel, S. 227.
4) STRASS, Erfahrungen, S. 112 f.
5) GdP, STÜMPER, S. 24.
6) SCHÄFER, Erfahrungen, S. 506.
7) STRASS, Erfahrungen, S. 113.

VIERTER TEIL

PHÄNOMENOLOGIE VERDECKTER INFORMATIONSBESCHAFFUNG

A. Gewinnung geeigneter Personen als Informanten und V-Personen bzw. Auswahl verdeckter Ermittler

Das Reservoir potentieller Informanten und V-Personen ist groß. Der Polizei kommt die mitunter schwierige Aufgabe zu, dieses Reservoir zu lokalisieren, für einen konkreten Fall oder allgemein besonders geeignete Personen herauszukristallisieren und zur Kooperation mit der Polizei zu bewegen. Je nachdem, ob die betreffende Person als Informant in Anspruch genommen oder gar als V-Person eingesetzt werden soll, sind - wie zu zeigen sein wird - bei der Gewinnung dieser Person zur Mitarbeit verschiedene Dinge zu beachten.
Bei der Auswahl eines Polizeibeamten als verdeckter Ermittler stellen sich wegen dessen Polizeizugehörigkeit die bei der Auswahl und Gewinnung von Informanten und V-Personen auftauchenden Probleme größtenteils nicht oder in anderer Form.
Die Bereiche Informant, V-Person und verdeckter Ermittler sind daher getrennt zu behandeln. Diese Unterscheidung bereitete nicht unerhebliche Schwierigkeiten, weil ein Teil der Verfasser (v. a. älterer) einschlägiger Beiträge seinen Ausführungen zunächst (weite) Definitionen bzw. Tätigkeitsbeschreibungen voranstellt, die dem "Informanten" im hier verstandenen Sinne entsprechen, im folgenden dann aber die eigentliche "V-Person" behandeln bzw. im Wege einer sich kontinuierlich qualitätsmäßig steigernden Informantentätigkeit letztlich zur V-Person gelangen. Abgrenzungsprobleme resultieren ferner aus der Tatsache, daß sich Überschneidungen zwischen Informanten und V-Personen insoweit ergeben, als die Tätigkeit der V-Person vom Ergebnis her die des Informanten einschließt und Informanten oft erst nach längerer, vertrauensbegründender Tätig-

keit zur V-Person avancieren.
Als Beispiel sei Bauer[1] genannt, der zunächst Vertrauenspersonen und Vigilanten voneinander abgrenzt (beide jedoch i. S. v. Informanten versteht), im folgenden aber nur noch die V-Person nennt und damit den Informanten im hier verstandenen Sinne beschreibt. Bauer gelangt dann aber doch zumindest in die Nähe der V-Personen i. e. S., wenn er später (a. a. O. S. 345) feststellt, daß diese auch zur Überwachung bestimmter Personen herangezogen werden können. Kreuzer[2] verwendet die Begriffe Informant, Zuträger und V-Mann (bzw. -Leute) synonym, meint aber damit wohl (auch?) die V-Person, wenn er (a. a. O. S. 186) feststellt, daß sich ein guter V-Mann in konkrete Observationen und Festnahmen einplanen lasse, er aber auch Scheingeschäfte inszenieren könne. Riehle[3] versteht unter "Spitzel" alle verdeckten polizeilichen Rollen, vom Gelegenheitsinformanten bis zum polizeilichen Untergrundagenten. Im folgenden nennt er dann fast nur noch den V-Mann und versteht diesen ganz offensichtlich i. S. v. V-Person.
Diese Reihe ließe sich beliebig verlängern. In zweifelhaften Fällen wurde für die Unterscheidung Informant/V-Person auf die in den jeweiligen Beiträgen enthaltenen phänomenologischen Elemente abgestellt. So wird z. B. ein "Nur-Informant" nach der hier vertretenen Auffassung nicht "eingesetzt" und "geführt", sondern sein Wissen wird abgefragt und der Kontakt zu ihm gepflegt.

---

1) Er teilt, entsprechend einem Teil der Literatur, die Vertrauenspersonen in zwei Gruppen auf, und zwar in diejenigen ohne ("Auskunftspersonen") und mit ("Flüsterer") Gewinnabsicht, BAUER, Verbrechensbekämpfung II, S. 339 ff.
2) KREUZER, Drogen, S. 183 ff., behandelt ausführlich den "Zuträger aus der Drogen-Scene" i. S. eines Informanten. Im Rahmen einer über die bloße Wissenspreisgabe hinausgehenden Tätigkeit dieses Zuträgers wird dieser dann zur V-Person i. e. S., vgl. S. 186.
3) RIEHLE, Verdacht, S. 57, Fn. 1.

I. Die Gewinnung von Informanten

1. Der in Betracht kommende Personenkreis

a) Als Informanten dienen der Polizei hauptsächlich Personen, die im Zusammenhang mit ihrer Berufsausübung Kontakt zum kriminellen Milieu haben und aufgrund dieses Kontaktes an polizeilich relevante Informationen (v. a. solche über geplante oder ausgeführte Straftaten) gelangen können.[1] Informanten finden wir daher i. e. L. im Gaststättengewerbe (Wirt, Kellner in einschlägigen Lokalen), in Spielklubs, unter Taxifahrern, Dirnen[2] und auch Zuhältern.[3]

b) Informanten, die aufgrund eigener Initiative oder nach gezieltem Hinweis Beobachtungen anstellen bzw. Informationen mitteilen, können aber auch bei Flughafenverwaltungen, Fluggesellschaften, grenzüberschreitenden oder gar internationalen Transportunternehmen, Touristikgesellschaften, Geschäftsbetrieben mit Niederlassungen oder Verbindungen im Ausland, unter Zug-, Schiffs- und Flugpersonal zu finden sein. Dabei sind die Sicherheitsbeauftragten der genannten Einrichtungen nicht immer die geeignetsten Ansprechpartner, je nach beiderseitigem guten Willen und persönlicher Sympathie. Von Funktionsträgern wie Busfahrer, Reiseleiter, Zugschaffner, Stewards, Auslandsvertreter, Außenstellenleiter usw. ist mitunter mehr zu erfahren.

Die Wahrung von Kundeninteressen, Desinteressiertheit, die Befürchtung, Betriebsgeheimnisse zu verletzen und allgemeine Zurückhaltung gegenüber der Polizei können der

---

1) BAUER, Verbrechensbekämpfung II, S. 340; SCHULZ, Bekämpfung, S. 455; ferner der Präsident des BKA in seiner Stellungnahme vom 21.9.1983 vor dem GSSt des BGH, Entscheidung vom 17.3.1983, BGHSt 32/115 ff. (121), von diesem allerdings als "Hinweisgeber" bezeichnet; und BDK, HOHENSINN, S. 37, dort unter der Bezeichnung "Verbindungspersonen".
2) Dirnen v. a. deshalb, weil nach kriminalpolizeilicher Erfahrung ein Großteil von Diebesgut (Pelze, Schmuck) über Dirnen und Zuhälterkreise abgesetzt wird, BDK, HOHENSINN, S. 39.
3) BAUER, Verbrechensbekämpfung II, S. 340; MÖRSCHEL, S. 169; BDK, HOHENSINN, S. 37.

Zusammenarbeit mit der Polizei entgegenstehen.[1] Geringer ist die Zurückhaltung allerdings, wenn die Aufklärung nicht den eigenen Kundenkreis, sondern einen Mitarbeiter betrifft.[2]

c) Als Informanten dienen (natürlich) auch Personen, die selbst der Szene angehören oder zu der sie enge persönliche Kontakte pflegen. Hierzu sind insbesondere Tatverdächtige oder Beschuldigte zu zählen.[3] Im Bereich der Rauschgiftkriminalität ist für die Polizei v. a. der im Handel aktiv Tätige von Interesse, da wichtige und aktuelle Informationen z. B. über Drogengeschäfte und neu auftretende Dealer grundsätzlich nur denjenigen Personen zugänglich sind, die ihrerseits als Insider akzeptiert werden. Das setzt voraus, daß der Betreffende zumindest Konsumentenstatus "genießt". So sind z. B. auch Fixer als Informanten verwendbar, da sie als Dauerkunden die Polizei besser als alle anderen zu den Dealern führen können. Fixer sind zwar bereit, für Geld auszusagen und alles zu tun, wegen ihrer Unzuverlässigkeit sind sie jedoch i. a. nicht dafür geeignet, als V-Personen (z. B. Scheinkäufer) der Polizei eingesetzt zu werden. Bessere Informationen bzgl. der über dem "Endverkäufer" stehenden Händler liefern dealende Süchtige bzw. "reine" Händler. Informanten werden daher auf allen Ebenen der Hierarchie des Drogenhandels gewonnen.[4]

d) Für eine Informantentätigkeit lassen sich ferner verantwortliche Personen in Institutionen finden, die Umgang mit Rauschgiftkonsumenten oder -abhängigen haben. Gemeint sind hiermit insbesondere Mitarbeiter der verschiedenen sozialen Dienste, Leiter oder Angehörige von Jugendgruppen und -heimen, Lehrinstituten, Entziehungs- und Therapieanstalten.[5]

Allgemein ist jedoch festzustellen, daß die Bereitschaft

---

1) SCHULZ, Bekämpfung, S. 451.
2) A. a. O., S. 461.
3) A. a. O., S. 451.
4) KREUZER, Drogen, S. 184; BKA-Forschungsreihe, S. 363; KÖRNER, V-Mann, S. 292.
5) SCHULZ, Bekämpfung, S. 450.

zur Auskunftserteilung bei Privatpersonen und privaten Betrieben größer ist als bei manchen Behörden oder behördenähnlichen Betrieben.[1] Eine große Rolle spielen hierbei Unsicherheiten, Übertreibungen und Überbewertungen im Umgang mit dem Daten- und Persönlichkeitsschutz. Hierzu folgender, Schulz[2] entnommener Fall:

> "Bei einem Arbeitsamt erschien ein wegen illegalen Rauschgifthandels gesuchter Ausländer. Noch während seiner Anwesenheit erhielt die zuständige Sachbearbeiterin einen Telefonanruf eines ermittelnden Polizeibeamten, der sich erkundigte, ob die gesuchte Person dort registriert und ggf. mit ihrem Erscheinen zu rechnen sei. Nach der wahrheitsgemäßen Antwort der Sachbearbeiterin, der Betreffende sei gerade hier, wurde sie gebeten, seine Abfertigung etwas hinauszuzögern, damit er ergriffen werden könne. Pflichtgetreu unterrichtete sie nunmehr ihren Vorgesetzten, der nun nicht etwa das Verhalten billigte und unterstützte, sondern seiner Mitarbeiterin Vorwürfe wegen ihrer wahrheitsgemäßen Auskunftserteilung machte. Nach seiner Meinung war dies ein Verstoß gegen den Datenschutz, den er selbst "korrigierte", indem er der gesuchten Person Mitteilung von der polizeilichen Fahndung machte und sie aufforderte, unverzüglich das Dienstgebäude zu verlassen. Der Ausländer tat das natürlich kurz vor Eintreffen der gleich entsandten Funkstreife. Das daraufhin eingeleitete Ermittlungsverfahren wegen Strafvereitelung gegen den Vorgesetzten führte tatsächlich in der ersten Instanz zum Freispruch, in der Berufungsinstanz zur Verurteilung und schließlich in der Revision wiederum zum Freispruch wegen Vorliegens eines entschuldbaren Verbotsirrtums."

e) Für die Informantentätigkeit geeignete Personen finden sich auch in Studenten- und Praktikantenkreisen aus Gast-

---

1) SCHULZ, Bekämpfung, S. 451.
2) A. a. O., S. 459 f.

arbeiterländern. Nicht selten sind diese bereit, sich in "Ausländerlokale" zu setzen, zuzuhören und der Polizei zu berichten. Wertvoller sind jedoch Bedienstete dieser Lokale (o. Fallgruppe a)), da deren Anwesenheit noch weniger auffällt. Demgegenüber fürchten zufällig mithörende Gastarbeiter im Falle einer Mitteilung an die Polizei Verständigungsschwierigkeiten, Repressalien der Täter und nicht zuletzt auch Verdächtigungen[1] und behalten deshalb ihr Wissen für sich.

2. Ansprache

Die Ansprache potentieller Informanten erfolgt offen.

a) Der betreffende Beamte sucht gezielt in den ihn interessierenden Bereichen geeignete Ansprechpartner. Dabei macht er aus seiner Polizeizugehörigkeit kein Geheimnis. Die Kontaktaufnahme erfolgt zum einen unter Nutzung dienstlicher Berührungspunkte.[2] Ist z. B. ein Verbrechen begangen worden, dann sind auch Personen anzutreffen, die im Interesse der öffentlichen Sicherheit der Polizei ihre Kenntnisse vermitteln. Diese werden bei nächster Gelegenheit wieder befragt. So kann sich im Laufe der Zeit ein gewisses Vertrauensverhältnis entwickeln. Zum anderen erfolgt die Kontaktanbahnung aber auch im Rahmen persönlicher Ansprache anläßlich zufälliger oder gewollter Zusammenkünfte.

Erfolg oder Mißerfolg hängen wesentlich von der Art der Ansprache, dem persönlichen Auftreten, der Überzeugungskraft und Anpassungsfähigkeit des betreffenden Beamten ab.[3]

b) Soweit es sich um Tatverdächtige, Beschuldigte bzw. Festgenommene handelt, erfolgt die Sondierung hinsicht-

---

1) JOACHIMSKI, V-Leute, S. 555; SCHMIDTMANN, S. 162, widerspricht Joachimski insoweit, als nach seiner, Schmidtmanns Ansicht in der Realität nur selten jemand bei der Aufklärung von Straftaten, zumal sie an anderen begangen wurden, behilflich sein und sich erst recht nicht als Informant unkalkulierbaren Gefahren aussetzen will.
2) SCHULZ, Bekämpfung, S. 451.
3) A. a. O.

lich einer eventuellen Bereitschaft zur Informantentätigkeit im Rahmen von kriminalpolizeilichen Ermittlungen (insbes. bei Vernehmungen), aber auch unabhängig davon. Nicht selten besteht bei diesem Personenkreis die Bereitschaft, Informationen zu liefern, sofern der betreffende Beamte durch individuelle Ansprache einen entsprechenden menschlichen Kontakt herzustellen vermag. Der Beamte muß zunächst die Bereitschaft zur Mitteilung wecken bzw. fördern. Dies setzt voraus, daß eine Vertrauensbasis hergestellt, Sympathien geweckt und Ressentiments abgebaut werden können. Das gelingt oftmals erst im wiederholten dienstlichen Kontakt, sodaß gerade auch die am stärksten und häufigsten kriminell Auffälligen zu Informanten werden. Insgesamt handelt es sich hier um eine zeitintensive Angelegenheit.[1] Die Praxis zeigt, daß es ein bestimmter Typ des Kriminalbeamten ist, dem die Anwerbung gut arbeitender Informanten gelingt. Von entscheidender Bedeutung ist dabei oft die Behandlung festgenommener Personen. Nach ihrer Strafverbüßung nehmen sie nicht selten ihre früheren Beziehungen zur Unterwelt wieder auf, sind jedoch von der Begehung strafbarer Handlungen "geheilt". Manchmal zeigen sie Verständnis für die Notwendigkeit, die Polizei bei der Verbrechensaufklärung zu unterstützen. Sie kommen dann nach Strafverbüßung gern auf "ihren" Sachbearbeiter zurück, sofern dieser ihren Fall menschlich, fair und objektiv behandelt hat. Menschlich verschlossene und "Schreibtisch-Kriminalisten" können potentielle Informanten kaum zur Mitarbeit bewegen.[2] Erfolge sind allein durch Befragung zum Sachverhalt und den Vorhalt der zur Last gelegten Tat nicht zu erreichen, erst recht nicht durch ungeduldige Vernehmungsabkürzungen bzw. bewußte Provozierung der Aussageverweigerung.[3]

---

1) SCHULZ, Bekämpfung, S. 451 f.; HARMS/DUVENHORST/HAKEL, S. 369 f.; KREUZER, Drogen, S. 184.
2) WENZKY, S. 170, bezieht diese Feststellungen zwar auf "Vertrauenspersonen", definiert diese aber als Menschen, welche der Polizei wiederholt Informationen zutragen; HARMS/DUVENHORST/HAKEL, S. 370.
3) SCHULZ, Bekämpfung, S. 451 f.; HARMS/DUVENHORST/HAKEL, S. 369 f.; KREUZER, Drogen, S. 184.

Körner[1] schildert den Fall seines Informanten "Apfel", eines jungen arbeitslosen Türken. Mit Rauschgift kam er in Berührung, weil er, von der Finanzkraft der türkischen Rauschgiftpatrone beeindruckt, bald selbst Botendienste für diese verrichtete. Schnell war Mehmet, so hieß der Informant, in die Heroinszene abgeglitten und für seine Auftraggeber erpressbar. Seine Beziehungen zur Familie, zu Freunden und zur Arbeitswelt gingen zu Bruch. Es folgte eine zweimalige Verhaftung und Verurteilung wegen Heroinhandels. Als er nach seiner Entlassung dem Teufelskreis entfliehen wollte, wurde er von seinen Auftraggebern, die bereits mit neuen Aufträgen warteten, verprügelt, von einem Auto verfolgt und verschleppt. In dieser Situation vertraute er sich Körner an. Auf Mehmets Wunsch hin erörterte dieser mit ihm fortan private Probleme und versuchte einen Arbeitsplatz für ihn zu finden. Seither gab Mehmet Körner unaufgefordert Hinweise auf türkische Großdealer und auf unredliche V-Personen der Polizei. Aufgrund dieser Hinweise konnten später fast alle Personen, über die Mehmet berichtete, festgenommen und überführt werden.

Unabhängig von diesem Informantenkreis, der i. d. R. erst zur Informantentätigkeit motiviert werden muß und dessen Motive relativ gut von vornherein einzuschätzen sind, tauchen nicht selten sog. "Selbstanbieter" auf. Letztere können oft schon mit Informationen und eigenen Vorstellungen aufwarten. Bei ihnen läßt die Polizei besondere Vorsicht walten, insbesondere wegen der regelmäßig nicht oder kaum zu ergründenden Motivation.[2]

---

1) KÖRNER, V-Leute, S. 232.
2) SCHULZ, Bekämpfung, S. 456; im Regelfall muß aber eine Anwerbung erfolgen, HARMS/DUVENHORST/HAKEL, S. 369.

3. Motive

Aus dem Kreis der in Betracht kommenden Personen wird eine geeignete Person gezielt ausgewählt. Für die Frage der Eignung ist die Motivation des (potentiellen) Informanten von entscheidender Bedeutung. Die der Kooperationsbereitschaft der Informanten zugrundeliegenden Motive sind höchst unterschiedlich. Für die Polizei ist das Motiv des jeweiligen Informanten insoweit von Interesse, als es den Wert einer Information beträchtlich mindern kann. Die Polizei ist daher i. a. bestrebt, herauszufinden, warum die betreffende Person sich zur Informantentätigkeit bereit erklärt.

In Betracht kommen:

a) "ideelle" Beweggründe:

Sie liegen meist bei denjenigen Informanten vor, die zu den Fallgruppen 1. a), b) und d) gehören, während unter 1. c) und e) fallende Informanten i. d. R. eine irgendwie geartete Gegenleistung erwarten.[1]

Beispiele:

aa) Der Informant hat eine positive Rechtsauffassung dahingehend, daß jede Störung des Rechts zugunsten des Allgemeinwohls beseitigt werden muß.[2]

Steinke[3] bringt als Beispiel den Kfz-Werkstattbesitzer, der ein Angebot zum Kauf oder zum "Umfrisieren" gestohlener Kraftfahrzeuge der Polizei bekannt gibt. Dieser schütze die Rechtsordnung und damit zu guter Letzt seinen eigenen gesellschaftlichen Status und die Kontinuität seiner Geschäftsbeziehungen zu gleichfalls gesetzestreuen Kunden.

bb) Der Informant ist an der Herstellung bzw. Unterhaltung eines guten Verhältnisses zur Polizei interessiert.[4]

---

1) SCHULZ, Bearbeitung, S. 330.
2) BKA-Schriftenreihe, S. 75 (= RITGEN, S. 63).
3) STEINKE, S. 178.
4) Nach BAUER, Verbrechensbekämpfung II, S. 341, ist dieser Beweggrund v. a. bei Dirnen ausschlaggebend, da diese "Berufsschwierigkeiten" aus dem Weg gehen wollen.

Hier kann man einen von Schmidtmann[1] beschriebenen Fall einordnen: Ein wegen Einbruches Verdächtiger wurde fest- und in U-Haft genommen. Da sich die Tat nicht nachweisen ließ, fragte der zuständige Richter telefonisch nach weiterem Beweismaterial. Der Betreffende wurde schließlich entlassen, wobei er ankündigte, sich für das für ihn eingelegte "gute Wort" revanchieren zu wollen. Tatsächlich kam er einige Monate später und bezeichnete eine Wohnung, in der das Tatwerkzeug zu einem Juweliereinbruch liegen sollte. Diese Information war zutreffend und führte nach weiteren Ermittlungen zu einem Geständnis eines Mittäters mehrerer im Sommer 1970 in Frankfurt verübter Einbrüche in Juweliergeschäfte.

cc) Die betreffende Person will bei der Verminderung des Rauschgiftmißbrauches helfen.

Körner[2] berichtet von einem türkischen Informanten "Haus", der in Frankfurt inhaftiert war, weil er glaubte, mit einem Gewaltdelikt die Ehre seiner Tochter verteidigen zu müssen. Eigentlich war "Haus" von Beruf Volkssänger, hatte aber in verschiedenen türkischen Provinzen 30 Monate lang als Rauschgiftfahnder gegen kurdische Rauschgiftschmuggler gekämpft. Er sah es nun als seine Aufgabe und Pflicht an, diesen Kampf aus der Haftanstalt heraus fortzusetzen. Er lieferte Körner Informationen über die Mentalität und Religion, über Schmuggeltechniken und -wege der Kurden und teilte ihm mit, worüber sich die in der JVA wegen Verstößen gegen das BtMG einsitzenden Türken unterhielten. Hinzuzufügen bleibt, daß "Haus" sich für seine Informationen keinerlei Vorteile wünschte.

dd) Der Informant bringt einem bestimmten Beamten persönliche Zuneigung entgegen und ist bereit, diesen bei der

---

1) SCHMIDTMANN, S. 162.
2) KÖRNER, V-Leute, S. 231.

Rauschgiftbekämpfung zu unterstützen.[1]

Hohensinn[2] teilt dazu folgenden Fall mit: In einem amtsbekannten Lokal wurde der dort tätige Kellner Hans S. aufgrund eines wegen Betruges gegen ihn vorliegenden Haftbefehls festgenommen. S. war früher Berufsboxer und mehrmals vorbestraft. Er saß nun sechs Wochen in Untersuchungshaft, weshalb sich seine Frau von ihm scheiden lassen und von München wegziehen wollte.

Von diesen Plänen konnte man sie jedoch dadurch abbringen, daß man ihr eine Arbeitsstelle als Zuschneiderin verschaffte. Als Hans S. entlassen wurde, war die Ehe gerettet, und S. war ab diesem Zeitpunkt sieben Monate lang als V-Person tätig. Mit seiner Hilfe gelang es, 21 Einbruchsdiebstähle aufzuklären, 14 gesuchte Personen festzunehmen und einen, erst im Planungsstadium befindlichen bewaffneten Raubüberfall zu vereiteln. Darüberhinaus konnte Diebesgut von erheblichem Wert sichergestellt werden. Hans S. hatte nämlich seine Arbeit als Kellner wieder aufgenommen und war somit über einen Großteil von Straftaten informiert.

ee) Personen, die nur im Zusammenhang mit ihrer Berufsausübung Kontakt zum kriminellen Milieu haben (s. o. 1. a)) legen oft Wert darauf zu beweisen, daß sie nur berufsmäßig in "schlechten Kreisen" verkehren, sich im übrigen aber für das Recht einsetzen.[3]

b) materielle Beweggründe:

Beispiele:

aa) Der Informant ist selbst Geschädigter oder er wünscht die Verurteilung des Täters zur Vorbereitung eines Zivilverfahrens.[4]

bb) Abwendung drohenden Konzessionsentzuges[5] wegen

---

1) Zu letzteren Beispielen s. SCHULZ, Bekämpfung, S. 456.
2) BDK, HOHENSINN, S. 37 f.
3) HARMS/DUVENHORST/HAKEL, S. 369.
4) BKA-Schriftenreihe, S. 75 (= RITGEN, S. 63).
5) SCHULZ, Bekämpfung, S. 456.

mangelnder Kooperationsbereitschaft.

In einem Urteil vom 28. 7. 1978 (1 C 43/ 75) hat das Bundesverwaltungsgericht entschieden, daß ein Gastwirt, in dessen Lokal nach polizeilichen Ermittlungen Rauschgift gehandelt und konsumiert wird, verpflichtet ist, mit der Polizei zusammenzuarbeiten, wenn diese es wünscht und für erforderlich hält. In dem betreffenden Fall ging es darum, daß der Wirt die Polizei über verdächtige Vorgänge in seinem Lokal, das vorwiegend von Jugendlichen besucht wurde und am Wochenende bis zu 600 Gäste hatte, unterrichten sollte. Eine nachteilige Auswirkung der Zusammenarbeit des Wirtes mit der Polizei auf das Geschäft und den Umsatz ist unerheblich. Rauschgifthandel und -mißbrauch sind strafbare Handlungen und als solche von einem zuverlässigen Gastwirt in seinen Räumen nicht zu dulden. Er hat vielmehr alles zu tun, um strafbare Handlungen zu unterbinden. Dabei steht die Beurteilung der Frage, ob die von der Polizei gewünschte Zusammenarbeit Erfolge verspricht, im Ermessen der Polizei. Das BVG hat daher in dem Sinn entschieden, daß sich ein Gastwirt als unzuverlässig erweist, wenn er die ihm angesonnene Kooperation mit der Polizei ablehnt, obwohl ihm bekannt ist, daß in seinem Lokal Rauschgift gehandelt und eingenommen wird. Einem solchen Wirt ist daher gem. §§ 15 II i. V. m. 4 I Nr. 1 GaststG die Gaststättenerlaubnis zu entziehen.[1]

cc) Der Informant möchte Geld im Sinne eines Honorars, oder aber auch als Ausgleich für einen angeblichen oder tatsächlichen Gewinnverlust bzw. Verdienstausfall.[2]

---

1) N. N., Konzessionsentzug, S. 283.
2) STEINKE, S. 178; ferner: BAUER, Verbrechensbekämpfung II, S. 340; KREUZER, Drogen, S. 184.

c) sonstige Beweggründe.[1]

Beispiele:

aa) Möglichkeiten einer vorzeitigen Haftentlassung bzw. von Hafterleichterungen.

Nach von Hentigs[2] Angaben ist es keine Seltenheit, daß Mitgefangene zu Gehilfen der Verfolgung werden, indem sie sich der Anstaltsleitung als Informanten (Hentig: "Gefängnisspitzel") anbieten in der Hoffnung, bald herauszukommen oder verlegt zu werden.

bb) Verschonung von der Untersuchungshaft, Aussetzung des Vollzuges eines Haftbefehls.

Damm[3] berichtet von einem Fall aus dem Bereich der Rauschgiftkriminalität, bei dem ein Mann festgenommen und 3500 Morphintabletten sichergestellt wurden. Dieser Mann war nicht bereit, über die Herkunft der Tabletten eine schriftiche Aussage zu machen. Gute Informationen wollte er nur für entsprechende Gegenleistungen liefern, da er Angst vor Repressalien der hinter der Sache stehenden organisierten Bande hatte. Der erlassene Haftbefehl wurde daraufhin nach Rücksprache mit der Staatsanwaltschaft, der Amtsanwaltschaft durch Haftrichter im Hause außer Vollzug gesetzt. Nach der Entlassung des Mannes aus dem Polizeigewahrsam erhielt die Polizei von ihm in allen Punkten zutreffende Informationen.

In einem von Schubert[4] mitgeteilten Fall hatte ein U-Häftling, der wegen Handels mit 200 Gramm Kokain einsaß, als Gegenleistung für eine mögliche Haftverschonung einem Hauptkommissar angeboten, in einem vertraulichen Gespräch über die Hintermänner und die Schmuggelroute des Kokains auszupacken. In der Folgezeit konnten aufgrund der vertraulichen Informationen unter der Leitung des BKA in der Schweiz sechs Kilogramm Kokain sichergestellt werden.

---

1) Zu den Beispielen aa)-ff) s. SCHULZ, Bekämpfung, S. 456; ferner KREUZER, Drogen, S. 184 f.
2) HENTIG, von, S. 105.
3) PROTOKOLL, DAMM, S. 43 f.
4) SCHUBERT, S.14.

cc) Verlängerung oder Erteilung einer Aufenthaltserlaubnis.

Schmidtmann[1] schilderte einen Fall, in dem es den Hinweisen eines griechischen Informanten zu verdanken war, daß Schmuck im Wert von DM 250000,-, der bei einem Juweliereinbruch in Frankfurt erbeutet worden war, sichergestellt und die Täter verurteilt werden konnten. Kennengelernt hatte ihn Schmidtmann bei seiner Festnahme wegen Diebstahls von Lederbekleidung. Später kam der griechische Informant öfters vorbei, in der Hoffnung (so eine Vermutung Schmidtmanns), daß ihm bei der Erlangung einer Aufenthaltserlaubnis geholfen werde.

dd) Erwartete Berücksichtigung der Kooperationsbereitschaft bei der eigenen (auch künftigen)[2] Strafverfolgung bzw. -zumessung; Erleichterungen im Strafvollzug.

In einem von Schmidtmann[3] mitgeteilten Fall hatte ein Festgenommener von sich aus von einem "Pelzeinbruch" erzählt. Dem Hehler, selbst Kürschner, wurden daraufhin Lichtbilder der von dem Festgenommenen genannten Personen vorgelegt, verbunden mit der Frage nach dem Verbleib der von ihm angekauften Pelze. Der Hehler hatte die Pelze den Einbrechern aus Angst abgekauft und in Säcken verpackt auf einem Dachboden deponiert. Für seinen Hinweis erhielt der Informant eine Belohnung von DM 1000,-. Warum der Informant auch in der Folgezeit der Polizei Informationen lieferte, konnte Schmidtmann selbst nicht feststellen. Seine Vermutungen gingen dahin, der Informant wollte weiteres Geld "verdienen", oder er hoffte, im Falle der Überführung eigener Straftaten irgendwelche Hilfe zu erhalten.

Nach Erfahrungen Kornecks[4] als Staatsanwalt bei der für organisierte Kriminalität zuständigen Abteilung

---

1) SCHMIDTMANN, S. 164.
2) STEINKE, S. 178.
3) SCHMIDTMANN, S. 162.
4) GDP, KORNECK, S. 17.

der Schwerpunktstaatsanwaltschaft Fr. a. M. treten Verurteilte aus dem Bereich der organisierten Kriminalität relativ oft an den Staatsanwalt heran und erklären sich zur Mithilfe bei der Aufklärung schwerer Straftaten bereit. Als Gegenleistung werden bestimmte Maßnahmen im Vollzug verlangt. Insbesondere bei frisch und rechtskräftig Verurteilten ist der psychische Druck derart groß, daß der Betreffende mit manchmal nur geringem Entgegenkommen dazu zu bringen ist, seine Solidarität zu den Mittätern aufzugeben und weiterführende Angaben zu machen.

Diese Erfahrungen Kornecks bestätigt dessen Kollegin Werner.[1] Nach ihrer Ansicht zeichnen sich die Kriminellen im Bereich der organisierten Kriminalität durch mangelnde Solidarität untereinander aus, im Gegensatz zur politisch motivierten Gewaltkriminalität, wo die Täter durch ideologische Bande miteinander verbunden sind. Die organisierten Kriminellen werden vielmehr von einem überzogenen Gewinnstreben geleitet. Nach Frau Werners Erfahrungen gelingt es daher oft, Täter aus "ihren" Organisationen herauszubrechen, die in einer Drucksituation um ihres eigenen Vorteils willen (z. B. zur Vermeidung der U-Haft oder z. g. eines geringeren Strafmaßes) weitere Informationen über durchgeführte oder erst geplante Operationen liefern und damit Tatbeteiligte hemmungslos preisgeben.

ee) Abtragen von Schuldgefühlen, Wunsch nach Wiedergutmachung/Genugtuung.

ff) Neid, Haß, Rache (der Informant revanchiert sich z. B. dafür, daß er selbst verraten wurde), Angst (wenn z. B. "Link-Aktionen" in der Eskalation der Gewalt in lebensgefährliche Aktionen zu münden drohen), Enttäuschung,[2] Ausschaltung von Konkurrenz.

Körner[3] schildert den Fall der Informantin "Schmet-

---

1) WERNER, S. 55.
2) BKA-Schriftenreihe, S. 75 (= RITGEN, S. 63); KREUZER, Drogen, S. 185.
3) KÖRNER, V-Leute, S. 230.

terling", einer türkischen Serviererin und Liebesdienerin. Ihr Bruder war heroinsüchtig. Sie gab jahrelang der Staatsanwaltschaft Frankfurt Hinweise auf türkische, insbesondere kurdische Heroinhändler, welche sie im Frankfurter Bahnhofgebiet in Lokalen bediente und belauschte. Aus Verzweiflung über das Schicksal ihres Bruders hatte sie es sich zur Lebensaufgabe gemacht, die kurdischen Dealer, denen ihr Bruder zum Opfer gefallen war, zu entdecken und zu überführen.

Eine andere Informantin, von der Körner berichtet, war selbst durch Heroin psychisch und physisch zugrundegerichtet. "Tweety Love", so wurde sie genannt, haßte und liebte die Droge und die Dealer zugleich. Nach Heroinlieferungen suchte sie die Polizei oder Staatsanwaltschaft auf und ließ durch ihre Informationen viele Dealer "hochgehen". Bei ihren regelmäßigen Besuchen bei Körner im Rahmen der gegen sie gerichteten Ermittlungsverfahren brachte sie sogar Fotos von Heroindealern mit!

Mörschel[1] berichtet aus seiner gut zwanzigjährigen Erfahrung im Umgang mit Informanten und V-Personen, daß persönliche Spannungen in der Unterwelt oft dazu geführt haben, persönliche Ressentiments ihm gegenüber beiseitezuräumen und ihn mit Informationen zu versorgen. So sei ihm ein gefährlicher Raubmörder von zweien, ihm ansonsten feindlich gesinnten Kriminellen in die Hände gespielt worden. Diese erschienen nachts um drei Uhr in seiner Wohnung und erklärten, für ihn einen Mörder zu haben.

Nicht- bzw. Schlechtlieferung von Rauschgift verärgert die Konsumenten. In dieser Situation lassen sich mit etwas Geschick aus der Verbraucherschicht leicht potentielle Informanten herauslösen. In den USA wird z. B. die Methode praktiziert: Ein Narcotic

---

1) MÖRSCHEL, S. 171.

Agent, der erfahren hat, daß eine bestimmte Person gerade einen LSD-Trip genommen hat, kontrolliert diese Person schnell und aggressiv. Der Trip schlägt dann mit hoher Wahrscheinlichkeit in einen Horrortrip um. Der so enttäuschte Konsument meint dann, der Dealer habe ihm schlechtes, Nebenwirkungen hervorrufendes Material verkauft. Aus diesem Grund versucht der Konsument dann häufig, den Dealer anzuschwärzen.[1]
Ein anderes Bild ergibt sich auf der Ebene der Kilodealer. Ihre Interessen beschränken sich auf die Beschaffung eines bestimmten Rauschgiftes. Da sich die Interessensphären der Kilodealer selten kreuzen, entstehen keine Konkurrenzsituationen. In dieser Marktlage sind kaum Hinweise von Konkurrenten zu erhalten, weil es solche eben gar nicht gibt. Hier sind Informanten nur gegen Zahlung entsprechend hoher Honorare zur Mitteilung bereit.[2]
Kreuzer[3] spricht ganz kurz einen Fall an, bei dem der Informant einen Hinweis auf die Täter eines Einbruchs in einem Großhandel gegeben hatte, weil er befürchtete, seine eigene Ware nicht mehr absetzen zu können.

gg) Der Informant möchte eigene Straftaten verdecken.
Dies nehmen Ehrlich[4] u. a. im Fall des Massenmörders Haarmann an. Er war Informant eines Einbruchs-Kommissariats. Haarmann veranlaßte junge Männer dazu, ihm ihr Diebesgut zum Ankauf zu bringen. Teilweise spielte er die Diebe der Kriminalpolizei in die Hände, teilweise ermordete er sie aber aus sexuellen Motiven bzw. um mit ihren Habseligkeiten seinen Alt-

---

1) UHLHORN, S. 495/498.
2) A. a. O., S. 499 f.
3) KREUZER, Drogen, S. 185.
4) EHRLICH, S. 238; dagegen möchte SCHMIDTMANN, S. 161 f, Ehrlichs Ansicht, Haarmann habe seine Morde gerade aufgrund seiner Spitzeltätigkeit so lange unbehelligt begehen können, nicht ohne weiteres teilen, sondern verlangt eine Begründung für diesen behaupteten Kausalzusammenhang.

warenhandel spesenlos in Gang zu halten. Dank seiner Informantentätigkeit konnte Haarmann die Morde lange Zeit unbehelligt ausführen. Seine Überführung gelang, weil die Mutter eines vermißten jungen Mannes dessen Anzug an einem anderen entdeckte. Dieser hatte ihn von Haarmann erhalten. Haarmann konnten 27 Morde nachgewiesen werden. Der Staatsanwalt bezifferte die tatsächliche Anzahl auf 114!

hh) Schließlich kommt als Motiv auch eine Art "Kumpanei" des Informanten mit dem ihn vernehmenden Beamten in Betracht. Diese Kumpanei begründet sich darauf, daß der Beamte mit offenen Karten spielt, den Betreffenden nicht verschaukelt, diesem sympathisch oder auch, weil er dessen Ausreden durchschaut, kriminalistisch besonders fähig erscheint. Informant und Vernehmender wollen sich die auf Dauer angelegten Zwiesprachen erleichtern.[1]

ii) Manche Informanten kooperieren mit der Polizei auch aus Abenteuerlust oder weil sie eine Art Kriminalroman-Held spielen wollen.[2]

jj) Bei Drogenabhängigen sind mitunter auch Resignation und Verzweiflung sowie Verbitterung über negative Erfahrungen im Drogenmilieu ausschlaggebend. Dies gilt v. a. bei drogenabhängigen Jugendlichen, die schon längere Zeit Drogen konsumieren und bereits die ersten Anzeichen des Persönlichkeitsabbaues bei sich feststellen.[3]

---

1) KREUZER, Drogen, S. 184.
2) A. a. O.
3) A. a. O.; BAUER, Rauschgift, S. 221.

II. Die Gewinnung von V-Personen

Manches von dem, was zur Gewinnung von Informanten gesagt wurde, läßt sich auch auf die Werbung von V-Personen übertragen. Das gilt v. a. für die hinter der Kooperationsbereitschaft stehende Motivation. Demgegenüber ist z. B. der Kreis der Personen, die als V-Personen in Beracht kommen, enger als der Kreis potentieller Informanten.

1. Der in Betracht kommende Personenkreis

Wie bei den Informanten sind es auch hier Personen, die selbst nicht Verbrecherkreisen angehören oder angehört haben, jedoch aufgrund verwandtschaftlicher, freundschaftlicher, beruflicher oder sonstiger Beziehungen Kenntnis von ausgeführten oder bevorstehenden Straftaten erhalten, welche sich als Vertrauenspersonen eignen.
Die Einblickmöglichkeiten sind jedoch um so größer, je intensiver sich die Beziehungen zum jeweiligen Milieu gestalten.[1] Die für die Polizei wertvollsten Informationen liefern daher naturgemäß diejenigen V-Personen, die selbst der Rauschgiftszene angehören, in dieser Vertrauen genießen und in die Erörterung abzuwickelnder Rauschgifttransaktionen einbezogen oder gar unmittelbar darin verwickelt werden, also die aktiven Teilnehmer am Rauschgiftgeschäft.[2] Gerade am organisierten Rauschgiftschmuggel und -handel sind viele Funktionsträger beteiligt, z. B. Fahrer, Lagerhalter, Händler, Kurieranwerber, Kurierbegleiter usw. Soll eine dieser Funktionen durch eine V-Person besetzt und ausgeübt werden, dann muß diese von der Organisation akzeptiert werden, d. h. ihr einschlägig bekannt sein. Dementsprechend ist die eigene kriminelle Verstrickung in das Rauschgiftgeschäft oft Voraussetzung für den Zugang der V-Personen zum organisierten Drogenhandel. Idealisten sind daher i. a. nicht zu gebrauchen,

---

1) MEIXNER, S. 187.
2) SCHULZ, Bekämpfung, S. 516.

vielmehr werden V-Personen aus dem Kreis der kleineren und mittleren Dealer rekrutiert.[1]
Hier wiederum sind Vorbestrafte besonders interessant, da diese sich nach Verbüßung ihrer Strafe schnell wieder dem Milieu anpassen, als ehemalige Straftäter bekannt und mit den wichtigsten Gepflogenheiten vertraut sind.[2]
Körner[3] hat das Problem der Rekrutierung von V-Personen in einer prägnanten, v. a. von Gegnern des "Instruments" V-Person gern und vielzitierten Formulierung auf den Punkt gebracht:

> "Gesetzestreue, ordnungsliebende, ängstliche, vorsichtige oder biedere Mitbürger haben als V-Leute keine Chance und werden von einer Zielgruppe nicht angenommen und nicht anerkannt. Diese Erfahrung beschränkt von vornherein das Reservoir potentieller V-Leute. Dies bedeutet, daß V-Personen (VP) in Rauschgift- oder Hehlereisachen regelmäßig eine erfolgreiche kriminelle Karriere hinter sich gebracht oder miterlebt haben müssen."

Allgemein kann festgestellt werden, daß die V-Person i. d. R. dem Milieu entstammt, zu dessen Kontrolle sie tätig wird. Ohne V-Personen ist die Überwindung von Milieuschranken durch die Polizei oft nicht oder nur unter äußersten Schwierigkeiten und mit erheblichem Aufwand möglich. Daß die V-Person selbst eine kriminelle Laufbahn hinter sich hat, erweist sich im Hinblick auf seine möglichst große Akzeptanz durch die Szene als Erfordernis der Effektivität.
Besondere Vorsicht ist angebracht, wenn sich ein Untersuchungsgefangener als V-Person anbietet. Meistens endet dessen Dankbarkeit und damit auch seine Kooperationsbe-

---

1) JOACHIMSKI, V-Leute, S. 555; in der BKA-Forschungsreihe, S. 364, wird sogar festgestellt, daß als "echte V-Leute" nur Personen gewonnen werden, "...die Zugang zu den höheren Stufen der Hierarchie des illegalen Drogenschwarzmarktes haben...".
2) BDK, HOHENSINN, S. 39.
3) KÖRNER, V-Mann, S. 290.

reitschaft am Gefängnistor. Darüberhinaus aber sind die Aussichten, daß ein als V-Person eingesetzter ehemaliger Untersuchungsgefangener an wertvolle Informationen herankommt, nicht gerade groß. Im Falle einer nur kurzen Inhaftierung wirkt es verdächtig, wenn der Betreffende den Umständen entsprechend schnell wieder entlassen wird. War dagegen die Untersuchungshaft von längerer Dauer, dann ist es für den Betreffenden wegen der hohen Fluktuation bei den Führungspersönlichkeiten des Rauschgifthandels regelmäßig schwer, an alte Kontakte anzuknüpfen bzw. neue herzustellen.[1]

2. Ansprache

Nicht selten bieten sich Personen der Polizei von sich aus zur Mitarbeit an, die Mehrzahl muß jedoch dazu gewonnen werden.[2] Die Ansprache der potentiellen V-Personen erfolgt offen, d. h. der betreffende Beamte tritt in seiner Eigenschaft als (Rauschgift-) Sachbearbeiter auf. In den meisten Fällen erfolgt die Werbung von V-Personen im Verlaufe von Strafermittlungsverfahren, z. B. wenn Kriminelle Kontakt mit der Polizei haben und die Vorführung vor den Haftrichter und damit die Anordnung von Untersuchungshaft befürchten.[3]

Für den Erfolg der Werbung sind ein hohes Maß an Kommunikationsfähigkeit, Fingerspitzengefühl und Menschenkenntnis und die Fähigkeit, Vertrauen auszustrahlen und zu wecken, von entscheidender Bedeutung.[4]

Ein aus Gründen der Arbeitsüberlastung, aus mangelnder Er-

---

1) JOACHIMSKI, V-Leute, S. 556; können diese Bedenken im Einzelfall ausgeräumt werden, dann sind es oft rechtliche Probleme, die den Einsatz eines U-Häftlings als V-Person verhindern oder erschweren. Voraussetzung der Haftentlassung zur Aufnahme und Ausübung der V-Personen-Tätigkeit ist, daß dadurch die Haftgründe entfallen bzw. der Haftzweck gem. § 116 I-III StPO durch weniger einschneidende Maßnahmen erreicht werden kann.
2) MEIXNER, S. 187; BDK, HOHENSINN, S. 37; nach Ansicht Böges müssen zumindest gute V-Personen von den Polizeibeamten gesucht und zur Mitarbeit gewonnen werden, BÖGE, S. 92; ZÜHLSDORF, Probleme, S. 196.
3) ZÜHLSDORF, Bekämpfung, S. 73; DERSELBE, Probleme, S. 196; ähnlich MEIXNER, S. 187; in diesem Sinne auch BÖGE, S. 92; MELLENTHIN, S. 83.
4) THOMAS, Drogenkriminalität, S. 161; MEIXNER, S. 187 f.

fahrung oder auch aus anderen Gründen schematischer "Fließbandarbeiter" von Kriminalbeamten kann den richtigen Kontakt nicht herstellen und daher auch keine V-Personen gewinnen. Dazu muß er vielmehr viel Zeit investieren und das Interesse und Vertrauen der potentiellen V-Person zu wecken versuchen. Anstelle schematischer polizeilicher Verhöre ist es im Sinne einer Kontaktanbahnung oft zweckmäßiger, die potentielle V-Person in eine Gastwirtschaft oder in ein Cafe einzuladen. Kleine Investitionen an Zeit und Geld ermöglichen später oft erhebliche Einsparungen an Fahndungskosten und Arbeit.[1]

In einem von Schmidtmann[2] mitgeteilten Fall geht es um die - spätere - V-Person namens Adam. Der erste Kontakt mit der Polizei fand im Rahmen einer Vernehmung wegen eines Diebstahlsverdachtes gegen Adam statt. Man sprach ihn in der Folgezeit an, wann immer man ihm begegnete. Die Unterhaltungen hatten allgemeine Dinge, aber auch das aktuelle Kriminalitätsgeschehen zum Gegenstand. Im Verlauf dieser Unterhaltungen wurde offensichtlich, daß Adam sehr gut informiert zu sein schien. Aus diesem Grund wurde Adam mit der üblichen Belohnung "gelockt" und freundschaftlich aufgefordert, doch "mal was zu bringen". Polizeilicherseits wurde Adam versichert, daß niemand erfahren werde, wie "die Hasen gelaufen sind. Er brauche ja nicht seinen besten Kompagnon zu bringen, sondern einen, der ihn vielleicht 'gelinkt' hätte. So was gäbe es doch. Und: Die Gaunerei ist nicht gut. Da müsse man doch was gegen tun. Und wer dagegen ist, tut ein gutes Werk. Da ist nichts Schlechtes dran. Und wenn mal Fragen sind, kann er ja kommen. Man kann vielleicht weiterhelfen. Am besten wäre es, wenn man Gestohlenes finde. Da ist die höchste Belohnung drin." Tatsächlich meldete sich Adam mit einem Hinweis auf eine Wohnung, in der er ein

---

1) BÖGE, S. 92.
2) SCHMIDTMANN, S. 165.

gestohlenes Gemälde und eine Figur gesehen habe. Für diesen Hinweis erhielt er, nachdem das Gemälde gefunden worden war, eine Belohnung von DM 1000,-. Später wurde Adam als Scheinaufkäufer von Diebesgut eingesetzt. Schließlich konnten unter seiner Beteiligung an Scheingeschäften Heroin und Haschisch im Wert von etwa DM 400000,- sichergestellt werden. Die Reihe der auf Adams Mitwirkung zurückzuführenden Erfolge ließe sich noch erheblich verlängern.

3. Motive

Die erfolgreiche Führung einer V-Person setzt voraus, daß der betreffende Polizeibeamte (V-Mann-Führer) den bzw. die Beweggründe kennt, welche die V-Person zu ihrer Tätigkeit veranlassen.

In Betracht kommt auch hier ein Handeln aus

a) "ideellen" Beweggründen:

Thomas[1] berichtet von seinen Erfahrungen mit festgenommenen türkischen Dealern. Demnach sind diese zumindest zur Aussage bereit, sofern die Hoffnung besteht, daß dadurch das Strafmaß verringert wird. Die Aussagebereitschaft wächst mit zunehmender Dauer der Untersuchungshaft. Da die türkische Bevölkerung den Drogenhandel zum Teil aus Überzeugung ablehnt, bereitet die Anwerbung von Türken aus den Bekanntenkreisen türkischer (Groß-) Händler als V-Personen keine Schwierigkeiten!

Insgesamt gesehen sind - insbesondere im Bereich der Drogenkriminalität - diejenigen V-Personen, die aus edlen Motiven mit der Polizei zusammenarbeiten, eher eine Seltenheit.[2] Eine integere V-Person mit ethisch begründeter

---

1) THOMAS, Drogenkriminalität, S. 122/124; Thomas' Ausführungen beruhen auf Erkenntnissen der Mitarbeiter des Rauschgiftkommissariates der Kriminalabteilung Frankfurt a. M. und erstrecken sich - mit unbedeutenden Einschränkungen - auf die Gesamtsituation im Rhein-Main-Gebiet und vergleichbare Ballungszentren der Bundesrepublik. Zu entsprechenden Ergebnissen kommt auch die BKA-Forschungsreihe auf S. 364.

2) ZÜHLSDORF, Bekämpfung, S. 74; THOMAS, Drogenkriminalität, S. 161.

Motivation würde im Milieu eine Außenseiterstellung einnehmen, welche sie selbst wertlos machen würde.[1] Soweit überhaupt ideelle Beweggründe für die Kooperation angeführt werden, werden sie oft nur vorgegeben oder entspringen (nur) momentanen Gefühlsregungen, die vielfach keinen wirklich realen Hintergrund haben.[2] Meistens geht es dem Betreffenden um Vorteile oder Geld, auch Neid und Mißgunst spielen eine Rolle. Die Annahme, eine V-Person arbeite aus Sympathie oder Zuneigung für einen bestimmten Beamten mit diesem zusammen, beruht fast immer auf einem Irrtum.[3]

b) materiellen Beweggründen:

Materielle Beweggründe bieten grundsätzlich gute Ansatzpunkte für eine erfolgreiche Zusammenarbeit.[4]

Schon Lindenau[5] stellte fest, daß "Vigilanten" i. e. L. wegen der Erwartung hoher Belohnungen tätig wurden. Seltener sollen Rache und Feindschaft ausschlaggebend gewesen sein, bisweilen aber auch die Absicht, sich in das Vertrauen der Polizei zu drängen und diese von der Spur ihrer eigenen Verbrechen abzulenken.

> Schmidtmann[6] schildert den Fall einer griechischen V-Person, die zunächst als Informant gearbeitet hatte. Später wurde der Grieche dann auch in Scheinkäufe von Diebesgut eingeschaltet. Schmidtmann lernte den Griechen nach einer Festnahme kennen. Da er sich in Kreisen krimineller Ausländer, besonders auf dem Gebiet der Pelze, bestens auszukennen schien, wurde ihm bedeutet, daß er nach Sicherstellung von Diebesgut mit einer Belohnung rechnen könne. Außerdem wur-

---

1) FALK, S. 6.
2) SCHULZ, Täter II, S. 461.
3) ZÜHLSDORF, Bekämpfung, S. 74.
4) ZÜHLSDORF, Probleme, S. 196; SCHULZ, Täter II, S. 461; FALK, S. 6.
5) LINDENAU, S. 286. Er versteht unter "Vigilanten" Vertrauenspersonen, welche dem Verbrechertum angehören. Vertrauenspersonen wiederum mischen sich selbst in Verbrecherkreise ein, bereiten deren Unschädlichmachung vor und nehmen mitunter selbst am Treiben ihrer Umgebung teil. Aus den Ausführungen Lindenaus geht hervor, daß er die V-Person im hier verstandenen Sinne meint.
6) SCHMIDTMANN, S. 163.

de er auf die Möglichkeit, bei der Ausländerbehörde ein gutes Wort einzulegen, hingewiesen. Tatsächlich diente der Grieche fortan der Polizei zunächst als Informant, später als V-Person.

c) sonstigen Beweggründen:[1]

Beispiele:

aa) Der Beschuldigte, der die Vorführung vor den Haftrichter befürchtet, möchte i. e. L. verhindern, daß er in Untersuchungshaft kommt.[2]

In einem vor dem Amtsgericht Frankfurt verhandelten Fall (90 Js 2333/80) hatte die V-Person zunächst mehrere Jahre selbst mit Haschisch gehandelt und sich dann aus Angst vor Strafe zu einem späteren Zeitpunkt den Behörden als V-Person zur Verfügung gestellt.[3]

bb) Neid (auf erfolgreichere Konkurrenz. Diese soll ausgeschaltet werden, um den eigenen Einflußbereich ungestört vergrößern zu können), Haß (z. B. weil man gelinkt wurde), Rache.[4]

Nach Erfahrungen von Thomas[5] gönnen sich v. a. arabische Dealer gegenseitig keine Erfolge. Der Neid beschränkt sich bei ihnen jedoch nicht auf erfolgreiche Drogengeschäfte der Konkurrenz, sondern erstreckt sich auch auf andere Lebensbereiche. Dies, aber auch geschäftliche Auseinandersetzungen und Streitigkeiten führen vielfach dazu, daß sich arabische Dealer der Polizei als V-Personen anbieten.

Nachtigall[6] berichtet in einem ausführlich geschilderten Fall von einer männlichen V-Person und deren Motiv für die Zusammenarbeit mit der Polizei. Die

---

1) SCHULZ, Täter II, S. 461.
2) ZÜHLSDORF, Bekämpfung, S. 73.
3) Mitgeteilt von WEIDER, S. 32.
4) THOMAS, Drogenkriminalität, S. 161; BÖGE, S. 92; KREUZER, Zeuge, S. 12; KÖRNER, S. 173, Rn. 193.
5) THOMAS, Drogenkriminalität, S. 127, 129. Nach Thomas, a. a. O., S. 133, sind demgegenüber afrikanische Staatsangehörige nicht dazu zu bewegen, Auskünfte über das Drogenmilieu zu geben oder als Informanten zu arbeiten.
6) NACHTIGALL, S. 21.

Freundin der V-Person war von Rauschgiftdealern in Mafia-Manier drogenabhängig gemacht worden. Sie landete schließlich in einem Bordell.
Von einer V-Person namens "Gary" berichtet Körner.[1] Gary, ein farbiger Amerikaner, schnupfte gelegentlich eine Prise Heroin. Schließlich wurde er wegen eines Heroindeals verurteilt. Dann erhielt er einen Job als Türsteher und Kassierer in der Rio-Bar in Frankfurt und verliebte sich in eine deutsche Prostituierte, deren auf Heroinabhängigkeit zurückzuführenden Zerfall Gary miterlebte. Als Heroinkonsument haßte Gary alle Dealer, sodaß er sich der Polizei als V-Person anbot. Als Scheinaufkäufer und Informant überführte Gary bald eine Reihe von Afrikanern, insbesondere Nigerianer und Ghanesen.

Wenngleich die aus bestimmten, die V-Person leitenden Beweggründen resultierenden Gefahren später noch behandelt werden, sei bereits an dieser Stelle ein von Kreuzer[2] geschilderter Fall erwähnt:

"Zwei junge Türken erwarteten vor dem Gießener Landgericht eine hohe Freiheitsstrafe. Außerdem mußten sie mit der üblichen Abschiebung nach Verbüßung eines Teils der Strafe rechnen. In der Heimat drohte ihnen obendrein eine erneute Bestrafung, womöglich mit dem Tode. Hinter ihnen lagen bereits sieben Monate Untersuchungshaft. Staatsanwalt und Richter verlegten sich zunächst - wie üblich - darauf, den "Kronzeugen" abzuschirmen. Als Zeuge erschien der polizeiliche Rauschgiftfahnder, welcher den Lockspitzel oder "V-Mann" geführt hatte. Er berief sich auf mehrjährige bewährte Zusammenarbeit mit seinem Gewährsmann, dessen Anonymität es aus Sicherheitsgründen zu wahren gelte.
Doch den Verteidigern war es gelungen, mit List, Spürsinn und Hartnäckigkeit den polizeilichen Lock-

1) KÖRNER, V-Leute, S. 232.
2) KREUZER, Zeuge, S. 12.

spitzel namhaft zu machen und sodann Anklagevertreter und Gericht die Ladung des Enttarnten abzutrotzen.

Aus der Untersuchungshaft wurde ein 16jähriger Türke als Zeuge vorgeführt. Seit Jahren selbst in Heroingeschäfte verstrickt und nun zahlreicher Straftaten beschuldigt, gab er nach bohrenden Fragen zu: 'Ich haßte die beiden und wollte sie mit dem getürkten Heroingeschäft hereinlegen.' Tatsächlich hatte er seine arglosen Landsmänner veranlaßt, vorübergehend einen Plastikbeutel aufzubewahren; bei dessen Rückgabe waren sie von Polizeibeamten festgenommen worden, ohne vom Inhalt - braunem, wirkungslosen Pulver - etwas zu wissen. Nun konnte selbst der Staatsanwalt nur noch Freispruch verlangen. Und der folgte sogleich. Für sieben Monate unschuldig erlittener Untersuchungshaft wurden beiden Türken je 1600 Mark als Entschädigung bewilligt. Und sie dürfen im Lande bleiben."

cc) Allgemein Erlangung von Vorteilen,[1], z. B.:

- Haftverschonung, Begünstigungen im Strafvollzug,
- erwartete Berücksichtigung der Kooperation durch das Gericht.

In einem Verfahren vor dem Bundesgerichtshof[2] ging es um einen Mann, gegen den ein Verfahren wegen Vergehens gegen das BtMG anhängig war. Weil ihm von der Polizei im Erfolgsfall finanzielle Zuwendungen versprochen worden waren, und weil er sich Vorteile in dem gegen ihn anhängigen Verfahren erhoffte, erklärte er der Polizei, er wolle sich bemühen, Rauschgifthändler zu ermitteln, zu benennen und bei ihrer Überführung behilflich zu sein.

Die Hilflosigkeit von Polizei und Staatsanwaltschaft in Fällen der Weigerung des Gerichts, die Zusammenarbeit der

---

1) THOMAS, Drogenkriminalität, S. 161; BÖGE, S. 92; ferner: ZÜHLSDORF, Probleme, S. 196; FALK, S. 6; KREUZER, Zeuge, S. 12; FÜLLKRUG, S. 122.
2) Urteil vom 6. 2. 1981, 2 StR 370/80, nach: Kriminalistik, 1981, H. 9, S. 350.

V-Person mit den Strafverfolgungsbehörden strafmildernd zu berücksichtigen, zeigt nachstehender Fall, der von Pietrzik[1] mitgeteilt und zugunsten größtmöglicher Authentizität unverändert übernommen wurde:

> "In der ersten Hälfte des August 1978 wurden in Gelsenkirchen zwei zur örtlichen Drogenszene gehörende Heroindealer festgenommen, als sie versuchten, einige Gramm Heroin zu verkaufen. Diese beschuldigten den türkischen Staatsangehörigen Ersin Ö., sie mit Heroin beliefert zu haben. Nachdem Ö. angedeutet hatte, er habe nur eine Vermittlerposition in einer international tätigen Gruppe bekleidet, die Rauschgift von der Türkei über die Niederlande in die Bundesrepublik Deutschland und nach Skandinavien schmuggelt, und er sei bereit, über die Gruppe und seine eigene Tätigkeit auszusagen, wurde das Verfahren vom Bundeskriminalamt übernommen. Zu diesem Zeitpunkt waren Ö. lediglich Handel mit ca. 100 Gramm Heroin und ca. 20 kg Haschisch nachzuweisen.
>
> Ö. gab nach verschiedenen Vorgesprächen und nach der Zusicherung des sachbearbeitenden Staatsanwaltes, daß er sich für den Fall einer Kooperation später für ihn verwenden wolle, freimütig zu,
>
> - ca. vier Wochen vor seiner Festnahme in Braunschweig 1,5 kg Heroin übernommen und an zwei Abnehmer in Essen und Bremen weitergegeben zu haben,
> - in der Zeit von August 1977 bis August 1978 in vier Transportfahrten ca. 225 kg Haschisch von den Großhändlern der Gruppe in Amsterdam übernommen, unter Beteiligung von deutschen Staatsangehörigen in die Bundesrepublik Deutschland eingeführt und dort verkauft zu haben sowie
> - zur Zeit noch Verbindung zu türkischen Staatsangehörigen im Raum Köln zu haben, die Heroin in Pfundmengen verkaufen.
>
> Der Türke nannte in seinem Geständnis nicht nur

---

1) PIETRZIK, S. 324 f.

sämtliche Abnehmer und Lieferanten, sondern war auch - mittlerweile haftverschont - maßgeblich an der Identifizierung und Überführung seiner ehemaligen Tatgenossen beteiligt. So war es zunächst ausschließlich seiner Aktivität zu verdanken, daß von den von ihm in Braunschweig übernommenen und zwischenzeitlich an zwei Personen in Essen und Bremen weitergegebenen 1,5 kg Heroin ca. 600 Gramm bei dem Bremer Dealer, die dieser noch nicht verkauft hatte, sichergestellt wurden. Den Rest hatte der Bremer bereits nach Schweden geschmuggelt, und auch dort konnten noch 200 Gramm davon wiederbeschafft und zwei Kuriere festgenommen werden.
Nach den Angaben des Türken wurden aber auch die meisten der von ihm belieferten Haschischverteiler festgenommen, und schließlich brachte er einen Ermittlungsbeamten des Bundeskriminalamtes als angeblichen Kaufinteressenten mit der erwähnten Kölner Türkengruppe zusammen, die den Beamten ein halbes Kilo Heroin zum Preis von 50000 DM anbot und bei dem Versuch der Übergabe festgenommen werden konnte.
Insgesamt führte das Geständnis des Ö. und seine getarnte Tätigkeit

- zur Enttarnung der gesamten von der Türkei über die Niederlande bis nach Skandinavien international operierenden Gruppe,
- zur Sicherstellung von 1,3 kg Heroin sowie von ca. 9 kg Haschisch,
- zur Einleitung von zwölf Ermittlungsverfahren wegen international organisierten Rauschgifthandels und schließlich
- zur Festnahme von insgesamt 16 Personen im Ausland.

Gar nicht hoch genug konnte aber die Tatsache bewertet werden, daß Ö. auch in allen Gerichtsverhandlungen als Zeuge gegen seine ehemaligen Mittäter auszusagen bereit war...(In den bisher verhandelten neun

Fällen sind 39 Jahre Freiheitsstrafe verhängt worden).
In dem Ermittlungsverfahren gegen Ö. erlebten dann Staatsanwaltschaft und Ermittlungsbehörde eine böse Überraschung: Nachdem der Staatsanwalt in seinem Plädoyer im Anschluß an die Darlegung der Straftaten des Türken auf dessen Mitarbeit nach der Festnahme zu sprechen kam und u. a. auch gewürdigt hatte, daß er dem Bundeskriminalamt mehrfach - auch unter Lebensgefahr - große Dienste geleistet hatte, forderte er - ausdrücklich unter Berücksichtigung dieser Tatsachen - vier Jahre Freiheitsstrafe. Das Urteil lautete dann jedoch auf sieben Jahre, weil für das Gericht nur die (zweifellos hohe) Menge des von Ö. gehandelten Rauschgiftes zählte."
Für die Ermittlungsbehörde, insbesondere für das direkt mit dem Türken Ö. arbeitende Sachbearbeiterteam war das Urteil absolut unverständlich, vor allem deshalb, weil es sich um einen geständigen Angeklagten handelte, dem - abgesehen von seiner Kooperationsbereitschaft - ohne sein eigenes Zutun nur etwa ein Zehntel der von ihm selbst zugegebenen Rauschgiftmenge hätte nachgewiesen werden können.

- Beeinflussung der Ausländerbehörden zur Erlangung oder Verlängerung einer Aufenthaltserlaubnis.

  Dieses Motiv lag z. B. der Kooperationsbereitschaft des Türken Metin Y. zugrunde. Der vor seiner Ausweisung als V-Person für das LKA Stuttgart tätige Y. hatte sich nach seiner illegalen Einreise wieder an diese Behörde gewandt. Dort wurde dem mit einer Deutschen verheirateten Y. eine Aufenthaltsgenehmigung in Aussicht gestellt, wenn es ihm gelänge, einen "dicken Fisch" für die Rauschgiftfahnder an Land zu ziehen. Dieser Versuch ging schief und Y. fand sich vor der 17. Strafkammer beim LG München I wieder. Y. wurde wegen Verstosses gegen das Ausländergesetz und gegen das BtMG zu einem Jahr und drei Monaten Freiheitsstrafe verurteilt.[1]

- Hilfe bei der Wohnungssuche.
- Vermittlung eines Arbeitsplatzes.

dd) Ausspähung polizeilicher Einsatzmethoden und Taktiken; Verschleierung eigener Geschäfte.[2]

Meier[3] zitiert Äußerungen eines Informanten "X". Nach dessen Ansicht kann davon ausgegangen werden, daß sich viele deshalb als Informant (gemeint ist aber wohl die V-Person) anbieten, um nebenher ungestörter dealen zu können. Der Informant X berichtet von einer türkischen V-Person S., die öfter Kurierdienste mit Heroinproben für einen anderen Türken T. gemacht hat. Hatte er eine solche in der Tasche, dann meldete er sich telefonisch beim LKA und teilte mit, er habe ein Treffen, bei dem es u. U. zur Übergabe einer Heroinprobe kommen würde. Dies war für S. eine Art Rückversicherung für den Fall, daß er von der Polizei mit Heroin in der Tasche aufgegriffen würde. War dies nicht der Fall, so informierte er anschließend das LKA darüber, daß aus dem Treffen nichts geworden sei.

Derselbe Türke T. wiederum bot sich selbst als V-Person an. Der Bruder des T. war wegen Rauschgiftgeschäften verhaftet worden und T. glaubte, auf diese Weise etwas für ihn tun zu können. S. stellte den Kontakt zwischen T. und seinem, des S. V-Mann-Führer her. T. bot an, ein Heroingeschäft hochgehen zu lassen, wenn der V-Mann-Führer etwas für seinen Bruder tun würde. Tatsächlich opferte T. seine eigenen zwei Kuriere, mit denen er gerade ein Geschäft abwickelte. Sein Bruder wurde ungeachtet dessen zu vier Jahren Haft verurteilt.

ee) Geltungssucht, Angeberei.

---

1) TOCHTERMANN, S. 18.
2) KÖRNER, S. 173, Rn. 193.
3) MEIER, S. 34 f.; in diesem Sinne auch KÖRNER, S. 173, Rn. 193.

III. Auswahl verdeckter Ermittler

Die vorstehenden Ausführungen sollten gezeigt haben, daß es d e n Informanten und d i e V-Person schlechthin nicht gibt und auch nicht geben kann. Vielmehr ist die allem übergeordnete Frage der Eignung einer bestimmten Person für die vorgesehene Aufgabe und für das angestrebte Ziel von Fall zu Fall neu zu beurteilen.
Entsprechendes gilt für den Einsatz eines Polizisten als verdeckter Ermittler (vE). Einen bestimmten, besonders und für alle Einsätze gleichermaßen geeigneten Typ gibt es nicht. Dies gilt auch für seine Ausstattung und Kleidung, für sein äußeres Erscheinungsbild und Auftreten.
All das hängt davon ab, worauf der verdeckte Einsatz abzielt, gegen welchen Personenkreis er gerichtet ist, wie dieser sich typischerweise verhält usw. Das trifft insbesondere auch für die als vE in Betracht kommenden Altersgruppen zu. Die oft aufgestellte Behauptung, besonders jüngere Beamte oder allenfalls solche mittleren Alters seien als vE geeignet, kann pauschal nicht aufrechterhalten werden. Ausschlaggebend sind im Einzelfall die persönlichen Fähigkeiten des Beamten und seine Bereitschaft (Freiwilligkeit wird natürlich vorausgesetzt) in Verbindung mit fall- und personenbezogener Eignung.
So eignet sich z. B. ein jüngerer Beamter für einen Einsatz in einer lokalen Rauschgiftszene eher als ein älterer Kollege. Geht es hingegen um größere Geschäfte, z. B. im Rahmen des (international) organisierten Rauschgiftschmuggels und -handels, so wird ein etwas "gesetzterer" Beamter als Geschäftspartner eher akzeptiert. Die weitverbreitete Vorstellung, daß es sich beim vE um einen langhaarigen, bärtigen und ungepflegten Typ in Leder handelt, ist nicht zutreffend. Gerade derjenige verdeckte Ermittler, der z. B. den Chef eines Rauschgifthändlerringes spielt, wird glaubwürdiger von einem Beamten in mittleren Jahren, welcher in einem first-class-Hotel residiert und einen Luxuswagen fährt, dargestellt. Der junge Mann mit Bart, nur durchschnittlichem Fahrzeug und Lebensstil

wirkt dagegen bei Geschäften größerer Größenordnung wenig überzeugend. Die Aussagen zur Frage der Existenz einer prädestinierten Altersgruppe gelten folglich entsprechend für die im Einzelfall angemessene Ausstattung des verdeckten Ermittlers mit Barmitteln, Kraftfahrzeugen und Unterkünften.[1]
Dies verdeutlichen folgende Fälle:[2]

- Ein vE des BKA versuchte, sich in den international organisierten illegalen Waffenhandel einzuschalten. Die Begegnung mit seinen Geschäftspartnern fand im Münchner Hotel "Regina" statt. Der vE wurde dort im schwarzen Blazer als illegaler Waffenhändler großen Kalibers vorstellig und bewies seinen Partnern mittels eines Kontoauszuges der Dresdner Bank über 1,9 Millionen Mark seine Bonität.
- Ein vE des Stuttgarter LKA war auf einen Rauschgifthändlerring angesetzt. Der vE, ein smarter Enddreißiger, präsentierte sich im Stuttgarter Hotel "Graf Zeppelin" kolumbianischen Rauschgifthändlern als Kopf der süddeutschen Szene. Vorgefahren war der vE in einer Luxuskarosse in Begleitung zweier Leibwächter. Im Koffer führte er einige hunderttausend Mark in bar mit sich.
- Ein auf die illegale Falschgeldherstellung angesetzter vE des BKA erschien zu einem Treffen mit seinen Geschäftspartnern im Frankfurter Flughafenrestaurant als soignierter Zürcher Bankier mit Interesse für Blüten.

Tatsächlich ist, um nochmals auf die Altersfrage zurückzukommen, in der Praxis die Bereitschaft zu einem - unkonventionellen und u. U. auch abenteuerlichen - verdeckten Einsatz bei jüngeren Beamten größer als bei älteren und nimmt mit zunehmendem Alter ab. Bei älteren Altersgruppen ist die Auswahl zwar kleiner, jedoch besteht auch hier kein Mangel. Von grundlegender Bedeutung für die Bereitschaft, als vE zu arbeiten, aber auch für die Eignung

---

1) SCHULZ, Bekämpfung, S. 529 f.
2) N. N., Verbrechen, S. 62.

hierzu, ist die Frage nach dem Bestehen und der Intensität persönlicher und familiärer Bindungen, nach zeitlicher Unabhängigkeit und nach der Mobilität.[1]

Als Auswahlkriterien bzw. persönliche Voraussetzungen haben sich insgesamt weitgehend herausgebildet:

- Freiwilligkeit (auch hinsichtlich des Zeitpunktes der Beendigung des Einsatzes), damit verbunden die Bereitschaft, fast ausschließlich zu unregelmäßigen Zeiten Dienst zu verrichten,
- Berufserfahrung und Ermittlungspraxis in dem betreffenden Ermittlungsbereich,
- Engagement, Einsatzfreudigkeit,
- charakterliche Festigkeit und Zuverlässigkeit (insbesondere auch im Hinblick auf das bei der Eigenart der Tätigkeit notwendige Maß an Freiheit in der Dienstgestaltung),
- Beharrungsvermögen,
- Streßstabilität, außergewöhnliche physische und psychische Belastbarkeit,
- dem jeweiligen Milieu entsprechendes Alter und
- entsprechende Verhaltensformen,
- Anpassungsfähigkeit an häufig wechselnde Situationen,
- Kontaktfähigkeit zu Personen und Gruppen unterschiedlicher Herkunft und Zusammensetzung, sowie

---

1) SCHULZ, Bekämpfung, S. 529 f.; BEER, Strategien, S. 207 f.; Schöffel teilt demgegenüber aus seinen Erfahrungen und der Praxis beim PP München mit, daß es viel zu wenig erfahrene Beamte gibt, die in den Kreisen organisierter Schwerstkriminalität noch nicht bekannt und erkannt sind. Darüberhinaus dürfe hier auf keinen Fall mit jungen Beamten gearbeitet werden, die bisher kaum Kontakt zu cleveren Tätern hatten. Schöffel begründet diese Ansicht mit Zweifeln am Vorhandensein ausreichender Milieukenntnisse, an der Beherrschung des Ganovenjargons und an der erforderlichen inneren Festigkeit und persönlichen Reife junger Beamter, um in Gefahrenmomenten beherrscht und überlegt zu reagieren, SCHÖFFEL, S. 73.

- die Fähigkeit, selbständig und schnell Entschlüsse zu fassen und Entscheidungen zu treffen.[1]

Entgegen der landläufigen Meinung sind James-Bond- oder Schimansky-Typen nicht geeignet.[2]

---

1) PolLexikon, S. 409, unter Stichwort "Verdeckte Ermittler"; ZÜHLSDORF/GÜSSOW, S. 57; HERTLEIN, Ermittlungsgruppe, S. 47, für die der OEG des LKA Baden-Württemberg angehörenden verdeckten Ermittler; entsprechend für die verdeckten Ermittler der MoRF: BUX, S. 200; SIELAFF, Ermittlungen, S. 580.
2) SIELAFF, a. a. O.

B. Funktionen und Arbeitsweisen von Informanten, V-Personen und verdeckten Ermittlern

I. Informanten

1. Funktion der Informanten

a) Die Funktion des Informanten beschränkt sich im Regelfall darauf, der Polizei - meist auf Anfrage - Mitteilungen zu machen.

Nach der hier vertretenen Auffassung unterscheiden sich dann Informanten und V-Personen im Bereich der Informationsbeschaffung dadurch, daß Informanten, im Gegensatz zu den V-Personen, grundsätzlich weder Aktivitäten zur Informationsbeschaffung entfalten noch - i. e. S. - im Auftrag der Polizei handeln. Vielmehr gibt der Informant im Normalfall lediglich zufällig erworbenes Wissen preis. Dieses Wissen hat er aus seinem (v. a. auch beruflichen) Umfeld oder durch seinen privaten Umgang mit Menschen erlangt, welche dem kriminellen Milieu entweder angehören oder diesem zumindest nahestehen.[1]

Insoweit wird mit dem Begriff des "Informanten" wertneutral eine Personengruppe bezeichnet, welche bis vor wenigen Jahren noch, unter Heranziehung weiterer Differenzierungskriterien, in verschiedene Gruppen mit unterschiedlichen Bezeichnungen aufgesplittert wurde. Mit der ausschließlichen Festlegung auf das objektive Element der Tätigkeit soll, entsprechend der in der neueren Literatur, in der Praxis und bei den Juristen vorherrschenden Tendenz, die leider immer noch bestehende Begriffsverwirrung überwunden werden. Das ausschließliche Abstellen auf das objektive Element der Tätigkeit zielt jedoch nicht auf eine "moralisch-soziologische Gleichschaltung" aller Infor-

---

1) So auch SCHULZ, Bekämpfung, S. 515.

manten ab. Beabsichtigt wird damit vielmehr, den Informantenbegriff zu objektivieren. Das hat allerdings zunächst die Konsequenz, daß soziologisch so unterschiedliche Gruppen wie z. B. kooperationsbereite Sozialarbeiter und Gastwirte in den "gleichen Topf" mit mitteilsamen Prostituierten und Rauschgiftsüchtigen geworfen werden. Diese Ungereimtheit wird bewußt in Kauf genommen. Eine weitere Differenzierung der Personengruppen mit dem Ziel, den zugegebenermaßen vorhandenen Unterschieden, z. B. hinsichtlich sozialem Status, Verbindung zum (kriminellen) Milieu usw. gerecht zu werden, soll nicht vorgenommen werden. Denn bereits bei der Definitionsfrage wurde aufgezeigt, daß zum einen die Grenzen fließend sind, zum anderen sich aber auch Überschneidungen ergeben, sofern neben dem objektiven Kriterium der Tätigkeit auf weitere Differenzierungskriterien abgestellt wird. Den bestehenden Unterschieden zwischen den als Informanten in Betracht kommenden Personenkreisen kann im Rahmen der Schilderung der der Informantentätigkeit zugrundeliegenden Motivation ausreichend Rechnung getragen werden.

aa) Gegenstand der Mitteilung(en) an die Polizei sind meist zufällig erworbene Kenntnisse, welche für die Polizei von Bedeutung sind bzw. sein können. Speziell im Bereich der Rauschgiftkriminalität besteht die Leistung des Informanten darin, daß er der Polizei nach seinem Wissen mitteilt, "wer gerade was 'macht'", d. h. daß er verwertbare Hinweise auf Händler, Vermittler und deren Stammkunden, Zeit und Ort ihres Auftauchens etc. gibt.

bb) Ihre Informationen erlangen die Informanten, wie bereits oben dargestellt, i. a. im Rahmen ihres privaten und/oder beruflichen Umganges mit Personen, die aufgrund ihrer Milieuzugehörigkeit oder -nähe Informationsträger darstellen.[1] Informanten können diese Informationsträger

---

1) RITGEN, S. 64.

beobachten, belauschen und/oder sich mit ihnen unterhalten und die so gemachten Wahrnehmungen auf Anfrage der Polizei mitteilen. Gerade bei Hotelportiers, Zimmermädchen, Friseuren, Zimmervermietern, Hausmeistern, Gastwirten, Kellnern usw. kommt es oft vor, daß sie unbeabsichtigt "Zeugen" (wenn nicht gar Teilnehmer) polizeilich relevanter Gespräche oder Vorgänge in ihrer Umgebung werden.

> Das war z. B. der Fall bei der Informantin Necla, einer türkischen Serviererin und Prostituierten, von der Körner[1] berichtet. Sie gab unter dem Namen "Schmetterling" der Staatsanwaltschaft Frankfurt jahrelang Hinweise auf türkische, insbesondere kurdische Heroinhändler. Diese Rauschgifthändler wurden von ihr in Lokalen des Frankfurter Bahnhofsgebietes (in ihrer Eigenschaft als Serviererin!) bedient. Bei dieser Gelegenheit belauschte die Informantin die Gespräche der Heroinhandler unauffällig und teilte die auf diese Weise gewonnenen Erkenntnisse der Staatsanwaltschaft mit.

b) Neben der bloßen Weitergabe des mehr zufällig Gehörten bzw. Gesehenen kommt im Einzelfall jedoch auch in Betracht, daß der Informant unauffällig Erkundigungen bzw. Nachforschungen anstellt. Das kann z. B. derart geschehen, daß der Informant das Gespräch auf ein ihn bzw. die Polizei interessierendes Thema lenkt.
So sind z. B. Taxifahrer, Portiers, Kellner, Pförtner, Gastwirte usw. oft bereit, sich "einmal umzuhören". Sie geben dann nicht nur das weiter, was sie zufällig gehört oder gesehen haben, sondern sind auch bereit, selbst das Gespräch auf ein bestimmtes Thema oder einen bestimmten Fall zu bringen oder durch Zusatzfragen nähere Auskunft zu erhalten.[2]
Diese Methode der Informationsbeschaffung läßt bereits eine Selektion der Informationen durch den Informanten zu.

---

1) KÖRNER, V-Leute, S. 230.
2) BAUER, Verbrechensbekämpfung, II, S.340 f.

Doch sind auf diesem Wege nur gute Informationen zu beschaffen, wenn es dem Informanten gelingt, einen unmittelbaren kommunikativen Kontakt zu Personen herzustellen, die dem betreffenden Milieu angehören oder zumindest nahestehen. Diese Personen vertrauen ihr Wissen, zumal wenn es sie selbst belasten kann, jedoch nicht jedem "x-beliebigen" an. I. d. R. ist daher ein Mindestmaß an gegenseitigem, bereits bestehendem Vertrauen erforderlich, will der Informant nicht in den Verdacht geraten, sein Gegenüber aushorchen zu wollen. Ein derartiger Verdacht spricht sich i. a. schnell im Milieu herum. Der Informant wird dann wertlos, weil er nichts mehr in Erfahrung bringen kann.

2. <u>Informanten-Angaben als Ausgangspunkt polizeilicher Ermittlungen</u>

a) Regelmäßig sind die Angaben von Informanten recht allgemein gehalten. Ein konkreter Vorwurf gegen eine bestimmte Person läßt sich daher meistens auf sie alleine nicht stützen. Kommt es schließlich zu einem Strafverfahren, in dessen Vorfeld ein Informant tätig war, dann werden seine Angaben i. d. R. von dem als Zeuge auftretenden Polizeibeamten lediglich zur 'Hintergrundinformation' eingeführt. Der betreffende Beamte gibt in einem solchen Fall i. a. an, er habe Informationen erhalten, nach denen der Angeklagte einer bestimmten Straftat beschuldigt wurde, und dies sei der Ausgangspunkt für die weiteren Ermittlungen gewesen. Erbringen die weiteren Ermittlungen trotz der Angaben des Informanten keine den Verdächtigen belastenden Umstände, so gibt es i. d. R. kein allein auf die Angaben des Informanten gestütztes Strafverfahren gegen den Verdächtigen.

b) Damit darf jedoch nicht verwechselt werden, daß im Einzelfall die Informationen des Informanten alleine ausschlaggebend für die beweiskräftige Überführung des Täters sein können. So kommt es vor, daß Angaben von Informanten zwar nicht die Ermittlungen auslösen, sondern diese unterstützen und alleine zum Erfolg führen. Das zeigt der nachstehende Fall,[1] der ohne die Inanspruchnahme des Informanten wohl nicht oder zumindest nicht so problemlos hätte gelöst werden können:

> Schon lange hatte die Polizei versucht, zwei Einbrecher zu überführen. Sie schlugen in Deutschland, in der Schweiz, in Dänemark und in Norwegen serienmäßig mit Vorschlaghämmern die Scheiben oder Türen von Juweliergeschäften ein. Die Täter nahmen dabei bewußt in Kauf, daß die Alarmanlagen anschlugen und mithin die Polizei in Sekunden am Tatort sein konnte. Da die Täter jedoch ihr Vorgehen sehr geschickt geplant hatten, waren sie bislang weder beim Einbruch selbst noch beim Absatz der Diebesbeute zu überführen.
> Der Informant U. kannte die beiden Einbrecher und deren Freundinnen sehr gut. Dem Informanten wurde klargemacht, daß es für ihn wie für die Polizei interessant wäre, diese beiden Einbrecher einmal ′mit der Shore′ zu stellen.
> Im Herbst 1970 teilte U. dann mit, daß die beiden Männer in der vergangenen Nacht in Hannover gewesen seien. Er wollte wissen, ob dort denn ein Einbruch in ein Pelz- oder Juweliergeschäft, in der bekannten Arbeitsweise ausgeführt, stattgefunden habe. Tatsächlich riefen einen Tag später die Kollegen aus Hannover an und sagten, daß ein Pelzhauseinbruch, Schaden 170000,- DM, in der vergangenen Nacht verübt worden sei. Von den Tätern fehlte jede Spur.
> Die Frage war nun, wie die Einbrecher zusammen mit dem Diebesgut festgenommen werden könnten. Die Einbrecher fuhren immer mit Mietfahrzeugen zu den Tatorten. Es war zu diesem Zeitpunkt daher nicht bekannt, welches Fahrzeug die Täter benutzten. In dieser Situation teilte der Informant mit, daß die Mädchen der Männer gerade mit dem Diebesgut im Auto, einem Mercedes mit dem Kennzeichen FR-DU 598, in Richtung

---

1) Mitgeteilt von SCHMIDTMANN, S. 162 f.

Hanau unterwegs seien. Das Fahrtziel war dem Informanten leider nicht bekannt. Hier konnte aber die Funkfahndung helfen. Noch vor Hanau wurde der Mercedes mit dem Diebesgut gestellt.
Da die Einbrecher überführt werden sollten, ohne den Informanten "verbrennen" zu lassen, wurde die gezielte Fahndung per Funk in eine spontane Kfz-Kontrolle umfunktioniert. Die beiden Einbrecher erhielten je 20 Monate Freiheitsstrafe.

II. V-Personen

1. Ziele des Einsatzes von V-Personen

Während die Inanspruchnahme von Informanten im wesentlichen auf die Beschaffung von Hintergrundinformationen abzielt, dient der Einsatz, d. h. die gezielte, gelenkte und über bloße Zusammenhänge hinausgehende Verwendung von V-Personen[1]

- der gezielten Gewinnung von Informationen über bereits abgewickelte oder noch bevorstehende Rauschgifttransaktionen und daran - sei es als Kurier/Transporteur, Vermittler, Verkäufer, Käufer, Depothalter usw. - beteiligte Personen,
- der Aufspürung, Identifizierung und Überführung dieser Personen,
- der Sicherstellung von Rauschgift,[2]
- der Gewinnung von Informationen über Organisation, Struktur und Arbeitsweise in der Bundesrepublik operierender (Rauschgifthändler-) Gruppen (einschließlich deren Ausrüstung und Bewaffnung),
- der frühzeitigen Erkennung der Bildung neuer Tätergruppierungen (in das Rhein-Main-Gebiet drängen z. B. seit Ende 1980 israelische und italienische Dealergruppen),
- der Beschaffung von Informationen über Aufenthaltsorte

---

1) KRUPSKI, Organisierte Kriminalität, S. 27.
2) SCHULZ, Bekämpfung, S. 515 ff.

gesuchter Dealer, über die Versorgungssituation auf der Szene, über Anlaufstellen für Zwischen- und Kleinhändler usw.,[1] und

- v. a. auch der Unterstützung der in der Untergrundfahndung eingesetzten verdeckten Ermittler, z. B. bei der Kontaktaufnahme mit Rauschgifthändlern.[2]

Gerade der letzte Punkt macht deutlich: Die erfolgreiche V-Person muß das Vertrauen derjenigen Personen genießen, zu deren Kontrolle oder Überführung sie tätig wird. Das setzt regelmäßig voraus, daß die V-Person dem Täterkreis nahesteht, z. B. durch die eigene Milieuzugehörigkeit, oder daß sie gar erst in den Täterkreis eindringen muß, um vollkommen integriert zu sein. Alleine durch rein passives Verhalten der V-Person gelingt dies naturgemäß nicht. Die V-Person muß vielmehr aktiv sein, denn nur so kann sie das Vertrauen der betreffenden Täter(-kreise) gewinnen und erhalten. Die Vertrauensgewinnung und -erhaltung bringen es mit sich, daß die V-Person nicht gerade selten als Aufpasser, Informant, Kurier, Fahrer usw. für Rauschgifthändler tätig werden und sogar den Absatz von Diebesgut oder Rauschgift vermitteln muß.[3]
Der Unterschied zum Informanten besteht darin, daß die V-Person im Auftrag oder mit Billigung der Polizei bestimmte Aktivitäten zu deren Unterstützung bei der Rauschgiftbekämpfung entwickelt.[4] Die V-Person liefert Informationen von der Quelle, betreibt gewissermaßen als verlängerter Arm der Polizei eine Art Aufklärung von innen, aus der kriminellen Gruppe heraus. Dabei wird die V-Person durch den V-Mann-Führer von außen gelenkt.[5]

---

1) THOMAS, Drogenkriminalität, S. 160.
2) BEER, Strategien, S.208; Schrader in einem Referat, gehalten auf dem Seminar "Bekämpfung krimineller Gruppen - organisatorische, materielle und personelle Voraussetzungen -" vom 13.-17.1.1975 in der PFA Hiltrup, nach: BRINKER, S. 153.
3) BERGBAUER II, S. 608/610.
4) SCHULZ, Bekämpfung, S. 515 ff.
5) KRUPSKI, Organisierte Kriminalität, S. 27, spricht von einer längeren Dauer und gesteigerten Intensität der Mitarbeit der V-Person.

2. <u>Art und Weise der Inanspruchnahme</u>

Aus der Sicht der Polizei stellt sich die Frage, auf welche Art und Weise der Inanspruchnahme von V-Personen den vielfältigen Zielen ihres Einsatzes Rechnung getragen werden kann. In der Regel geht es bei der Inanspruchnahme von V-Personen um die folgenden drei Sachbereiche:

- Abschöpfen von Wissen,
  d. h. die Polizei erfragt von der V-Person bei ihr bereits vorhandenes Wissen über begangene Straftaten, über Aufenthalt und Tätigkeit potentieller Straftäter, über bestehende kriminelle Gruppen, deren Arbeitsweise usw.
- Auftragserteilung,
  d. h. die Polizei erteilt der V-Person konkrete Aufträge, z. B. bestimmte Informationen zu beschaffen, Personen zu überwachen (die Polizei kann sich so Gewißheit darüber verschaffen, welcher Tätigkeit eine bestimmte Person nachgeht, insbesondere darüber, ob ihr Lebensunterhalt auf dunkle Quellen zurückgeht. V-Personen können auch bei der formlosen Überwachung der Berufs- und Gewohnheitsverbrecher eingesetzt werden).[1]
- Rollenspiel,
  d. h. die Polizei beauftragt die V-Person, eine bestimmte Rolle zu spielen, z. B. bei der Rauschgiftbekämpfung die eines Transporteurs, eines Vermittlers (z. B. zur Herstellung von konspirativen Kontakten zwischen einem verdeckten Ermittler und einem Kriminellen), eines Käufers (nicht nur von Rauschgiften, sondern z. B. auch von Diebesgut) usw.[2]

Die Inanspruchnahme der V-Personen ist also offensichtlich gegenüber der der Informanten um ein Vielfaches qua-

---

1) BAUER, Verbrechensbekämpfung, II, S.345.
2) PIETRZIK, S. 323; Schrader in einem Referat, gehalten auf dem Seminar "Bekämpfung krimineller Gruppen - organisatorische, materielle und personelle Voraussetzungen -" vom 13.-17.1.1975 in der PFA Hiltrup, nach: BRINKER, S. 153; vgl. ferner ZÜHLSDORF, Bekämpfung, S. 72 f.

lifiziert. Hierbei darf jedoch nicht außer acht gelassen werden, daß auch die Dienste der V-Personen zunächst meist nur darin bestehen, bereits vorhandenes Wissen über vergangene oder bevorstehende Straftaten anderer preiszugeben. Insoweit überschneidet sich die Tätigkeit der V-Personen mit der der Informanten. Eine weitergehende Inanspruchnahme, z. B. i. S. d. Rollenspiels, kommt regelmäßig erst in Betracht, wenn durch wiederholte Kontakte eine tragfähige Vertrauensbasis für eine qualifiziertere Zusammenarbeit geschaffen worden ist.[1]

3. Insbesondere: V-Personen werden von der Polizei mit der Übernahme einer bestimmten Rolle beauftragt

Hier: Einschaltung in Täterkreise durch Übernahme einer Funktion im "Wirtschaftskreislauf" illegaler Waren.

a) V. a. im Bereich der Bekämpfung des illegalen Rauschgiftschmuggels und -handels kann eine derartige Verwendung von V-Personen als polizeilicher Standard betrachtet werden. Dealertaktiken und polizeiliche Verfolgungsmethoden stehen dabei gewissermaßen in funktionaler, d. h. hier gegenseitig intensivierender Abhängigkeit zueinander. Aus diesem Grund sollen, vor einer eingehenderen Darstellung der mit dem Rollenspiel der V-Personen verbundenen Verhaltensweisen, die Taktiken der Dealer beim Drogenhandel kurz dargestellt werden.
Vorweg kann gesagt werden, daß sich Dealer stets sehr vorsichtig verhalten, wobei es natürlich je nach Nationalität, Stellung in der Hierarchie, Erfahrung usw. Unterschiede gibt. Besonders erfahrene und höherstehende Dealer wälzen Risiken, soweit möglich, auf andere ab. Das kann z. B. dadurch geschehen, daß Verhandlungen, wie überhaupt die ganze Abwicklung von Geschäften, durch Gehilfen vorgenommen werden. Dies gilt jedenfalls bei Geschäften kleinerer Größenordnung. Bei größeren Geschäften müssen

---

1) ZÜHLSDORF, Bekämpfung, S. 73.

unbekannte Kaufinteressenten Referenzen vorweisen, z. B. die Abwicklung von kleineren Vertrauenskäufen mit Gehilfen, es erfolgt eine Gegenobservation am Ort der Übergabe, diese wird mehrfach verschoben usw.[1]
Im einzelnen gilt:

aa) Türkische Dealer[2]
werden von potentiellen Käufern meistens in einschlägigen Lokalen oder Spielsalons angesprochen. Nach einem befriedigenden Verlauf der Vorgespräche wird ein neues Treffen vereinbart. Zu diesem Treffen hat der Interessent Geld mitzubringen. Das heißt nicht oder nur in den wenigsten Fällen, daß der Dealer auch den Stoff mitbringt. Zu diesem Zeitpunkt hat er allenfalls die gewünschte Menge Heroin aus dem "Bunker" geholt und an einem anderen Ort bereitgelegt, um es im Falle des Geschäftsabschlusses übergeben zu können. Bei dem zweiten Treffen, welches ebenfalls in einem Lokal stattfindet, muß der Interessent das Geld vorzeigen.
Dies bedeutet für die Polizei ein erhöhtes Risiko. Die von ihr früher geübte Praxis, das Geld in sicheren Schließfächern oder Kofferräumen zu deponieren, kann nicht mehr fortgeführt werden, da selbst die einfältigsten türkischen Dealer wissen, daß diese Methoden von der Polizei bevorzugt praktiziert werden. Da als Käufer nur noch eigene Landsleute, ausnahmsweise allenfalls Araber und Afrikaner akzeptiert werden, können verdeckte Ermittler kaum noch als Käufer auftreten.
Der Dealer überzeugt sich von der Zahlungsfähigkeit des Interessenten, indem er sich das Kaufgeld vorzeigen läßt. Der Dealer sucht nun entweder gemeinsam mit dem Käufer

---

1) So auch KRUPSKI, Betäubungsmittelkriminalität, S. 87.
2) Dazu und zu den Dealertaktiken der Araber und Afrikaner: THOMAS, Drogenkriminalität, S. 124 f., S. 129 u. S. 134. Die Ausführungen von Thomas basieren auf Erkenntnissen der Mitarbeiter des Rauschgiftkommissariates der Kriminalabteilung Frankfurt a. M. und erstrecken sich - mit unbedeutenden Einschränkungen - auf die Gesamtsituation im Rhein-Main-Gebiet und vergleichbare Ballungszentren der Bundesrepublik, THOMAS, a. a. O., S. 119.

den Ort, an dem die Übergabe stattfinden soll, auf, oder er verlangt einen Betrag als Vorkasse, um den Stoff zu holen. Geschäfte unter 500 g werden auf dieser Händlerebene nicht abgewickelt, so daß die Verhandlungs- und Übergabemodalitäten die Polizei dazu zwingen, V-Personen höhere Beträge als Vorzeige- und Kaufgeld zu übergeben. Der Übergabeort wird erfahrungsgemäß gegenobserviert und überwacht. Als solcher wird von türkischen Dealern die Straße fast immer akzeptiert, sofern der Käufer diesen Wunsch mit seiner nur vorgegebenen oder auch tatsächlichen Angst vor einem Überfall begründet.
Immer häufiger verlangen die Dealer einen wesentlichen Teil des Kaufpreises als "Vorkasse". Diesem Verlangen verweigern sich sowohl echte Kaufinteressenten als auch polizeiliche Scheinkäufer. Die in Frankfurt im Berichtszeitraum auf dieser Basis abgewickelten Geschäfte brachten Verluste von mehreren Tausend DM. Dem standen Heroinsicherstellungen in Höhe von ca. 30 kg gegenüber. Die Bereitwilligkeit, hohe Beträge als Vorkasse zu leisten, fördert das Mißtrauen der Gegenseite ebenso wie der oft sehr saloppe Umgang der Polizei mit großen Geldbeträgen.

bb) Arabische Dealer,
meist Klein-, ausnahmsweise auch Zwischenhändler, bevorzugten bis Anfang 1980 das Straßengeschäft. Die Verkaufsmodalitäten werden in einschlägigen Lokalen, auf der Szene oder auch auf der Straße erledigt. Dann erfolgt ein längerer Spaziergang oder eine Fahrt mit dem Auto zusammen mit dem potentiellen Kunden. Ziel ist der "Bunker". Vorsichtsmaßnahmen werden kaum getroffen, da arabische Dealer meist nur bis zu 10 g Heroin dealen. Polizeiliche Observationen sind hier daher noch oft erfolgreich. Die daraus sich ergebenden hohen Festnahmezahlen 1979/80 haben zu einer Veränderung der Dealertaktik geführt:
- Vorgespräche finden nur noch in Gaststätten oder Wohnungen statt.
- Im Stadtgebiet werden nur noch solche Mengen gebunkert, bei denen Richter keine U-Haft verhängen (Heroin wird

z. B. selbst in Mengen unter 10 g außerhalb Frankfurts "gebunkert").

- Kleingeschäfte werden verlegt und gegenobserviert.
- Verkauft wird nur noch an bereits als Käufer bekannte Personen.

cc) Afrikaner
deponieren den Stoff meistens in Kleinstmengen in unmittelbarer Nähe zum Verhandlungsort. Die Übergabe des Stoffs schließt sich direkt an die Verhandlungen an. Bei Verkäufen über 5 g (Heroin) erfolgt die Übergabe nach der Kontaktaufnahme auf der Szene in einer Wohnung oder in einem Hotel. Kunden, welche bereits über intensivere Kontakte verfügen, suchen die ihnen bekannten Afrikaner unmittelbar in deren Wohnung auf. Beläuft sich der Deal dagegen auf mehr als 50 g, dann wird der Stoff gern im Eigentransport zum Interessenten geliefert. Verglichen mit den türkischen und arabischen Dealern verhalten sich die Afrikaner insgesamt gesehen relativ unvorsichtig, auch gegenüber neuen Kunden.

b) Diesen Taktiken der Dealer bei der Abwicklung von Rauschgiftgeschäften setzt die Polizei auch und i. e. L. den Einsatz von V-Personen und verdeckten Ermittlern entgegen.

aa) Dieser Einsatz erfolgt hauptsächlich im Rahmen von sog. Scheingeschäften. Die Abwicklung von Scheingeschäften ist für eine beweiskräftige Überführung von Rauschgiftdealern oft unentbehrlich,[1] denn klassische Beweismittel stehen der Polizei bei der Bekämpfung der Rauschgiftkriminalität selten zur Verfügung. Die beweiskräftige Überführung von Dealern, Kurieren, Lagerhaltern usw. gelingt daher meistens nur, wenn sie auf frischer Tat, d. h. im Besitz von Rauschgift ertappt werden. Abgesehen von

---

1) SCHULZ, Bekämpfung, S. 523.

mehr zufälligen Aufgriffen von Rauschgifttransporteuren bzw. -kurieren beim Grenzübertritt durch die Zollfahndung, gelingt dies fast nur im Verlaufe von Rauschgiftgeschäften. Denn wie die oben dargestellten Dealertaktiken zeigen, wird der Stoff, ist er erst einmal in den bundesdeutschen Szenen angelangt, in Depots "gebunkert". Dort ist er sicher, und selbst im Falle des Entdecktwerdens durch die Polizei läßt sich ein Bezug zu einer bestimmten Person nicht oder nur selten herstellen. Der Dealer kann hingegen völlig risikolos agieren, solange er kein oder nur so wenig Rauschgift bei sich führt, daß Untersuchungshaft nicht verhängt bzw. die Ausrede geglaubt wird, das Rauschgift nur zum Zwecke des Eigenkonsums zu besitzen. Riskant für den Dealer und beinahe einzige Chance für die Polizei ist die Situation, in der der Dealer zur Weiterveräußerung seines "toten Kapitals" in eine kommunikative Beziehung zu anderen Personen treten muß. Denn nicht immer kann sich der "normale" Dealer den Luxus leisten, seine Geschäfte nur mit ihm bereits bekannten und als in seinem Sinne "integer" erscheinenden Personen abzuwickeln. Diese Phase des Rauschgiftgeschäftes ist gewissermaßen die Achillesferse des gesamten illegalen Verkehrs mit Betäubungsmitteln und damit auch der Hauptansatzpunkt für die polizeiliche Bekämpfung der Rauschgiftkriminalität, sieht man vom Vorgehen gegen die reinen Konsumenten ab. In der Praxis nützt die Polizei diese Schwachstelle des Rauschgiftgeschäftes in der Weise aus, daß sie sich durch V-Personen und/oder verdeckte Ermittler an irgendeiner Stelle zum Schein in den Angebot-Nachfrage-Mechanismus, meistens als Kaufinteressent, einschaltet.

aaa) Zweck der Abwicklung von Scheingeschäften durch V-Personen und/oder verdeckte Ermittler ist es, demjenigen, den es als Dealer zu überführen gilt, Interesse am illegalen Erwerb von Rauschgift, m. a. W. Kaufbereitschaft und das Vorhandensein ausreichender Geldmittel vorzutäuschen. Das Vorgehen der Polizei zielt darauf ab, Personen, die im Verdacht stehen, in Rauschgiftgeschäfte verwickelt zu sein, zum Verkauf des nicht in ihrem unmittelbaren Besitz befindlichen Rauschgiftes zu veranlassen. Bei der sich anschließenden Übergabe kann dann die Sicherstellung des Stoffes und die Festnahme der Beteiligten erfolgen.[1]

bbb) Aussagen über das "Wie" der Durchführung von Scheingeschäften können naturgemäß keine absolute Gültigkeit beanspruchen. Entscheidend für die Vorgehensweise der Polizei (sprich V-Person bzw. verdeckter Ermittler, Observationskräfte usw.) sind vielmehr die Umstände des Einzelfalles.
So wird z. B. die Frage, ob eine V-Person selbst als Kaufinteressent auftreten oder ob sie lediglich einen verdeckten Ermittler als potentiellen Käufer an den Dealer heranführen soll, von Fall zu Fall entschieden. In die Einzelfallentscheidung fließen viele Kriterien ein, z. B. die Einschätzung krimineller Intensitäten durch die Polizei, die Anzahl der vermuteten Beteiligten, deren Mobilität und Verkaufsinteressen, die Menge des angebotenen bzw. gewünschten Stoffes und dessen Preis, Herkunft und wahrscheinlicher Verbringungs- und Transportweg. Aus der Bewertung und Gewichtung dieser und anderer Kriterien entwickelt die Polizei kurzfristig ein Konzept zur Abwicklung des Scheingeschäftes.[2]
Dieses Konzept sieht vom Grundmuster her regelmäßig so aus:

- Der polizeiliche Scheinkäufer (V-Person oder verdeckter Ermittler) führt zunächst abtastende, vorsichtige Vorgespräche mit dem Dealer, betreffend Preis, Qualität und Menge der Ware, weitere Abwicklungsmodalitäten usw.
- Der Scheinkäufer erhält dann einen dem Kaufpreis ent-

---

1) SCHULZ, Bekämpfung, S. 523. Schulz weist dort auch darauf hin, daß derartige Aktionen natürlich unter dem Aspekt einer möglichst umfassenden Beweissicherung ablaufen müssen, um nicht nur das Rauschgift sicherzustellen oder nur den Überbringer beweiskräftig zu überführen, sondern auch Gesamtzusammenhänge aufzuhellen und Mittäter zu identifizieren sowie ihnen die Tatbeteiligung zu beweisen.
2) A. a. O., S. 524

sprechenden Geldbetrag, den er dem Dealer bei einem der nächsten Kontakte auf dessen Verlangen hin vorzeigt. Damit unterstreicht der Scheinkäufer seine Liquidität und seine ernsthaften Kaufabsichten und bewegt den Dealer zur weiteren Abwicklung des Geschäftes.

- Nun wird in der Regel ein erneutes Treffen vereinbart, bei dem das Geschäft endgültig abgewickelt werden soll. Dieses Treffen wird von der Polizei umfassend observiert unter Berücksichtigung einer meist seitens der Dealer durchgeführten Gegenobservation. Der polizeiliche Zugriff auf den Dealer, dessen Gehilfen und die Ware erfolgt erst, wenn tatsächlich die Übergabe der Ware stattfindet. Denn es kommt häufig vor, daß der Dealer aus Sicherheitsgründen auch zu diesem Treffen noch ohne Rauschgift erscheint und den Interessenten auf die nächste Zusammenkunft vertröstet.[1)]

ccc) Bevor es zur endgültigen Geschäftsabwicklung kommt, werden in den meisten Fällen jedoch noch Probe- und Vertrauenskäufe in die Gesamtverhandlungen eingeschaltet:

- Probekäufe:[2)]
  Der Probekauf, der auch unter "richtigen" Dealern üblich ist, dient dazu, Vorhandensein, Art und Qualität (Reinheitsgrad) des angebotenen Stoffes festzustellen. Bei größeren Geschäften werden Proben mitunter auch kostenlos abgegeben. Aus polizeilicher Sicht dienen Probekäufe auch dazu, die Praktiken der Geschäftsabwicklung kennenzulernen, um so Zugriffsmaßnahmen besser planen zu können.
- Vertrauenskäufe:
  Vertrauenskauf bedeutet Ankauf kleinerer bis (höchstens) mittlerer Rauschgiftmengen.
  Aus der Sicht des verkaufenden Dealers soll durch den Vertrauenskauf die Sicherheit vor polizeilichem Ein-

---

1) Ähnlich WIENBERG, S. 446 f.
2) KRUPSKI, Betäubungsmittelkriminalität, S. 87; SCHULZ, Bekämpfung, S. 524; GEMMER, Bekämpfung, S. 188, bezeichnet den Probekauf als "Testkauf".

greifen erhöht bzw. das Risiko verringert werden, da im Rahmen von Vertrauenskäufen meistens nur vergleichsweise geringe Mengen Rauschgift gedealt werden.[1]
Aus der Sicht des (Schein-) Käufers sind Vertrauenskäufe erforderlich, um das Vertrauen des Verkäufers als künftiger Geschäftspartner für weitere, meist größere Rauschgiftgeschäfte zu erwerben oder zu erhalten. Vom Standpunkt der Polizei kommt hinzu, daß mitunter nur über die Vornahme von kleineren Vertrauenskäufen an Großhändler und/oder Hintermänner heranzukommen ist. Das hat seinen Grund darin, daß diese bei kleineren Geschäften im Hintergrund bleiben, sich also an der Geschäftsanbahnung und -abwicklung nicht unmittelbar beteiligen. Eine direkte Beteiligung dieser Täterkategorie erfolgt erst bei größeren Geschäften, vorausgesetzt, die kleineren Vertrauenskäufe sind durch Gehilfen reibungslos abgewickelt worden.[2]
Treten bei den Vertrauenskäufen demgegenüber Störungen auf, dann wird die Geschäftsbeziehung in aller Regel abgebrochen. Eine derartige Störung kann z. B. darin liegen, daß bei den Dealern der Verdacht aufkommt, bei einem der auf der Käuferseite Beteiligten könnte es sich um einen polizeilichen Scheinkäufer handeln. Bei aufkommendem Mißtrauen auf der Seite der Dealer versucht die Polizei, sofern ihr dies überhaupt bewußt wird, i. d. R. wenigstens noch die am Vertrauenskauf beteiligten "kleineren Fische" zu überführen.

Auf diese Weise verfuhr die Polizei in einem von Kerner[3] mitgeteilten Fall, der mehrere Landeskriminalämter beschäftigte. Der rheinland-pfälzischen Polizei war es gelungen, eine V-Person in einen vermuteten Rauschgiftverteilerring einzuschleusen. Diese V-Person bekam, nachdem das erste Mißtrauen abgebaut war, ein Angebot für 50 kg Ware zu 160000 DM. Die

---

1) KRUPSKI, Betäubungsmittelkriminalität, S. 87.
2) SCHULZ, Bekämpfung, S. 524; DERSELBE, Bearbeitung, S. 335; GEMMER, Bekämpfung, S. 188.
3) KERNER, Verbrechen, S. 194.

informelle Erkundungsarbeit offenbarte Kontakte bis nach Schweden, in die Türkei und andere Staaten. Nach Vereinbarung eines ersten Treffens erschien ein Verhandlungspartner mit einigen Leibwächtern. Er schlug vor, daß als Zuverlässigkeitstest zunächst dreimal Drogen im Wert zu je 160000 DM unter besonderen Sicherheitsbedingungen abgenommen werden sollten. Würde das gutgehen, dann könnte den Interessenten zu jeder Zeit und an jedem Ort in Europa jede beliebige Menge Drogen ausgehändigt werden. Mehr als die Verhaftung von einigen unwichtigen Beteiligten gelang in diesem Fall jedoch nicht, obwohl er aus polizeilicher Sicht durchaus erfolgversprechend begonnen hatte. Denn bereits bei den ersten Zugriffen "verbrannten" die Kontaktpersonen der Polizei, d. h. sie wurden als Helfer der Polizei erkannt.

Heute ist davon auszugehen, daß die Polizei ihre Taktik in diesem Punkt geändert hat und alles zu vermeiden versucht, was ein vorzeitiges Scheitern des großen Deals bewirken könnte. So ist man z. B. bestrebt, gerade in Fällen wie dem oben geschilderten, in denen sogar internationale Bezüge aufgedeckt werden könnten, nicht durch ein voreiliges Zugreifen auf unbedeutendere Beteiligte die "Großen" zu warnen. Lange Zeit standen hier das Streben nach kurzfristigen Fahndungs- und Ermittlungserfolgen im Vordergrund und damit durchschlagenden Bekämpfungserfolgen entgegen. Inzwischen scheint sich jedoch eine bessere Einsicht durchgesetzt zu haben. Denn immer öfter wird in den Medien berichtet, daß ein Rauschgifttransport vom Erzeugerland bis in die Konsumzentren von den jeweiligen Behörden kontrolliert, aber unbehelligt vonstatten geht. Die ausländischen, aber auch die Zollfahndungsbehörden verzichten auf Prestigeerfolge. So kann die Polizei, in diesen Fällen das BKA, den Transport bis zu den Abnehmern verfolgen und diese gleich mit überführen.

ddd) Kaufinteressenten müssen in der Regel das zum beabsichtigten Kauf erforderliche Geld vorzeigen und, wie bereits dargestellt, Probe- und Vertrauenskäufe durchführen. Hierfür werden natürlich entsprechende Geldmittel benötigt. Zu unterscheiden sind:

- Vorzeigegelder:

  Wie oben bereits dargestellt, ist es - da im Drogengeschäft allgemein üblich - auch im Rahmen der konspirativen Ermittlungs- und Fahndungstätigkeit der Polizei erforderlich, für den Scheinkauf kurzfristig (auch außerhalb der allgemeinen Dienstzeit) größere Geldbeträge als Vorzeigegelder zur Verfügung zu haben. Wie der Begriff schon zum Ausdruck bringt, werden Vorzeigegelder nach der Anbahnung von Drogengeschäften dem Verkäufer bzw. dessen Beauftragten nicht ausgehändigt, sondern tatsächlich nur vorgezeigt.

  Vorzeigegelder dienen i. e. L. dazu, die Kaufkraft des Käufers zu dokumentieren und somit dessen konkrete Kaufabsicht glaubhaft zu machen. In einschlägigen Richtlinien[1] findet sich dementsprechend die Formulierung:

  > "Vorzeigegeld wird .. verwendet, um abgabewilligen Besitzern inkriminierter Gegenstände Zahlungsfähigkeit nachweisen zu können."

  Darüberhinaus soll der Dealer dazu veranlaßt werden, das Rauschgift aus dem "Bunker" zu holen und zu übergeben. Observations- oder sonstige Einsatzkräfte können die Übergabe dann zum Zugriff nutzen.

  Das Vorzeigegeld bleibt während der ganzen Aktion in unmittelbarem oder mittelbarem amtlichen Gewahrsam. Ein Abhandenkommen oder Raub des Vorzeigegeldes kann jedoch nie ausgeschlossen werden. Die dpa meldete zum Beispiel am 26. Juni 1984:[2]

  > "Mit 700000 Mark aus der niedersächsischen Staatskasse haben sich zwei Rauschgifthändler in Hannover davongemacht. Die beiden Männer, nach denen jetzt im

---

1) Nach BEER, Strategien, S. 210.
2) A. a. O.

In- und Ausland gefahndet wird, ließen es erst gar nicht zu dem von der Polizei geplanten Scheingeschäft kommen, sondern überrumpelten den Spezialfahnder des Landeskriminalamtes (LKA). Der Rauschgiftexperte des LKA hatte seit 1983 Kontakte zu einem 44 Jahre alten österreichischen Kaufmann (V-Mann), der ihm 5 Kilo Kokain für 700000 Mark anbot, berichtete ein Sprecher der Staatsanwaltschaft ... In der vorigen Woche sollte das Geschäft abgeschlossen werden. Die Männer vereinbarten ein Treffen in einem hannoverschen Hotel (19. Juli, Holiday Inn). Dort erschien aber nicht der Österreicher, sondern ein 32 Jahre alter Jugoslawe (Eduardo Sente) als Verkäufer. Der Mann bestand darauf, den Handel in einem Hotel in der Nähe des Flughafens abzuschließen. Die etwa dreißig an dem Einsatz beteiligten Polizeibeamten mußten deshalb umgeleitet werden ...
Noch bevor der LKA-Spezialfahnder mit dem Jugoslawen das Hotelzimmer betrat, wurde er von einem plötzlich auftauchenden zweiten Täter (dem Österreicher Wolfgang Harms, 31) gepackt, in das Zimmer gezerrt und mit Handschellen gefesselt. Beide Männer verschwanden mit dem Geld." Sie konnten später zwar verhaftet werden, 400000 Mark blieben jedoch verschwunden.

Um eine Wiederbeschaffung und Beweisführung zu ermöglichen, empfiehlt es sich daher, die Geldscheine zu registrieren und/oder kriminaltechnisch zu präparieren.[1]

- Kaufgelder:
  Mit dem Kaufgeld werden im Rahmen von Probe- und Vertrauenskäufen durch V-Personen oder verdeckte Ermittler in behördlichem Auftrag, aber auch durch "richtige" Dealer Betäubungsmittel angekauft. Nach den Richtlinien[2]

---

1) SCHULZ, Bekämpfung, S. 524; GEMMER, Bekämpfung, S. 188; PROTOKOLL I, GEISSLER, S. 159 f.; KRUPSKI, Betäubungsmittelkriminalität, S. 87; SCHULZ, Bearbeitung, S. 331.
2) Nach BEER, Strategien, S. 210.

wird Kaufgeld eingesetzt,

> "wenn eine abgabewillige Person den Verkauf von inkriminierten Gegenständen von einem vorhergehenden Probekauf abhängig macht oder durch einen Probekauf die strafbare Herkunft eines Gegenstandes überprüft werden soll."

Im Gegensatz zum Vorzeigegeld wechselt das Kaufgeld den Besitzer gegen Empfang der Ware bzw. des Rauschgiftes. Mit dem endgültigen Verlust des Kaufgeldes muß daher i. d. R. gerechnet werden. Jedoch ist nicht auszuschließen, daß es bei späteren Zugriffen wiedergefunden werden kann, z. B. weil die Geldscheine registriert oder mit kriminaltechnischen Mitteln präpariert wurden.[1] Ein derartiges Vorgehen ermöglicht darüberhinaus u. U. die Beweisführung gegen Geldüberbringer und Hintermänner.[2]

In der frühen Phase der Durchführung von Scheingeschäften lag es mancherorts mit der Verfügbarkeit von Geldmitteln noch im argen. Während nach Zühlsdorfs[3] Angaben in Hamburg schon Anfang der 70er Jahre DM 100000,-, in Niedersachsen DM 250000,- und in Hessen DM 2,5 Millionen als Vorzeigegelder zur Verfügung standen, war andernorts nicht einmal Geld für kleinere Vertrauenskäufe verfügbar,

---

1) SCHULZ, Bekämpfung, S. 524; KRUPSKI, Betäubungsmittelkriminalität, S. 87.
2) KRUPSKI, Betäubungsmittelkriminalität, S. 87.
3) Nach ZÜHLSDORF, Ausstattung, S. 523 f., war in Hamburg Vorzeigegeld beim Kriminaldauerdienst zu jeder Zeit - auch außerhalb der allgemeinen Dienstzeit - abrufbar. Auf diese Weise mußte nicht erst der langwierige Verwaltungsweg beschritten werden. Die Entscheidung, ob und wieviel Geld zum Scheinverkauf ausgegeben werden durfte, traf der Dienststellenleiter oder - außerhalb der Dienstzeit - der Kriminalkommissar vom Dienst.
Nach PROTOKOLL I, GEISSLER, S. 159 f., sollen dem Hamburger Rauschgiftdezernat für Scheinkäufe dagegen nur DM 50000,- zur Verfügung gestanden haben (die Differenz zwischen Zühlsdorfs und Geißlers Angaben könnte aus den abweichenden Berichtszeiträumen resultieren). Sollte ein größerer Betrag benötigt werden, konnte er nach Genehmigung durch den Leiter des LKA bei einem Geldinstitut in Empfang genommen werden. An Wochenenden und Feiertagen führte das zu Engpässen, die sich jedoch in der Praxis überspielen ließen.

wie der von Panitz[1] geschilderte Fall zeigt:

> So mußte im Herbst 1970 ein dem Rauschgiftkommissariat angebotenes Kilogramm Heroin in Umlauf gehen und die Täter mußten unbehelligt gelassen werden, weil durch rechtliche und finanzielle Schwierigkeiten das Rauschgiftkommissariat nicht in der Lage war, wie üblich im Rahmen eines Vertrauenskaufes 200 g Stoff zu kaufen.
>
> Eine V-Person hatte sich angeboten, Beamte des Rauschgiftkommissariats an zwei Franzosen heranzuführen, die das Kilogramm Heroin in Frankfurt für 60000,- DM absetzen wollten. Die Verkäufer wollten edoch zunächst nur ein Geschäft über 200g abschließen und die restlichen 800g nach erfolgreichem Geschäftsabschluß nachliefern. Sie stellten weitere Mengen von Heroin in Aussicht. Die V-Person war jedoch nicht bereit, für das erste 200g-Geschäft die Verkäufer preiszugeben, zumal beide Verkäufer bewaffnet waren und möglicherweise noch Hintermänner hatten. Aus naheliegenden Gründen wollte die V-Person sich nicht einer solchen persönlichen Gefährdung aussetzen. Bei einem planmäßigen Verlauf der Aktion hätte sie sich nach Abschluß des ersten Vertrauenskaufes zurückziehen können.

Inzwischen haben alle Bundesländer und das BKA für Vertrauens- und Scheinkäufe, für Vorzeige- und Kaufgelder klare und deutliche Regelungen getroffen. Die Wege zur Beschaffung sind in den verschiedenen Bundesländern unterschiedlich. Es kann jedoch grundsätzlich davon ausgegangen werden, daß Vorzeige- und Kaufgelder überall zur Verfügung stehen.[2]

---

1) PANITZ, S. 403 f.
2) BEER, Strategien, S. 210.

eee) Im einzelnen werden im Rahmen von Scheingeschäften typischerweise folgende Einsatzarten der V-Personen praktiziert:

(1) <u>Die V-Person erhält den Auftrag, selbst als Scheinkäufer aufzutreten</u>

Soweit es in diesen Fällen um die Abwicklung von Rauschgiftgeschäften geht, folgt diese dem oben beschriebenen Ablauf:
- Die V-Person schaut oder hört sich auf der Rauschgiftszene nach potenten Lieferanten um, spricht sie an oder läßt sich ansprechen.
- Ist auf diese Weise ein erster Kontakt zu einem potentiellen Rauschgiftverkäufer angebahnt, so benachrichtigt die V-Person den V-Mann-Führer.
- Dieser gibt der V-Person Instruktionen für die weitere Vorgehensweise. Insbesondere werden der V-Person für deren Verhandlungen mit dem Dealer bestimmte Positionen eingeschärft, die einen späteren polizeilichen Zugriff ermöglichen oder erleichtern sollen.
- Der V-Person wird zu gegebener Zeit Kaufgeld für Probe- und/oder Vertrauenskäufe übergeben.
- Die V-Person informiert ihren V-Mann-Führer über den Fortgang der Abwicklung des Rauschgiftgeschäftes, insbesondere über geplante Treffen. Auf diese Weise kann die Polizei die Observationen vorbereiten, die V-Person und ihr eventuell übergebenes Vorzeigegeld schützen und im günstigsten Augenblick zugreifen.

Der Erfolg eines beabsichtigten Scheingeschäftes hängt, sofern der äußere Rahmen für dessen Abwicklung stimmt, ganz wesentlich vom Verhandlungsgeschick, Durchsetzungs- und Einfühlungsvermögen der V-Person ab. Denn Verhandlungen mit Kriminellen erweisen sich oft als kniffliges Pokerspiel. So darf die V-Person z. B. in ein scheinbar lukratives Geschäft nicht unwidersprochen einwilligen. Die V-Person muß vielmehr mit szenenüblichem Mißtrauen gegen Proben und Preise demonstrieren, daß sie sich im Geschäft auskennt.

Eine V-Person des Hamburger Rauschgiftdezernates beschreibt den Ablauf der Verhandlungen im Rahmen eines Rauschgiftgeschäftes folgendermaßen:[1]

"Wenn es um Rauschgift geht - ganz gleich ob um Heroin, Koks oder Hasch - sagt man dem Verkäufer erstmal: 'Bring 'mal 'ne Probe, wir wollen sehen, ob Du gut bist.'

Eine Probe ist natürlich meistens gut, aber wenn Du als V-Mann arbeitest, sagt die Polizei zu Dir, wir brauchen erstmal eine Probe, um zu sehen, ob die Gegenseite nicht blufft. Der Verkäufer bringt also die Probe, die entweder gleich bezahlt oder später verrechnet wird, wenn das große Geschäft tatsächlich zustandekommt. Meistens wird die aber bezahlt und anschließend kriminaltechnisch untersucht.

Beim nächsten Treffen mit dem Verkäufer fragt der natürlich: 'Na, wie ist mein Stoff, nicht schlecht, was?'

Man sagt: 'Na, geht so, ganz zufrieden ist mein Boß nicht. Aber was könnt ihr denn eigentlich noch liefern?'

Wenn der Verkäufer dann zum Beispiel antwortet: 'Zehn Gramm noch' ... dann sage ich: 'Tja, Meister, Du willst mich wohl über die Rolle schubsen, dann kann ich mir den Stoff auch in der Apotheke besorgen!'

Ich muß natürlich darauf aus sein, den Verkäufer zu einem möglichst großen Deal anzustacheln und ihm die Sache schmackhaft zu machen.

Deswegen sage ich ihm also: 'Du bist ja gar nicht in der Lage, noch mehr zu liefern. Aber vielleicht überlegst Du es Dir, wenn Du siehst, daß ich flüssig bin!' Und dann zeig ich ihm 'nen Koffer voller Geld,

---

1) Diese Schilderung einer V-Person des Hamburger Rauschgiftdezernates ist entnommen: MÜNDER, S. 56.

wühle darin herum, so richtig wie im Film. Um es auf den Punkt zu bringen, sage ich ihm also: 'Hör zu Meister, zehn Gramm, das ist ja lächerlich, viel gefährlicher, als wenn wir einmal ein großes Ding machen, davon hast Du mehr und ich auch!'
So wird der Verkäufer also immer weiter angestachelt, in der Hoffnung, daß da noch was größeres zu machen ist ...
Es gibt aber auch Dealer, die kommen gleich mit Super-Sonderangeboten, auf die man dann auf keinen Fall eingehen darf. Wenn der Händler also sagt 'Wir können zehn Kilo Heroin liefern, die kosten 2,5 Millionen Mark,' dann gehe ich natürlich nicht sofort darauf ein. Denn wer hat schon mal eben zweieinhalb Millionen so locker, daß er sie gleich bar löhnen könnte? Daran muß doch irgendwas faul sein. Also mußt Du als V-Mann realistisch vorgehen und dem Verkäufer sagen 'Hör zu, bis zu drei Kilo kann ich kaufen, dann laß mir Zeit, bis ich den Stoff verkauft hab, dann hab ich wieder Geld und dann kann ich wieder.'
Jetzt kommt es natürlich darauf an, herauszufinden, ob die Gegenseite nur geblufft hat, um rauszukriegen, was hinter meinem Angebot gesteckt hat. Wollten die mich nur aus der Reserve locken?
Das Taktieren geht aber noch weiter. Versucht der Dealer nämlich, mich runterzuhandeln und sagt 'Laß uns erstmal ein halbes Kilo machen, später machen wir dann mehr', dann müßte die Schmiere ja eigentlich schon bei diesem halben Kilo zuschlagen, sonst sind die 150000 Mark für dieses Geschäft weg, ohne daß es zu einer Festnahme kommt. Ich muß also den Händler so weit bringen, daß er den Drei-Kilo-Deal macht."

V-Personen werden von der Polizei allerdings nicht nur als Scheinkäufer von Rauschgift verwendet. Gerade im Bereich der Diebstahls- und Hehlereikriminalität bietet

sich der Einsatz von V-Personen als Scheinkäufer an. Die Polizei bedient sich hier oft der Hilfe von V-Personen, wenn es darum geht, Diebesgut bzw. Hehlerware wiederzuerlangen und die Veräußerer des Diebstahles, Raubes, der Hehlerei usw. zu überführen:
In Hamburg brachten V-Personen - i. d. R. gegen zehn Prozent des Wertes der Beute als Belohnung - Diebesgut zurück. Im Laufe der Zeit kam allerdings der Verdacht auf, daß sich zwischen den damals rund 150 Berufseinbrechern in Hamburg, den V-Personen und einigen Polizisten eine Art unheilige Allianz ergeben hatte, dergestalt, daß Einbrüche gezielt gemeinsam angezettelt worden seien, damit man sich anschließend das "Honorar", eben jene zehn Prozent, teilen könne. Dieser Verdacht und andere Umstände führten im März 1982 zur Auflösung des Hamburger Einbruchsdezernates (Dienststellenbezeichnung "FD 633", spezielle Diebstahlsdelikte) durch Hamburgs Innensenator Alfons Pawelczyk und zur Versetzung der 25 Mitarbeiter in andere Abteilungen.

Im folgenden Fall[1] geht es um einen Griechen, der sich in Kreisen krimineller Ausländer und hier insbesondere auf dem Gebiet der Pelze bestens auskannte. Dieser Grieche hatte in verschiedenen Fällen erfolgreich als Informant der Polizei gearbeitet. Eines Tages bekam der Grieche Rechenmaschinen angeboten. Er konnte der Polizei sogar eine Liste mit den Modellen und Preisen der Maschinen vorzeigen. Daraufhin erhielt er die Anweisung, auf das Angebot zum Schein einzugehen. Dabei sollte er gegenüber dem Anbieter aber darauf bestehen, daß er sich die Maschinen vor dem Kauf ansehen müsse. Durch irreführendes Fahren versuchten die Verkäufer zu verhindern, daß sich der Grieche an den Örtlichkeiten orientieren konnte. Die Fahrt wurde bewußt nicht observiert. Aufgrund des von den Tätern verwendeten Fahrzeugtyps

---

1) Mitgeteilt von SCHMIDTMANN, S. 163 f.

konnte aber ein bestimmter Täterkreis erkannt werden. Die Wohnung, die der Grieche der Polizei dann zeigte, wurde mit Erfolg und der Begründung durchsucht, Hausbewohner hätten sich über das ständige Treppauf und Treppab dunkler Gestalten beschwert und den Transport von 'komischen Maschinen' beobachtet.

(2) Die V-Person erhält den Auftrag, ein Rauschgiftgeschäft zwischen einem Dealer und einem als Kaufinteressenten auftretenden verdeckten Ermittler anzubahnen, wobei die V-Person weiterhin als Partner des verdeckten Ermittlers agiert.[1)]

Die Fälle, in denen wie oben beschrieben die V-Person selbst als Käufer auftritt, machen insgesamt nur einen kleinen Teil aus. Meistens wirken V-Personen mit verdeckten Ermittlern zusammen. Dabei übernimmt hier der verdeckte Ermittler die Rolle des Scheinkäufers:

- Zunächst hört bzw. sieht sich die V-Person in der Szene nach potentiellen Rauschgiftverkäufern um. Sie spricht diese an oder läßt sich von ihnen ansprechen.
- Sind auf diese Weise verwertbare Kontakte zustandegekommen, so informiert die V-Person ihren V-Mann-Führer. Bei diesen ersten Kontaktgesprächen bespricht der V-Mann-Führer mit der V-Person die weitere Vorgehensweise.
- Der V-Mann-Führer trifft nun die Vorbereitungen für das sich anbahnende Scheingeschäft. Insbesondere beschafft er Kaufgeld für eventuell abzuwickelnde Probe- und Vertrauenskäufe und Vorzeigegeld für den eigentlichen Scheinkauf. Auch bereitet er alles vor, um im entscheidenden Augenblick den Deal observieren lassen und die daran beteiligten Dealer und deren Gehilfen festnehmen zu können. Alle an der Observation beteiligten Beamten werden mit Verhaltensmaßregeln versorgt für den Fall,

---

1) In diesem Sinne auch MELLENTHIN, S. 87.

daß die Dealer - wie so oft - das eigentliche Geschäft kurzfristig absagen oder verlegen.

- Bei einem der Treffen wird erstmalig der Kontakt zwischen dem als Scheinkäufer auftretenden verdeckten Ermittler und den Dealern hergestellt. Da dem verdeckten Ermittler zunächst regelmäßig die notwendigen "Referenzen" und die Kontakte zu den Dealern fehlen, wird das Geschäft von einer szenebekannten V-Person angebahnt und dann der verdeckte Ermittler als tatsächlicher Kaufinteressent an die Dealer herangeführt. Das geschieht dergestalt, daß die V-Person ihren Geschäftspartnern gegenüber erklärt, daß sie selbst nicht den Deal machen könne, sie vielmehr nur die Geschäftsanbahnung für einen hinter ihr stehenden "Boß" vornehme. Dieser müsse nun in das insoweit konkretisierte Geschäft eingeschaltet werden. Im Verlaufe der bis dahin geführten Gespräche hat sich die V-Person als Insider ausgewiesen und das Vertrauen der Rauschgiftverkäufer erworben. Sie "bürgt" nun ihrerseits für den als Scheinkäufer auftretenden verdeckten Ermittler.
- Zwischen dem polizeilichen Scheinkäufer und den Dealern werden nun die Übergabemodalitäten ausgehandelt. Im Regelfall wird vereinbart, daß sowohl Verkäufer als auch Käufer mit je zwei weiteren Personen erscheinen dürfen. Während Dealer und Kaufinteressent zusammenbleiben, soll je eine zweite Person den dritten Mann der Gegenseite aufsuchen (meist in parkendem Auto in Sichtweite), in dessen Besitz sich Stoff bzw. Geld befinden.
- Nach der Abwicklung der üblichen Modalitäten eines Scheingeschäftes wie Probe- und Vertrauenskäufen (regelmäßig durch die V-Person) kommt es dann zum "richtigen", großen Deal. Dieser, d. h. der Austausch der Ware gegen Geld, wird von der Polizei observiert. Der polizeiliche Zugriff erfolgt dann auf frischer Tat, d. h. bei der Übergabe des Rauschgiftes durch den bzw. die Dealer und deren Gehilfen. Im Idealfall läuft dieses letzte Treffen in Abwesenheit der V-Person ab, oder man läßt diese entkommen oder mitverhaften. Das hat den

Vorteil, daß die V-Person nicht "verbrennt" und so weiterhin für die Polizei arbeiten kann. Für die beweiskräftige Überführung der Täter reichen die Aussage des verdeckten Ermittlers bzw. die von den Observationskräften, z. B. in Form von Fotos, geschaffenen Beweise.

Diese Vorgehensweise und die aus den Dealertaktiken resultierenden Schwierigkeiten der Durchführung von Scheingeschäften veranschaulicht der von Nachtigall mitgeteilte "Musterfall":[1]

> Eine V-Person teilte der Polizei in Ludwigshafen/Rh. mit, daß sie die Möglichkeit habe, die Polizei mit einem großen Heroinhändler zusammenzubringen. Dabei könnten einige Kilogramm Heroin sichergestellt werden. Die Polizei konnte sich schnell ein Bild von der Motivation machen, die der Kooperationsbereitschaft der V-Person zugrundelag: Rauschgiftdealer hatten die Freundin der V-Person in Mafia-Manier drogenabhängig gemacht. Sie "landete" schließlich in einem Bordell.
>
> Es fanden zunächst erste Kontaktgespräche zwischen der V-Person und dem V-Mann-Führer statt. Schon wenige Tage später kam ein überraschender Anruf der V-Person. Diese teilte der Polizei mit, daß die Händler von Frankfurt nach Ludwigshafen unterwegs seien. Zwischen den Dealern und der V-Person war vereinbart worden, sich zunächst am Hauptbahnhof in Mannheim zu treffen. Die Übergabe des Stoffes sollte im unmittelbaren Anschluß an dieses Treffen in einem Ludwigshafener Hotel erfolgen.
>
> Auf polizeilicher Seite zweifelte man, wie sich herausstellen sollte zu Recht, an einem so schnellen Zustandekommen des Deals. Trotz dieser Zweifel mußten Vorkehrungen für die Abwicklung des Geschäftes getroffen, d. h. zunächst 200000,- DM Vorzeigegeld be-

---

1) NACHTIGALL, S. 20 ff.

schafft werden. Diese Summe wurde schließlich vom LKA zur Verfügung gestellt und per Hubschrauber gebracht. Dem folgte eine improvisierte Einsatz- und Lagebesprechung.
Um das Treffen zwischen der V-Person und den Dealern zu observieren, wurden, als Liebespärchen getarnt, eine Polizeibeamtin und ein Kollege zum Mannheimer Hauptbahnhof geschickt. Andere Beamte bezogen Position in dem Ludwigshafener Hotel, in dem die Übergabe stattfinden sollte.
Pünktlich um 13.00 Uhr erschienen zwei gut gekleidete Herren, setzten sich sofort mit der V-Person in Verbindung und sprachen rund 45 Minuten mit ihr. Danach verließen die zwei Männer den Bahnhof. Sie bestiegen ihren Pkw, der einige Straßenzüge weiter geparkt war, und fuhren in Richtung Frankfurt. Die V-Person teilte nun der Polizei mit, daß die Dealer, wie von der Polizei angenommen, ohne das Heroin erschienen waren. Zwischen der V-Person und den Dealern war ein erneutes Treffen um 16.00 Uhr des gleichen Tages in einem Frankfurter Lokal verabredet worden, weil die Dealer wegen des angeblich zu hohen Transportrisikos das Geschäft nicht in Ludwigshafen abwickeln wollten.
Die Dealer stellten jedoch die Übergabe des Heroins noch am gleichen Tag in Aussicht. Die im Hotel wartenden Beamten wurden zur Dienststelle zurückgeschickt. Drei Ludwigshafener Beamte fuhren zusammen mit der V-Person nach Frankfurt. Die Frankfurter Kollegen wurden von dem bevorstehenden Einsatz per Autotelefon informiert.
Der V-Mann-Führer sollte den Dealern gegenüber als Kaufinteressent auftreten. Dabei sollte er versuchen, die Dealer zur Abwicklung des Geschäftes in Ludwigshafen zu überreden, da dort nur die beteiligten Beamten, nicht aber die Dealer Ortskenntnisse besaßen. Um 16.00 Uhr kam es dann tatsächlich zu dem Treffen zwischen der V-Person, dem V-Mann-Führer und

den Dealern in dem vereinbarten Lokal.
Um nicht in eine polizeiliche Falle zu laufen, hatten die Dealer als Treffpunkt ausgerechnet ein Lokal in der Nähe des Polizeipräsidiums, das hauptsächlich von Polizeibeamten besucht wird, ausgewählt. Hätte es sich bei dem V-Mann-Führer um einen Frankfurter Kollegen oder zumindest um einen diesen bekannten Beamten gehandelt, so wäre er mit Sicherheit durch den einen oder anderen der anwesenden Polizeibeamten begrüßt und ungewollt verraten worden. Das war jedoch nicht der Fall. Bei dem Treffen lernten die Dealer erstmals den als Kaufinteressenten auftretenden verdeckten Ermittler kennen. Ihm gegenüber wurde bekundet, daß man zur sofortigen Lieferung eines Kilogramms Heroin in der Lage sei, danach würden dann zwei weitere Kilogramm zur Verfügung stehen. Um die Dealer verabredungsgemäß nach Ludwigshafen zu locken, erklärte der verdeckte Ermittler, daß er das Geld in Ludwigshafen gelassen habe, da er immer davon ausgegangen sei, daß das 'Geschäft' dort abgewickelt werden würde. Dieses Ansinnen lehnten die Dealer jedoch mit Entschiedenheit ab und forderten den verdeckten Ermittler auf, das Geld sofort zu holen oder bringen zu lassen.
Nach den vereinbarten Übergabemodalitäten durften beide Seiten mit nur je zwei Personen erscheinen. Die an der Aktion beteiligten Fahrzeuge der Dealer und Käufer sollten auf einem Parkplatz am Henninger Turm in einer gewissen Entfernung voneinander geparkt werden. Ein Dealer sollte sich dann zu dem Fahrzeug der Käufer begeben und sich das Kaufgeld vorzeigen lassen. Zur gleichen Zeit sollte ein Käufer zum Fahrzeug der Dealer gehen und sich dort die Ware ansehen. Die Geschäftsabwicklung sollte Zug um Zug erfolgen. Der verdeckte Ermittler erklärte sich mit diesen Modalitäten einverstanden und versprach, bis 18.oo Uhr auf dem Parkplatz am Henninger Turm zu sein.

Tatsächlich hatten die Ludwigshafener Beamten die 200000,- DM in Ludwigshafen gelassen, da sie davon ausgingen, daß man in Frankfurt über Vorzeigegeld dieser Größenordnung verfügt und sie nicht unnötig die Verantwortung für das Vorzeigegeld tragen wollten. Das in aller Eile beim Polizeipräsidium Frankfurt zusammengeholte Vorzeigegeld war nicht ausreichend, sodaß das Treffen am Henninger Turm zwar stattfinden konnte, wenn auch mit dem Risiko, daß die Dealer die fehlende Solvens bemerkten.
Dort wurde mit großem personellen und materiellen Aufwand eine Observation aufgebaut. Mit einem bei der Polizei selten vorhandenen Sportwagen fuhren nun ein ortskundiger Frankfurter Beamter als der Mann, der das Geld von Ludwigshafen gebracht hatte, der verdeckte Ermittler und die V-Person zum Henninger Turm.
Die Dealer erschienen pünktlich. Ihre sofortige Festnahme in der Hoffnung, bei ihnen bzw. in ihrem Pkw den Stoff zu finden, wäre jedoch ein verhängnisvoller Fehler gewesen, denn mit Sicherheit hatten die Dealer nämlich zu diesem Zeitpunkt nicht ein Gramm Rauschgift in ihrem Auto.
Die Dealer erklärten bei diesem Treffen den polizeilichen Kaufinteressenten lediglich, daß das Geschäft erst am nächsten Tag um 11.oo Uhr abgewickelt werden könne. Die Dealer gestanden ein, daß sie dieses Treffen nur aus Sicherheitsgründen arrangiert hätten.
Sie wollten damit die Zuverlässigkeit der Käufer testen und sich außerdem davon überzeugen, daß keine Polizei im Spiel sei.
Die Übergabe des Heroins wurde für den nächsten Tag, 11.00 Uhr, fest zugesagt.
Dieses Treffen fand in einem Ausländerlokal statt. Zunächst ließ sich der Wortführer der beiden Dealer vor dem Lokal das Geld zeigen, welches sich im Kofferraum des von der Polizei observierten Sportwagens befand.

Parallel zu dem Geschäft lief eine groß angelegte Observation.
Einer der Dealer blieb nun in dem Lokal zurück. Er wurde von dem anderen aufgefordert, unverzüglich einen Rechtsanwalt zu verständigen, wenn er nicht binnen 30 Minuten zurück sei. Der zweite Dealer erklärte den polizeilichen Scheinkäufern, daß er zwischenzeitlich soviel Vertrauen gewonnen habe, daß man offen miteinander verhandeln und das Geschäft abwikkeln könne. Die beiden verdeckten Ermittler sollten ihm im Pkw folgen. Die V-Person bat er, mit ihm zu fahren. Der Dealer und die ihm vereinbarungsgemäß folgenden verdeckten Ermittler unternahmen eine Fahrt kreuz und quer durch Frankfurt. Ein bestimmtes Ziel war den Observanten nicht erkennbar. Diese bemerkten schließlich jedoch, daß der Dealer sie weiträumig im Kreis herumgeführt hatte, und daß man sich wieder an einer Stelle befand, die man kurz zuvor bereits einmal passiert hatte. In diesem Augenblick verlangsamte der Dealer die Fahrt, und zwei auf dem Gehweg stehende Männer warfen einen Plastiktragebeutel durch das offenstehende Seitenfenster in das Fahrzeuginnere. Der Dealer setzte unterdessen die Fahrt fort, ohne mit den Passanten auch nur ein Wort gewechselt oder gar angehalten zu haben.
Der Dealer führte die ihm folgenden vermeintlichen Käufer nun auf einen Parkplatz. Dort wurde er auf ein zwischen verdeckten Ermittlern und Observationskräften vereinbartes Zeichen hin widerstandslos festgenommen. In der Plastiktüte befanden sich 1,2 kg hochwertiges Heroin.
Zur gleichen Zeit wurden auch die beiden Männer festgenommen, die zuvor das Heroin in den Pkw geworfen hatten. Andere Beamte holten den vierten Mann ab, der sich gerade anschickte, Münzgeld zu suchen, um einen Rechtsanwalt anrufen zu können.

bb) Abgesehen von der Teilnahme an Scheingeschäften erfolgt der Einsatz von V-Personen auch dergestalt, daß die V-Person damit beauftragt wird, als Rauschgiftkurier oder -transporteur einer Rauschgiftschmugglerorganisation aufzutreten.

- In der Regel handelt es sich hier um Fälle, in denen eine V-Person Kontakte zu (international) organisierten Rauschgiftschmuggler- und -händlerringen hat.
- Oftmals gelingt es ihr dann, sich von der betreffenden Organisation als Rauschgiftkurier in den illegalen Verkehr mit Betäubungsmitteln einschalten zu lassen.
- Die V-Person teilt dann dem V-Mann-Führer mit,
  in welchem Land und in welcher Stadt der Stoff übernommen werden soll,
  mit welchen Verkehrsmitteln und auf welcher Route der Transport erfolgen soll,
  an welchem Tag und zu welcher Zeit die Ankunft in der Bundesrepublik erfolgen wird,
  wohin der Stoff zu bringen ist, wer die Abnehmer sind usw.
- Auf diese Weise kann schon im Ausland die Übernahme des Stoffes durch die V-Person und deren Abreise bzw. Abflug observiert werden. So ist es möglich, die Lieferanten zu einem späteren Zeitpunkt, wenn durch einen Zugriff auf die Lieferanten die Abnehmer und sonstigen Beteiligten nicht mehr gewarnt werden können, festzunehmen oder gar deren weitere Verbindungen bis hinauf zu den illegalen Herstellern und Anbauern zu ermitteln.
- Der Transport durch die V-Person wird entweder durchgängig von der Polizei observiert oder aber erst ab der Ankunft der V-Person in Deutschland, sofern die Angaben der V-Person hinsichtlich des Grenzübertrittes bzw. Ankunftsflughafens zuverlässig sind und nicht mit einer kurzfristigen Änderung der Schmuggelroute zu rechnen ist.
- Die V-Person führt nun nach Aufnahme der Observation in der Bundesrepublik die Observanten zu den Abnehmern, sofern die V-Person nicht ohnehin schon die Polizei über

> deren Identität informiert hat und am Ort der Übergabe der Ware bereits die Observation aufgebaut worden ist. Da ein "Verbrennen" der V-Person vermieden werden soll, erfolgt der Zugriff erst, wenn sie den Ort der Rauschgiftübergabe verlassen hat.

Auch hier werden im Einzelfall jedoch die konkreten Arbeits- und Vorgehensweisen der Polizei und der V-Personen von den vielfältigen Methoden der Kriminellen diktiert. Für die Polizei ist es z. B. mit erheblichen Problemen verbunden, einen Rauschgifttransport einer V-Person per Pkw durch einen oder mehrere fremde Staaten zu observieren oder observieren zu lassen. Hier müssen nicht nur die Polizeibehörden des Landes der Rauschgiftübernahme mitspielen und zum Verzicht auf die unmittelbare Durchsetzung ihres Strafanspruches bewegt werden, sondern auch diejenigen eventueller Transitländer.
Im folgenden Fall ging es um einen Rauschgifttransport durch eine V-Person mittels Pkw von der Türkei in die Bundesrepublik:[1]

> Nach den Urteilsfeststellungen hatte sich (der spätere Angeklagte) A. im Oktober 1981 an den (Zeugen) C. gewandt mit der Bitte, ihm gegen Entgeld beim Einschmuggeln einer größeren Menge Haschisch aus der Türkei in die Bundesrepublik Deutschland sowie beim Absatz dieses Rauschgiftes behilflich zu sein. C. war zu diesem Zeitpunkt bereits seit mehreren Jahren als V-Person eines Rauschgiftdezernats der Kriminalpolizei tätig. Er ging zum Schein auf das Ansinnen des A. ein, informierte aber sofort das Rauschgiftdezernat. Von diesem erhielt er tatsächlich den Auftrag, zum Schein als Komplize des A. aufzutreten. Die Abreise des C. in die Türkei sollte am 23.10. 1981 erfolgen. Einen Tag zuvor rief C. in Gegenwart des Leiters des Rauschgiftdezernates vom Polizeiprä-

---

1) BGH, Urteil vom 17.3.1983 (LG Dortmund), nach LÜDERSSEN, V-Leute, S. 508 ff.

sidium aus den A. in dessen Wohnung an. Durch dieses Gespräch wollte C. sich darüber Gewißheit verschaffen, daß A. mit seinen türkischen Geschäftspartnern Rücksprache genommen und sich über den Kaufpreis für das Haschisch geeinigt hatte, sowie darüber, daß in der Türkei in dem zum Transport benutzten Personenkraftwagen ein Schmuggelversteck präpariert werden würde.
Anfang Dezember 1981 schmuggelte C. schließlich mit Hilfe weiterer Personen in dem präparierten Pkw 2785 Gramm Haschisch aus der Türkei in die Bundesrepublik Deutschland. Dieses Haschisch übergab C. am 11.12. 1981 der Polizei in D.
A., der in der Türkei ebenfalls zugegen war, war schon zuvor per Flugzeug aus der Türkei in die Bundesrepublik zurückgekehrt. A. sollte nun des Rauschgifthandels überführt werden. Aus diesem Grund rief C. den A. am 12.12.1981 wiederum vom Polizeipräsidium aus in Gegenwart eines Kriminalbeamten an. C. unterrichtete dabei den A. über den erfolgreichen Verlauf der Schmuggelfahrt und verabredete mit A. noch für denselben Tag ein Treffen in dessen Wohnung. C. begab sich daraufhin mit dem gesamten Haschisch, das ihm von den Polizeibeamten wieder übergeben worden war, zu der Wohnung des A. Dieser beanspruchte nur etwa die Hälfte des Haschischs (1380g) als seinen Anteil und versteckte es auf dem Dachboden. Dort wurde es bei der anschließenden Durchsuchung der Wohnung des A. durch die Polizei gefunden.

Vergleichsweise wenig Aufwand erfordert demgegenüber die Kontrolle eines per Flugzeug durchgeführten Rauschgifttransportes durch die V-Person. Dort genügt es, daß die V-Person die Polizei über Abflugszeit, Flugroute, Zwischenlandungen, Zielort und Ankunftszeit informiert. Die Polizei kann dann den Abflug und eventuelle Zwischenlandungen observieren und die lückenlose Observation der V-Person ab der Ankunft wieder übernehmen.

Um einen derartigen Rauschgiftschmuggel per Flugzeug ging es in einem von Fach mitgeteilten Fall:[1]

> Der Polizei war bekannt geworden, daß B. schon wiederholt im Auftrag einer in München ansässigen griechischen Organisation Rauschgiftkuriere nach Beirut geschickt hatte. Diese übernahmen dort Koffer mit doppelten Böden und brachten sie nach Frankfurt. Jeder Koffer enthielt zwischen 15 und 20 kg Haschisch. Die griechische Gruppe finanzierte B. und dessen Kuriere. B. war gleichzeitig im Raume Frankfurt für den Verkauf eines Teiles der Ware verantwortlich. Einer V-Person gelang es, sich an B. heranzuspielen. B. erteilte ihr bald den Auftrag, in Begleitung eines Kurieres nach Beirut zu fliegen, um dort vier Koffer mit Haschisch zu holen.
>
> Die V-Person erhielt dazu von B. einen falschen Paß sowie Bargeld und Flugticket. In Beirut wurden die beiden Kuriere von dem später mitfestgenommenen griechischen Anführer der Gruppe empfangen und betreut. Nach drei Tagen traten sie die Rückreise an. Sie flogen von Beirut nach Genf, kauften dort neue Tickets, versahen die Koffer, die ja in Genf nicht kontrolliert wurden, mit neuen Gepäckanhängern und flogen dann mit der Swissair nach Frankfurt, wo sie ohne Kontrolle durch den Zoll gelangten. Sowohl der Abflug als auch die Ankunft wurden observiert. Der Grieche war bereits einen Tag vorher in der Wohnung des B., die ebenfalls lückenlos observiert worden war, eingetroffen. Unmittelbar nach Ankunft der Kuriere wurden alle Beteiligten festgenommen, nachdem der Informant absprachegemäß die Wohnung des B. verlassen hatte.

cc) V-Personen werden auch dazu eingesetzt, verdeckte Ermittler an kriminelle Organisationen heranzuführen und/

---

1) PROTOKOLL, FACH, S. 52 f.

oder sie in diese einzuschleusen.[1]

Im Einzelfall kann es zweckmäßig sein, Scheingeschäfte ausschließlich durch verdeckte Ermittler abzuwickeln, z. B. wenn eine daran ebenfalls beteiligte V-Person notwendigerweise "verbrennen" würde. In diesen Fällen zielt das polizeiliche Vorgehen darauf ab, das Geschäft ausschließlich durch einen verdeckten Ermittler abwickeln zu lassen. Die V-Person wird jedoch benötigt, um den - meist in der Szene unbekannten - verdeckten Ermittler an die Täterkreise heranzuführen. Das geschieht i. d. R. dergestalt, daß zunächst die V-Person selbst Kontakt zu den Rauschgifthändlerkreisen aufnimmt und Vorgespräche führt. In deren Verlauf teilt die V-Person den Dealern dann mit, daß sie einen Kaufinteressenten an der Hand habe. Als solchen führt sie dann anläßlich eines weiteren, vorbereitenden Treffens den verdeckten Ermittler ein. Die V-Person zieht sich nun aus der weiteren Geschäftsabwicklung völlig zurück.
In dieser Rolle fungierte eine V-Person in einem von Boeden mitgeteilten Fall:[2]

> Dort lagen der Polizei Erkenntnisse über eine Gruppe niederländischer Rauschgifthändler vor. Diese Organisation wollte Haschisch in einer Größenordnung von mehreren Tonnen in die Bundesrepublik liefern und suchte deshalb Kontakte zum illegalen deutschen Drogenmarkt.
> Über eine V-Person konnte ein verdeckter Ermittler an die niederländische Tätergruppe herangeführt werden. Durch den Einsatz des verdeckten Ermittlers gelang es, Einzelheiten über Struktur und Planungen dieser Organisation in Erfahrung zu bringen und dadurch zu deren Überführung beizutragen. Es wurde die Übergabe von 13 Zentnern (!) Haschisch vereinbart. Es gelang, das Rauschgift in der Bundesrepublik si-

---

1) MELLENTHIN, S. 87.
2) BOEDEN, UCA, S. 22 f.

cherzustellen und die Tatverdächtigen festzunehmen. Bei Nachermittlungen durch die niederländischen Behörden konnten weitere 13 Zentner sichergestellt werden.

III. Verdeckte Ermittler

Neben der Inanspruchnahme von Informanten und dem Einsatz von V-Personen praktiziert die Polizei, v. a. im Bereich der polizeilichen Rauschgiftbekämpfung, den Einsatz verdeckter Ermittler (vE). Dieser ähnelt in der Zielsetzung und im Ablauf weitgehend dem Einsatz von V-Personen.

In Baden-Württemberg erkannte man schon früh, daß polizeiliche Maßnahmen, sollten sie nicht nur einseitig die "unteren Ebenen" des Rauschgiftmilieus treffen, sich auch den professionellen Kriminellen bis hin zum international agierenden Händlerring stellen mußten.
Hierzu war das konventionelle polizeiliche Instrumentarium nur unzureichend geeignet. Es stieß mit ansteigender Hierarchie im kriminellen Milieu mehr und mehr ins Leere.[1)]
Insoweit bedurfte es besonderer, speziell ausgebildeter, finanziell und technisch ihrer Aufgabe entsprechend ausgestatteter und angepaßter Ermittlungskräfte, die auch längerfristig eingesetzt werden konnten.[2)]

Auf die Probleme, die aus der Bekämpfung (international) organisierter Rauschgiftschmuggler- und -händlergruppen erwuchsen, reagierte Baden-Württemberg als erstes Bundesland mit der Schaffung einer selbständigen Institution, der Operativen Ermittlungsgruppe Rauschgift, Kurzbezeichnung OEG am 1.7.1973 beim Landeskriminalamt Baden-Würt-

---

1) Siehe dazu ZWEITER und DRITTER TEIL dieser Arbeit und MELLENTHIN, S. 73; BUX, S. 198.
2) MELLENTHIN, S. 73.

temberg. Ziel der Schaffung der OEG war und ist die verdeckte Bekämpfung insbesondere professioneller und organisierter Täterkreise.[1]

Die wesentliche Aufgabe der OEG besteht darin, durch verdeckte Ermittlungen Informationen über geplante oder begangene Straftaten zu beschaffen, die in Abwehr- oder Zugriffsmaßnahmen umgesetzt werden können.
Diese Informationsbeschaffung erfolgt teils auf beinahe schon konventionelle Art, d. h. durch
- Kontaktpflege zu Informanten und
- Inanspruchnahme von V-Leuten,

und teils auf neue Art, nämlich durch
- den Einsatz von Beamten als verdeckte Ermittler.[2]

Die Beschaffung von Informationen durch die Beamten der OEG erfolgt teils losgelöst von bekannten Straftaten (langfristige Einschleusung ins kriminelle Milieu), teils zielgerichtet und fallbezogen (als Kaufinteressent deliktisch erlangter Gegenstände).

Der operative Ansatzpunkt der verdeckten Ermittlung zur Aufdeckung bzw. Verhinderung von Rauschgiftstraftaten, zur entsprechenden Beweissicherung sowie zur Feststellung und Überführung von Tatverdächtigen, ist der Kontakt zum spezifischen kriminellen Milieu.
Ein Art Schlüsselfunktion spielt hierbei - wie bereits oben dargestellt - zumeist die Verbindung und Zusammenarbeit mit Informanten und v. a. V-Personen. Deren methodischer Gewinnung, Führung und Betreuung kommt deshalb eine entscheidende Bedeutung in der Arbeit der verdeckten Ermittlungen zu.[3]
Die dabei gemachten Erfahrungen haben gezeigt, daß auf diese Weise auch die Zerschlagung von Händlergruppierun-

---

1) MELLENTHIN, S. 79; BUX, S. 198.
2) HERTLEIN, Ermittlungsgruppe, S. 47.
3) MELLENTHIN, S. 83.

gen bis in die obere Hierarchie hinein gelingen kann. Außerdem war es möglich, zeitweise die Versorgung ganzer Regionen z. B. mit Heroin wirksam zu reduzieren, ja die Zufuhr von Rauschgift in diese Gebiete gänzlich zu unterbinden.[1]

Eine weitere Erfahrung aus der täglichen Praxis war, daß die eingangs aufgezeigten Entwicklungen der Rauschgiftkriminalität die herkömmlichen polizeilichen Methoden selbst auf der Ebene örtlicher Rauschgiftszenen immer erfolgloser werden ließen.[2] Insbesondere wurde es für die polizeilichen Kräfte nahezu unmöglich, die für Gegenmaßnahmen erforderlichen Kenntnisse zu erlangen. Auch eine systematische V-Mann-Gewinnung und -Führung erwies sich als außerordentlich schwierig, weil die Sachbearbeiter der Rauschgiftdienststellen in der lokalen Szene i. d. R. gut bekannt sind und direkte, häufig aber auch schon indirekte Kontakte zu ihnen vermieden werden.[3]
Deshalb wurden speziell ausgewählte und ausgestattete, mobile und dem Auftrag im örtlichen Milieu angepaßte polizeiliche Ermittlungskräfte erforderlich.[4]
Auch hierzu wurde in Baden-Württemberg im April 1977 mit der Bildung einer Mobilen Rauschgiftfahndung (als Sachgebiet C dem Dezernat 724 - Operative Ermittlungsgruppe angegliedert) eine ebenfalls überaus erfolgreiche Organisationseinheit geschaffen. Sie ist speziell und ausschließlich dem örtlichen Milieu nach Alter, Aussehen, Auftreten und Einsatzzeit angepaßt und wurde bald zu einer wichtigen Erkenntnisquelle für den polizeilichen Strafverfolgungsauftrag.[5]

Aufgabe der Mobilen Rauschgiftfahndung ist die verdeckte Beobachtung und Aufklärung der örtlichen Drogenszenen.

---

1) BUX, S. 198.
2) Siehe dazu ZWEITER und DRITTER TEIL dieser Arbeit und MELLENTHIN, S. 73; BUX, S. 200.
3) BUX, a. a. O.; MELLENTHIN, S. 75 f.
4) MELLENTHIN, S. 73.
5) BUX, S. 200; BAUER, S. 27.

Durch die teils längerfristige Integrierung der Beamten der Mobilen Rauschgiftfahndung in die Drogenszenen konnten Informationen gewonnen werden, die mit dem herkömmlichen polizeilichen Instrumentarium nicht hätten erlangt werden können. Damit konnten örtliche und überörtliche Versorgungshändler identifiziert und überführt werden, denen zuvor trotz jahrelanger Ermittlungen Straftaten nicht nachgewiesen werden konnten.[1]

1. Ziel des Einsatzes verdeckter Ermittler

Der vE wird unter einer milieugerechten Legende an kriminelle Kreise herangeführt und/oder eingeschleust mit dem Ziel,

- Informationen über Planungen, Ablauf und Durchführung geplanter oder bereits stattgefundener krimineller Handlungen zu beschaffen,[2]
- Strukturen von kriminellen Organisationen zu erkennen,
- Täterhierarchien ausfindig zu machen,
- Arbeitsweisen und Tätigkeitsfelder von kriminellen Organisationen zu erhellen,
- Beweise zu beschaffen,[3] insbesondere gegen die im Hintergrund agierenden Täter (die Aktivitäten zur Beweismittelbeschaffung stehen beim Einsatz verdeckter Ermittler im Vordergrund),[4]
- Erkenntnisse über Art und Umfang des Rauschgifthandels und über Personenzusammenhänge, insbesondere über Hintermänner zu gewinnen,
- im Untergrund Betäubungsmittel auszuforschen und zu lokalisieren sowie
- den jeweils idealen Zeitpunkt für operative Maßnahmen und für einen erfolgreichen Zugriff zu erforschen.[5]

---

1) BAUER, S. 27.
2) SCHULZ, Bekämpfung, S. 526.
3) FREIBERG, Ermittlung, S. 23; BEER, Strategien, S. 207.
4) ZÜHLSDORF, Bekämpfung, S. 67.
5) BEER, Strategien, S. 207.

Die verdeckten Ermittler der Mobilen Rauschgiftfahndung konzentrieren sich insbesondere darauf, Informationen zu beschaffen über

- die Verlagerung bestehender und/oder die Neubildung von örtlichen und/oder überörtlichen Rauschgiftszenen,
- Rauschgiftumschlag- und Versorgungsplätze,
- die Existenz einschlägiger Treffpunkte (Lokale),
- Personen oder -gruppen, die im Verdacht stehen, mit Rauschgift(en) zu handeln,
- Arten, Mengen und Preisgefüge der im Umlauf befindlichen Stoffe,
- Verstecke von BtM,
- Verhaltensweisen bei Rauschgiftübergabe (z. B. Maßnahmen zu deren Absicherung wie Gegenobservationen),
- Aktivitäten und Kontakte von Informanten und V-Personen (Überwachung und Kontrolle),
- Rauschgiftausweich- und -ersatzmittel,
- Rauschgiftimitate,
- geplante Rauschgifttransaktionen,
- besondere Entwicklungen und Geschehnisse,
- Rauschgiftbunker usw.[1]

2. Arbeitsweise von verdeckten Ermittlern

Die Aktivitäten der verdeckten Ermittler zur Informations- und Beweismittelbeschaffung konzentrieren sich im wesentlichen auf

- die Durchführung von Rauschgifttransporten,
- die Durchführung von Vertrauens- oder Scheinkäufen von gestohlenen Gegenständen, Fälschungsobjekten, geschmuggelten Waffen oder von Rauschgiften und/oder
- auf das Erbieten, den weiteren Umschlag dieser Objekte zu vermitteln,[2] sowie auf
- die ausschließlich verdeckte Aufklärung.

Dementsprechend gibt es mehrere Arten der Verwendungsmög-

---

1) BAUER, S. 27; MELLENTHIN, S. 76 f.
2) ZÜHLSDORF, Bekämpfung, S. 67 f.

lichkeit verdeckter Ermittler. Sie entsprechen weitgehend denen der V-Personen. Auch hier gilt das bereits zur V-Person Gesagte:
Fälle, in denen ein verdeckter Ermittler alleine arbeitet, sind selten. Sie beschränken sich im wesentlichen auf die ausschließlich verdeckte Aufklärung, wobei es natürlich auch hier Ausnahmen gibt. Ansonsten, d. h. bei der Durchführung von Scheingeschäften oder kontrollierten Rauschgifttransporten, erfolgt regelmäßig ein Zusammenspiel mit V-Personen (s. o.) oder aber mit anderen verdeckten Ermittlern.

a) Verdeckte Ermittler werden in der Hauptsache zur Abwicklung von Einzelfällen eingesetzt.[1]
aa) Für den Bereich der Rauschgiftkriminalität bedeutet dies, daß sie i. e. L. als Scheinkäufer von Rauschgift auftreten. Dabei handelt es sich um kurzfristige, gezielte und fallbezogene Einsätze.
Sie kommen dann in Betracht, wenn vorangegangene verdeckte Maßnahmen der Informationsbeschaffung und Sachaufklärung entsprechende Ansatzpunkte für einen derartigen Einsatz erbracht haben. Innerhalb dieser verdeckten Maßnahmen sind auslösende Faktoren wiederum v. a. Mitteilungen von V-Personen und anderer vE, die sich ausschließlich mit der verdeckten Aufklärung befassen. Diese Informationen erhält der vE entweder direkt von der V-Person bzw. von dem anderen vE oder aber über deren V-Mann-Führer bzw. Führungsbeamten.
Da der vE selbst i. d. R. jedoch nicht über Kontakte zu den betreffenden Täterkreisen verfügt, muß er zunächst an diese herangeführt und/oder in sie eingeschleust werden. Diese Aufgabe fällt, wie bereits oben dargestellt, in das Hauptbetätigungsfeld von V-Personen. Es verwundert daher nicht, daß das Herstellen von Kontakten zwischen vE und Kriminellem in den meisten Fällen durch die Inanspruchnah-

---

1) ZÜHLSDORF, Probleme, S. 196.

me einer V-Person erfolgt, die selbst in der Drogenszene oder in dem fraglichen kriminellen Milieu angesiedelt ist.[1]
In Betracht kommt jedoch auch, daß ein anderer vE, welcher schon über entsprechende Kontakte und einen guten "Leumund" in der Szene verfügt, den Kontakt zwischen seinem Kollegen und den Rauschgiftverkäufern anbahnt.
Nach der Abwicklung der im Rauschgiftgeschäft üblichen Modalitäten kommt es schließlich zur Übergabe der Ware gegen Vorzeigegeld, in deren Verlauf der polizeiliche Zugriff auf ein verabredetes Zeichen hin erfolgt. Um den bzw. die an dem Scheingeschäft beteiligten vE nicht "verbrennen" zu lassen, werden diese gelegentlich zum Schein mitverhaftet und im wahrsten Sinne des Wortes durch die Hintertüre wieder freigelassen. Der vE zieht sich nun wieder zurück und steht für weitere Einsätze zur Verfügung.
Ist der verdeckte Einsatz des als polizeilicher Scheinkäufer aufgetretenen vE mit der Zugriffsaktion jedoch beendet, dann kann er auch seine Polizeizugehörigkeit offenbaren. In dem sich anschließenden Verfahren stellt sich i. d. R. die Frage, ob der vE ungenannt bleiben kann, oder ob er als Zeuge (u. U. vom Hörensagen) in das Verfahren gegen den/die Täter eingeführt werden muß. Die Beantwortung dieser Frage hängt naturgemäß von zwei Faktoren ab:

- Zum einen kommt es darauf an, ob die Beweislage die Überführung der Täter ohne Rückgriff auf den vE ermöglicht.
- Zum anderen ist mitentscheidend, ob der Einsatz des vE als solcher endgültig beendet ist - und damit kein Bedürfnis an der Geheimhaltung seiner Identität mehr besteht - oder nicht.[2]

bb) Wie bereits oben dargelegt, erfolgt die Abwicklung

---

1) ZÜHLSDORF, Bekämpfung, S. 68; DERSELBE, Probleme, S. 196.
2) Vgl. zum Ganzen: SCHULZ, Bekämpfung, S. 531 f; ZÜHLSDORF/GÜSSOW, S. 59 f.

von Scheingeschäften durch vE regelmäßig im Zusammenwirken mit V-Personen oder anderen vE. Einem vE ist es ebensowenig wie einem echten Kaufinteressenten möglich, alleine sowohl die Verhandlungen zu führen als auch den zu kaufenden Stoff zu testen und das Vorzeigegeld zu bewachen. Andernfalls würde er Gefahr laufen, beraubt zu werden. Daher ist die Beteiligung von mindestens drei Personen bei der endgültigen Geschäftsabwicklung szenenüblich. Die Wortführer bleiben regelmäßig zusammen und schicken je einen Gehilfen weg, der sich den Stoff bzw. das Geld Zug um Zug aushändigen lassen soll. Stoff bzw. Geld befinden sich im Gewahrsam einer dritten Person. Es verwundert daher nicht, daß im folgenden Fall[1] gleich drei vE nebeneinander zum Einsatz kamen:

> Zwei verdeckte Ermittler der Rauschgiftfahndung nahmen im Milieu Kontakt zu einem ehemaligen Boxer auf. Bei der Rauschgiftdienststelle waren Hinweise eingegangen, daß dieser mit Rauschgift handeln solle. In der Folgezeit trafen sie sich mehrmals in der Wohnung des Boxers. Um mit ihm ins Geschäft zu kommen und sein Vertrauen zu gewinnen, mußten die verdeckten Ermittler zunächst einen Vertrauenskauf über 1 kg Haschisch für DM 2500,- tätigen. Erst danach wollte er mit ihnen größere Geschäfte machen. In der Folgezeit war der Boxer sichtlich bemüht, es einmal zu einem Treffen in der Wohnung eines der vermeintlichen Käufer kommen zu lassen. Diesen stand jedoch keine konspirative Wohnung zur Verfügung. Sie mußten daher ständig irgendwelche Ausreden gebrauchen und sich bemühen, das aufkommende Mißtrauen ihres Partners zu zerstreuen.
>
> Immerhin konnte telefonisch über ein unmittelbar amtsberechtigtes Telefon ohne Eintrag Verbindung gehalten werden.
>
> Etwa 14 Tage nach dem Vertrauenskauf erbot sich der

1) Mitgeteilt von ZÜHLSDORF, Probleme, S.194.

Boxer, mit seinen beiden Geschäftspartnern in eine westdeutsche Großstadt zu fahren, wo er ihnen 30 kg Haschisch für 60000,- DM vermitteln wollte. Diese Aktion wurde mit der Rauschgiftdienststelle der betreffenden Stadt abgesprochen. Sie stellte das Vorzeigegeld in Höhe von 60000,- DM zur Verfügung und hielt Observationskräfte bereit.
Die Beamten mieteten einen repräsentativen Pkw an und fuhren mit dem Boxer und einem weiteren Beamten in die westdeutsche Großstadt. Dort trafen sie den "Geschäftsfreund" des Boxers in dessen Wohnung. Der Geschäftsfreund des Boxers hatte in seiner Wohnung jedoch nur 5 kg Haschisch zur Verfügung. Die restlichen 25 kg sollten erst noch aus dem Depot geholt werden. Die Geschäftsabwicklung ging nun so vonstatten, daß ein vE mit dem ehemaligen Boxer und der Freundin seines Geschäftspartners in der Wohnung blieb. Währenddessen ging der zweite vE mit dem Geschäftsfreund des Boxers und einem von ihm hinzugezogenen Türken, dessen Rolle unklar blieb, in die Garage. Dort wartete der dritte Beamte mit dem Geld, und es erfolgte die Übergabe von 10000,- DM für die in der Wohnung verbliebenen 5 kg Haschisch. Der Geschäftsfreund des Boxers und der Türke fuhren dann weg, um die restlichen 25 kg zu beschaffen.
Während der Fahrt bemerkten die beiden, daß sie observiert wurden, und es gelang ihnen, sich der Observation zu entziehen. Erst nach einigen Stunden kehrten sie mit einem Taxi in die Wohnung zurück. Hier wurden dann alle vier Personen und die drei Beamten festgenommen. Die zuvor übergebenen 10000,- DM waren verschwunden. Sichergestellt werden konnten nur die 5 kg Haschisch, für die die 10000,- DM bezahlt worden waren.

cc) Auch die verdeckten Ermittler der OEG agieren fallbezogen und kurzfristig im Untergrund. Meist treten sie dabei nach Vermittlung durch eine V-Person als Kaufinteressenten deliktisch erlangter Gegenstände in Erscheinung. Nach der Erledigung des Auftrages werden sie dann wieder zurückgezogen. Zwangsläufig sind daher ihre Möglichkeiten beschränkt, Informationen über bzw. Beweise gegen weitere als die an dem jeweiligen Geschäft unmittelbar beteiligten Personen zu gewinnen. I. d. R. reicht der Informationsgewinn der solchermaßen eingesetzten vE nicht aus, um an Hintermänner oder Verteilerringe von Rauschgift, Waffendepots etc. heranzukommen.[1]

b) Um gegen diese Täterkreise erfolgreicher vorgehen zu können, hat sich nach den bei der OEG bei der Arbeit mit vE gemachten Erfahrungen das langfristige Einschleusen eines verdeckten Ermittlers in den Untergrund als am effektivsten, wenn auch am schwierigsten erwiesen. Denn der derart eingesetzte Beamte muß mit einer vollständigen Legende, also mit Deckausweisen, einer konspirativen Wohnung, einem szenekonformen Fahrzeug und entsprechenden Geldmitteln ausgestattet werden. Nur durch die Anpassung von Verhalten und Habitus an das zu infiltrierende Milieu können verwertbare Kontakte zu den Zielgruppen und -personen hergestellt werden.[2]

Dies ist das Betätigungsfeld der ausschließlich verdeckten Aufklärung. Der vE hat hier lediglich die Aufgabe,
- die Szene, polizeirelevante Vorgänge und Personen zu beobachten,
- Kontakte zu Milieuangehörigen herzustellen und zu pflegen und auf diese Weise
- Informationen zu beschaffen, zu sammeln, entsprechende Feststellungen zu treffen und
- hierüber dem Führungsbeamten zu berichten. Dabei werden gezielte Nachforschungen miteinbezogen.

---

1) HERTLEIN, Ermittlungsgruppe, S. 47.
2) A. a. O.

Im Gegensatz zur Verwendung des vE als Scheinkäufer inkriminierter Gegenstände erfolgt hier eine regelrechte Unterwanderung der betreffenden Subkultur. Den Rahmen für die Unterwanderung der Unterwelt schuf z. B. Hans-Georg Haupt, ein vE des BKA dadurch, daß er in der BRD mit Billigung des BKA ein Netz illegaler Spielklubs aufzog. Dort sollten dann von Haupt geführte V-Personen Informationen über geplante Rauschgift-, Falschgeld- oder Waffengeschäfte gewinnen.[1]

Der vE nimmt am Leben des zu infiltrierenden Milieus teil und versucht, das Vertrauen von Kriminellen, insbesondere von Rauschgift- und Waffenhändlern zu gewinnen. Auf diese Weise erfährt er von geplanten und durchgeführten kriminellen Transaktionen, insbesondere von Rauschgiftgeschäften.
Durch die Vorgabe von Kauf- und Vermittlungsinteressen findet der vE außerdem heraus, wer sich überhaupt als Rauschgifthändler betätigt und wer gerade über welche Mengen Stoff verfügt. Eine Kontaktaufnahme mit V-Personen oder deren Führern erfolgt nicht. Der ausschließlich mit der verdeckten Aufklärung beauftragte vE wickelt auch nicht selbst Scheingeschäfte ab.
Ergibt sich aufgrund der verdeckten Aufklärungsarbeit die konkrete Möglichkeit zur Abwicklung eines Scheingeschäftes, so werden nach entsprechenden Hinweisen an den jeweiligen Führungsbeamten andere vE als Scheinkäufer durch V-Personen an Dealer, Hinterleute und Auftraggeber von Rauschgifttransaktionen herangeführt. Damit wird eine Enttarnung wenigstens des nicht mit der Abwicklung des Scheingeschäftes betrauten vE weitgehend vermieden und der Beamte kann weiterhin verdeckt, ggf. gar im gleichen Milieu operieren.[2]

c) In Betracht kommt in bestimmten Situationen natürlich

---

1) BRAUN, S. 43; N. N. 013, S. 138.
2) Vgl. zum Ganzen: SCHULZ, Bekämpfung, S. 531.

auch eine Vermischung oder Überschneidung der bisher geschilderten Einsatzformen verdeckter Ermittler.

aa) So können z. B. vE zum Abschluß ihrer ausschließlich verdeckten Aufklärungsarbeit auch zur Abwicklung von Scheingeschäften oder zur Durchführung kontrollierter Rauschgifttransporte herangezogen werden. Denn wenn die Arbeit in der verdeckten Aufklärung so oder so beendet werden soll, braucht der vE auch nicht mehr um jeden Preis davor bewahrt zu werden, zu "verbrennen". In der Endphase seiner verdeckten Aufklärungsarbeit verfügt der vE meist über gute Kontakte, so daß er seine Arbeit im Untergrund noch mit der eigenhändigen Durchführung von Rauschgifttransaktionen beenden kann

bb) In der frühen Phase der polizeilichen Bekämpfung der Rauschgiftkriminalität mit Hilfe von verdeckten Ermittlern schien diese Form des Einsatzes allerdings der Normalfall gewesen zu sein. Denn nach dem Schema:
- Einschleusung ins kriminelle Milieu
- langfristige verdeckte Aufklärung
- anschließende Zugriffsmaßnahmen und
- darauffolgender Abbruch des Einsatzes

lief u. a. schon der erste bekanntgewordene Einsatz zweier verdeckter Ermittler in Berlin in den Jahren 1967/68 ab:[1]

> Sie hatten den Auftrag, sich in Lokalen, die der Rauschgiftdienststelle als Treffpunkte von Rauschgifthändlern und -verbrauchern bekannt waren, Informationen über die am Rauschgifthandel Beteiligten und dessen Abwicklung zu beschaffen. Verwertbare Kontakte kamen erst nach etwa drei Monaten zustande. Zunächst beschränkten sich die vE darauf, Handelsabläufe und Drogenmißbrauchspraktiken zu beobachten. Nachdem sie - als szenenzugehörig akzeptiert - auch ei-

---

1) SCHULZ, Bekämpfung, S. 453 ff.

nige Rauschgifthändler kannten, begannen sie, Kaufinteresse zu zeigen. Schließlich wurden Vertrauens- und Probekäufe abgewickelt. So konnten einige Händler fixiert, in Zusammenarbeit mit Observationskräften auch identifiziert, ihre Aufenthaltsorte festgestellt und mögliche Bezugsquellen eingegrenzt werden. Erst nach rund neun Monaten wurden Zugriffsaktionen gestartet. Sie dauerten drei Monate an. Währenddessen blieben die vE in der Szene. Man ging auf die Weise vor, daß bei Zugriffsaktionen stets einer der vE aus dieser herausgelöst wurde und den Einsatzkräften aus einer getarnten Position in angemessener Entfernung von den Treff- und Umsatzlokalen heraus Hinweise auf die von ihm erkannten Dealer gab, wenn diese den jeweiligen Ort des Deals aufsuchten. Dorthin beorderte der Einsatzleiter Eingreiftrupps. Sie konnten den Verdächtigen noch vor dem Erreichen des Treffpunktes festnehmen, durchsuchen und abtransportieren. Unterkünfte der Betreffenden bzw. Anlaufstellen, die als Bezugsquellen verdächtig waren, wurden, soweit bekannt oder vorher festgestellt, durch weitere Kräfte durchsucht. Derartige Aktionen wurden zu unterschiedlichen Zeiten, unregelmäßig wechselnd an verschiedenen Orten und meist unbemerkt von den Lokalbesuchern durchgeführt. In 90% aller Fälle wurden Rauschgifte als Beweismittel gefunden. Meistens handelte es sich um Haschisch oder LSD, welches am Körper, in der Kleidung oder aber in den Unterkünften gefunden wurde. Die Presse wurde weder informiert noch erhielt sie auf Anfrage Auskunft. Als sich die kriminalpolizeilichen Aktionen doch herumsprachen, wurde die Dealertätigkeit und damit das Rauschgiftangebot erheblich eingeschränkt. Der Einsatz der beiden vE schloß im Ergebnis - für die damalige Zeit ein bedeutsamer Erfolg - mit

- über 50 Festnahmen,
- der Sicherstellung von über 4 kg Haschisch und weit über 300 LSD-Trips sowie geringer Mengen anderer Rauschgifte

- und der Sicherstellung von über DM 10000 aus Rauschgiftgeschäften ab.

Nach einem Jahr wurde der Einsatz der beiden vE beendet. Diese standen nun als Zeugen zur Verfügung, und zwar auch hinsichtlich derjenigen Dealer, die sie lediglich beim Deal beobachtet und von denen sie z. T. selbst zu Beweiszwecken Rauschgift angekauft hatten.

Von einem weiteren derartigen Einsatz berichteten die beiden daran beteiligten vE, Gerhard Kürbis und Günter Müller, selbst.[1] Auch dieser Einsatz fand in Berlin statt, und zwar vom Mai 1969 bis Mitte November desselben Jahres.

Kürbis und Müller wurden ins Milieu eingeschleust und sammelten, nachdem entsprechende Kontakte hergestellt waren, Erkenntnisse über Beteiligte und Abwicklung des Rauschgifthandels. Nachdem sie voll in die Szene integriert waren, konzentrierten sie sich ausschließlich auf die Dealer, um über diese an Schmuggler und Großverteiler heranzukommen. Dies war jedoch nur zu erreichen, wenn man sich selbst als Rauschgiftkäufer betätigte. Kürbis und Müller legten sich daher sog. "Haschwaagen" zu - das erforderliche "Fachwissen" hatten sie sich während ihres Einsatzes angeeignet - und begannen Interesse am Kauf größerer Mengen Haschisch zu zeigen. Tatsächlich kam es zur Abwicklung von Rauschgiftgeschäften. Kürbis und Müller machten dabei die Erfahrung, daß bei Übernahme und Bezahlung der Ware zweckmäßigerweise ein größerer Geldbetrag zu zeigen war, um das Verlangen nach größeren Mengen Stoff glaubwürdig erscheinen zu lassen. Im Verlaufe dieser Geschäfte kristallisierte sich heraus , welcher der Händler größere Mengen Stoff zur Verfügung hatte bzw. welcher nur kleinere Mengen dealte. Auch durch die Mitnahme von Bekannten

---

1) KÜRBIS/MÜLLER, S. 449 ff.

aus der Szene im Pkw auf dem Weg von einem Lokal zum anderen erhielten Kürbis und Müller Hinweise auf Händler und bestimmte Treffpunkte. So erhöhte sich die Zahl der den beiden vE bekanntgewordenen Rauschgifthändler und der Personen aus deren Umfeld im Laufe der Zeit auf über 50. Dann liefen die Festnahmeaktionen nach dem folgenden Schema an:
Während Kürbis und Müller an den jeweiligen Abenden in den Lokalen blieben und auf die ihnen bekannten Händler achteten, hielten sich in der Nähe der einschlägigen Treffpunkte Observationsfahrzeuge auf. Verließ nun ein den vE bekannter Dealer im Besitz von Rauschgift das Lokal, so gaben Kürbis und Müller den Observanten ein verabredetes Zeichen. Um die vE nicht "verbrennen" zu lassen, erfolgte die Festnahme in größerer Entfernung zu dem betreffenden Lokal.

cc) Inzwischen scheint man von diesem kombinierten Einsatzschema abgekommen zu sein. Grund dafür ist wohl, daß das Einschleusen von verdeckten Ermittlern in die Szene, das Erfordernis der Anpassung ihres Äußeren, die Schaffung und Aufrechterhaltung einer Legende usw. einen zu großen Aufwand erfordern, als daß man die vE bei einigen Festnahmeaktionen "verbrennen" lassen wollte.

So mußten auch Kürbis und Müller feststellen, daß sich die oben beschriebene Art des Vorgehens bei der Festnahme nur wenige Tage lang durchführen ließ, da sich die Aktivitäten der Polizei innerhalb kürzester Zeit in den einschlägigen Kreisen herumgesprochen hatten. Daraufhin wuchsen die Unsicherheiten unter den Händlern von Tag zu Tag. Folge waren eine Änderung der Dealertaktiken und dementsprechend auch der Vorgehensweise der vE:
In zwei Fällen hatten Kürbis und Müller die Übergabe von mehreren Kilo Haschisch mit den Dealern verabredet. Während der Fahrt zum vereinbarten Treffpunkt wurde das Ziel mehrmals geändert. Bei der Übergabe ergriffen Kürbis und Müller die "Flucht", der Händ-

ler mit dem Rauschgift wurde festgenommen.
Doch auch diese Taktik konnte von den vE nur noch zweimal angewendet werden, ohne Verdacht zu erregen. Dann wurde ihr Einsatz beendet.

d) Als wirkungsvolle Maßnahme zur Bekämpfung des illegalen Rauschgifthandels hat sich neben der Abwicklung von Scheingeschäften insbesondere auch die verdeckte Überwachung von Rauschgifttransporten (kontrollierte Rauschgiftein-, -durch- und -ausfuhr) erwiesen.

aa) Das Rauschgift muß von den Herstellungsgebieten (Mittlerer Osten, Asien, Südamerika) bis in die Konsumzentren einen weiten Weg zurücklegen. Oftmals führt dieser Weg über viele Zwischenstationen, um die wahre Herkunft des Transportes zu verschleiern. Jede Rauschgiftschmugglerorganisation entwickelt dabei ihre eigene Taktik.
Im Bereich des Rauschgifthandels ist es der Weiterverkauf des Stoffes, welcher der Polizei den wichtigsten Bekämpfungsansatz liefert. Bei der Bekämpfung des (international) organisierten Rauschgiftschmuggels bieten lange Transportwege und verschiedene Zwischenstationen den Ermittlungsbehörden Ansatzpunkte für die Bekämpfung.
Die verdeckte Überwachung von Rauschgifttransporten ermöglicht es den Ermittlungsbehörden, den Weg des Rauschgiftes in beide Richtungen zu verfolgen, also sowohl hin zum Lieferanten als auch zum Großabnehmer.
Sie zielt daher darauf ab, den Weg des Rauschgiftes weitgehend vor dem Auf- bzw. Zugriff und möglichst erst nach Übernahme des Stoffes durch den Endabnehmer zu verfolgen. So können alle an der illegalen Transaktion Beteiligten identifiziert und überführt werden, v. a. auch noch unbekannte Hintermänner des Rauschgiftgroßhandels, Lieferanten, Großabnehmer und Finanziers. Im Idealfall kann dann mit einem zeitlich verzögerten Zugriff (für den Zeitpunkt ist ausschlaggebend, daß durch den Zugriff die Abnehmer nicht mehr gewarnt werden können) eine komplette Verbin-

dung des Drogenhandels von den Lieferanten bis zu den Abnehmern zerschlagen werden.[1])

bb) Die für die Kontrolle eines illegalen Rauschgifttransportes erforderlichen Informationen über beteiligte Kuriere, Fahrzeuge, Transportrouten, Übergabeorte usw. bezieht die Polizei aus anderen verdeckten Maßnahmen, v. a. aus dem Einsatz von V-Personen und verdeckten Ermittlern. Besondere Bedeutung kommt der Einschleusung verdeckter Ermittler in Rauschgiftschmuggler- und -händlerringe zu. Sie können die Observationskräfte mit denjenigen Informationen versorgen, die für eine lücken- und reibungslose Observation des Transportes, die Bestimmung des Zugriffsortes, der Zugriffszeit und die Festlegung der Anschlußmaßnahmen erforderlich sind.

cc) Bei verdeckt kontrollierten Rauschgifttransporten kommt es besonders auf die reibungslose Übernahme der Observation ab Grenzübertritt an. Um diese zu gewährleisten, werden vE und Observationskräfte in aller Regel schon auf dem Territorium des Nachbarstaates tätig, selbstverständlich nach Absprache mit den betroffenen Zoll- und Polizeibehörden.[2])

dd) Bislang scheiterten Versuche, vE in Rauschgiftschmugglerorganisationen einzuschleusen und kontrollierte Rauschgifttransporte mit eingeschleusten vE deutscher Behörden durchführen zu lassen, nicht selten an der fehlenden Mitwirkungsbereitschaft der von dem jeweiligen Transport tangierten Staaten. Ausschlaggebend hierfür sind i. d. R.
- unterschiedliche Rechtslagen,
- fehlende Verfügbarkeiten,
- Prestigedenken,

---

1) Siehe dazu auch SCHULZ, Bekämpfung, S. 573 f.
2) KRUPSKI, Betäubungsmittelkriminalität, S. 85 f. Demgegenüber sind nach Ansicht JESCHKES, S. 70, Beginn und Fortsetzung einer Observation jenseits der eigenen Staatsgrenzen mit eigenen Kräften nach wie vor eine Ausnahme.

- nationaler Egoismus und
- übersteigertes Souveränitätsdenken.[1]

Inzwischen scheint sich jedoch auch hier eine bessere Einsicht durchgesetzt zu haben. Immer häufiger ist zu lesen oder zu hören, daß Rauschgifttransporte vom Lieferanten bis zu den Großabnehmern durch vE des BKA mit Billigung der betroffenen Behörden durchgeführt werden. Auch hält man mit einem Vorgehen gegen die Lieferanten so lange zurück, bis auch gegen die Abnehmer vorgegangen werden kann, um diese nicht vorzeitig zu warnen.

Von einem Fall, in dem die Zusammenarbeit mit ausländischen Behörden reibungslos funktionierte, berichten Goessner und Herzog:[2]

> Ein vE des BKA hatte am 11. April 1983 Verhandlungen mit einer pakistanischen 'Gruppierung' geführt, die im Verdacht stand, illegalen Rauschgifthandel zu betreiben. Der vE hatte schnell Erfolg: Er hatte sich als Transporteur zur Verfügung gestellt und konnte bereits einen Tag später, am 12.4.1983, die unvorstellbar große Menge von 18 kg Heroin mit einem Wert von 4,5 Millionen DM übernehmen und dem pakistanischen Zoll übergeben. Dieser deponierte das Heroin am 18.4.1983 in einem Flugzeug, welches von Karatschi nach Frankfurt flog. Nach BKA-Vermerken vom 22. und 23. April 1983, welche in die Ermittlungsakten Eingang fanden, begleitete der vE diesen Herointransport. Ihm war mitgeteilt worden, in welchem der an Bord befindlichen Container sich der Koffer mit dem Heroin befand. In Frankfurt wurde der Heroinkoffer bei der Ankunft der Maschine durch das Zollfahndungsinstitut in Empfang genommen und nach den erforderlichen Übergabemodalitäten an Beamte des BKA übergeben. Noch am 18. April 1983 transportierte der vE das Heroin in eine konspirative Frankfurter Wohnung. Ein zweiter vE zweigte 'in Abstimmung mit der

---

1) SCHULZ, Bekämpfung, S. 574 f.; JESCHKE, S. 70.
2) GOESSNER/HERZOG, S. 76.

Staatsanwaltschaft Frankfurt/Main, der Staatsanwaltschaft Brüssel sowie Interpol Brüssel' 5 kg Heroin aus der Gesamtmenge ab, um damit eine andere kriminaltaktische Operation am 23.4.1983 in Belgien durchzuführen, an der auch der erste vE beteiligt war. Dieser brachte nun die restlichen 13 kg des Heroins in das Zimmer Nr. 3035 des Canadian-Pacific-Hotels Frankfurt. Dort wurde eine 25 Jahre alte Pakistanerin und deren Begleiter von fünf BKA-Beamten wegen des Verdachts auf Heroinhandel festgenommen und in Untersuchungshaft gebracht. Das Heroin wurde beschlagnahmt. Das aufgrund einer Anzeige (vom 19. Januar 1984) des Verteidigers der Pakistanerin gegen die vE eingeleitete Ermittlungsverfahren wurde von der Staatsanwaltschaft Frankfurt mit Verfügung vom 9. März 1984 eingestellt. Grund: 'Keine zureichenden Anhaltspunkte für ein strafbares Verhalten' der vE. Die Transporte des Heroins seien zwar von ihnen durchgeführt worden, es habe sich jedoch um einen 'von den Behörden kontrollierten dienstlichen Umgang mit Betäubungsmitteln auf dem Gebiet der Strafverfolgung' gehandelt und sei daher straffrei.

C. Einzelfragen des Umgangs mit und der Führung von Informanten und V-Personen

Fragen, die den Umgang mit bzw. die Führung von Informanten, V-Personen und verdeckten Ermittlern betreffen, sind heute auf Landesebene polizeieinheitlich durch Richtlinien[1] oder Dienstanweisungen[2] geregelt. Diese sind jedoch - ebenso wie i. ü. auch die einschlägige PDV 100 - naturgemäß "VS - Nur für den Dienstgebrauch". Soweit sie dennoch veröffentlicht wurden, ist festzustellen, daß den Problemen der Zusicherung der Vertraulichkeit breiten Raum eingeräumt wird. Die folgenden Erörterungen stützen sich daher i. w. auf die in der einschlägigen Literatur veröffentlichten Beiträge.

I. Die den Informanten und V-Personen gewährte Gegenleistung

Bei der Gewinnung von und dem Verkehr mit Informanten und V-Personen darf niemals außer Betracht bleiben, daß es kaum Informanten oder V-Personen gibt, die aus edlen Motiven für die Polizei arbeiten. Zwar lehnen bestimmte Personengruppen unter den Informanten und V-Personen eine finanzielle Abgeltung ihrer Zusammenarbeit mit der Polizei grundsätzlich ab. In den meisten Fällen geht es ihnen jedoch ausschließlich um Geld oder sonstige Vorteile.[3] Daher ist es im Interesse einer wahrheitsgetreuen Berichterstattung wichtig, daß auch negative Mitteilungen honoriert werden, soweit sie sachdienlich sind.[4]
Die Beantwortung der Frage, ob Informanten und V-Personen

---

1) Z. B. in Hamburg: "Richtlinien für die Inanspruchnahme von Vertrauenspersonen und anderen Informanten", Aktenzeichen 218.15-2/4, Tgb.- Nr. 422/82, auszugsweise abgedruckt in: GOESSNER/HERZOG, S. 67 ff. und in Bürgerrechte und Polizei, 1984, Nr. 1, S. 87 ff.
2) Z. B. in Hannover: "Dienstanweisung für den Umgang mit Vertrauenspersonen", auszugsweise abgedruckt in: GOESSNER/HERZOG, S. 71 ff.
3) ZÜHLSDORF, Bekämpfung, S. 74; MEIXNER, S. 190.
4) MEIXNER, S. 190.

für eine Belohnung in Geld empfänglich sind, hängt meistens von ihrer sozialen Stellung, aber auch von ihrer persönlichen Einstellung ab.[1]
Erörterungen über die den Informanten und V-Personen regelmäßig gewährte Gegenleistung sollten grundsätzlich zwei Bereiche voneinander trennen, und zwar die der Diebstahls-, Raub- und Hehlereikriminalität von der sonstigen Kriminalität.

1. <u>Die Belohnung von Informanten und V-Personen im Bereich der Diebstahls-, Raub- und Hehlereikriminalität</u>

a) Hier führt die Inanspruchnahme von Informanten bzw. der Einsatz von V-Personen als Scheinkäufer deliktisch erlangter Gegenstände oftmals dazu, daß gestohlene oder geraubte Sachen dem Geschädigten wieder zugeführt werden können.
Die finanzielle Abgeltung eines Informanten oder einer V-Person übernimmt nach erfolgreichen Einsätzen in diesen Fällen meist die geschädigte Versicherung, manchmal aber auch der Fiskus, sofern das Diebesgut ihm gehört.[2]
Es ist zur Regel geworden, daß Versicherungsgesellschaften - durch die Wiederbeschaffung gestohlener oder geraubter Gegenstände von ihrer Leistungspflicht gegenüber dem Geschädigten befreit - grundsätzlich 10% des wieder beigebrachten Wertes als Belohnung auszahlen.[3] Dabei ist es den Versicherungen egal, ob die Summe nun direkt der V-Person oder aber zunächst der Kriminalpolizei übergeben wird.[4]
Das in der generellen Bereitschaft der Versicherungen zur Zahlung von 10% des wieder beigebrachten Wertes liegende Risiko darf nicht übersehen werden. Die Versuchung, auch für die andere Seite oder in die eigene Tasche zu arbei-

---

1) BKA-Schriftenreihe, S. 76.
2) SCHMIDTMANN, S. 166.
3) MÖRSCHEL, S. 172; HARMS/DUVENHORST/HAKEL, S. 375; BERGBAUER, S. 613. Belohnungen für wieder beigebrachtes Diebesgut in Höhe von DM 20000 bis 50000 waren nach Angaben Mörschels schon Anfang der 70er Jahre keine Seltenheit!
4) BERGBAUER, S. 613.

ten, ist für alle Beteiligten groß. Ihr erlagen z. B. manche V-Personen des Hamburger Einbruchsdezernates ebenso wie ihre Führungsbeamten (bekannt als Hamburger Polizeiskandal). Diese sollen selbst Einbrüche organisiert haben, um dann im Anschluß die Versicherungsprämien zu kassieren. Besonders hervorgetan hat sich dabei ein Kriminalhauptmeister, der zusammen mit seinen V-Personen Orient-Teppiche, Gemälde und anderes Diebesgut so lange zurückhielt, bis seitens der Versicherungen die Bezahlung der Wiederbeschaffungsprämien zugesagt wurde. Diese Prämien wurden dann geteilt: Neunzig Prozent erhielt der V-Mann-Führer, zehn Prozent die V-Person. Der Beamte kassierte außerdem vom jeweiligen Eigentümer noch eine Belohnung.[1]

b) Will ein Geschädigter oder eine Versicherung einem Informanten oder einer V-Person für deren erfolgreiche Mithilfe bei der Aufklärung einer Straftat und der Wiederbeschaffung gestohlener oder geraubter Sachen eine Belohnung zukommen lassen, so enthält sich die Kriminalpolizei grundsätzlich jeder Mitwirkung.[2]
Denn in vielen Fällen haben Informanten und V-Personen den Geschädigten falsche Angaben gemacht und dadurch das Ansehen der Polizei erheblich gefährdet.[3]
Außerdem besteht die vorrangige Aufgabe der Polizei in der Straftatenaufklärung und nicht in der Schaffung eines Ausgleichs der durch die Straftat bewirkten ungerechtfertigten Vermögensverschiebung.

Es wird daher polizeilicherseits grundsätzlich vermieden, Informanten oder V-Personen, die nicht absolut einwandfrei sind, mit einem Geschädigten zusammenzubringen, um dem Informanten oder der V-Person auf diese Weise eine Belohnung oder Vergünstigung zukommen zu lassen. Nur in Ausnahmefällen schaltet sich die Polizei vermittelnd ein.

---

1) MÜNDER, S. 56 f.
2) BKA-Schriftenreihe, S. 81.
3) BÖGE, S. 93.

Demgemäß bestimmen z. B. auch die Hamburger "Richtlinien für die Inanspruchnahme von Vertrauenspersonen und anderen Informanten" unter Punkt 8.3:

> "In Einzelfällen können Gelder von dritter Seite (u. a. Versicherungen) über die Polizei für V-Personen eingesetzt werden. Hierzu bedarf es der Einwilligung des zuständigen Inspektionsleiters bzw. der Leiter 31 der PD."

c) Wie bereits oben festgestellt wurde, schaltet sich die Polizei nur ungern in die Belohnung eines Informanten oder einer V-Person durch eine Versicherung oder sonst einen privaten Dritten ein. Die gemachten Erfahrungen jedenfalls haben gezeigt, daß bei der Abwicklung des finanziellen Teils äußerste Vorsicht angebracht ist. Der in die Abwicklung eingeschaltete Beamte (meist der Kontaktbeamte des Informanten oder der V-Mann-Führer) kann sehr schnell in den Verdacht geraten, sich selbst bereichert zu haben, nicht ohne Grund, wie die im Hamburger Polizeiskandal gemachten Erfahrungen zeigen. Deshalb ist es angebracht, so vorzugehen, daß jederzeit Rechenschaft über die gezahlten Gelder abgelegt werden kann.[1]
Der Transfer der Belohnung geht, sofern die Polizei eingeschaltet wird, folgendermaßen vonstatten oder wird von Praktikern zur Vermeidung von Schwierigkeiten zumindest so empfohlen :

- Zunächst wird demjenigen, der die Belohnung anbietet, schriftlich bestätigt, daß alleine der Informant oder die V-Person zur Sicherstellung des Diebesgutes beigetragen hat.
- Der Geschädigte oder die Versicherung wird aufgefordert, wie meist vorher telefonisch besprochen, die Belohnung unter einem Stichwort auf ein bestimmtes Konto zu überweisen.[2]
  In Frankfurt z. B. wird die Auszahlung der Belohnung so geregelt, daß Belohnungsgelder über das Postscheckkonto der Polizeikasse zur Einzahlung gebracht werden. Die

---

1) HARMS/DUVENHORST/HAKEL, S. 375.
2) SCHMIDTMANN, S. 166.

Überweisung enthält den Vermerk: "Belohnung für V-Person in Sache XY ..."[1]
Eine andere Möglichkeit ist die, daß der Sachbearbeiter in Gegenwart eines zweiten Kriminalbeamten - nach Quittungsleistung beider Beamter - den Geldbetrag vom Belohnenden entgegennimmt. Die Durchschrift der Quittung, welche auch die Unterschrift des Belohnenden trägt, wird zur kriminalpolizeilichen Handakte des betreffenden Vorganges genommen.[2]

- Sofern das Geld überwiesen wird, wird nach dessen Eingang die Kriminaldirektion schriftlich gebeten, das überwiesene Geld von der Kasse zu holen und es freizugeben.
- Die Auszahlung erfolgt dann persönlich an den Informanten oder an die V-Person in Gegenwart von zwei Kriminalbeamten.[3]
  Der Empfänger des Geldes quittiert den Erhalt. Die Quittung in zweifacher Ausfertigung enthält sowohl die Namen der beteiligten Kriminalbeamten als auch den an den Informanten oder an die V-Person gezahlten Geldbetrag. Während die Originalquittung dem Geschädigten ausgehändigt wird, wird die Durchschrift der Handakte beigefügt.[4] Der Informant bzw. die V-Person erhält keine Quittungsdurchschrift!

2. Die Gegenleistung im übrigen

An erster Stelle der in Betracht kommenden Gegenleistungen stehen natürlich finanzielle Zuwendungen. Aber auch andere Vorteile werden gefordert.
a) Die Entlohnung von Informanten und V-Personen in Geld kommt wohl am häufigsten vor und ist auch - relativ gesehen - am unproblematischsten.
Die bisher - z. B. auch bei der OEG - in der Bekämpfung der Rauschgiftkriminalität gemachten Erfahrungen haben ge-

---

1) MÖRSCHEL, S. 172.
2) BKA-Schriftenreihe, S. 81.
3) SCHMIDTMANN, S. 166; MÖRSCHEL, S. 172.
4) BKA-Schriftenreihe, S. 81.

zeigt, daß Informanten und V-Personen auf die Bezahlung ihrer Dienste ausgesprochen positiv reagieren. Nur in Ausnahmefällen sind unter den Informanten und V-Personen Idealisten zu finden, denen die Rauschgiftbekämpfung ein echtes Anliegen ist. Ihre Tätigkeit muß folglich zumindest der Entlohnung nach einen kräftigen finanziellen Anreiz bieten.[1] Der Informanten- und V-Personenentlohnung kommt daher, insbesondere hinsichtlich der Bereitschaft zur weiteren Mitarbeit, eine große Bedeutung zu. V-Personen entfalten beachtliche Aktivitäten, wenn sie davon ausgehen können, für ihre Tätigkeit auch angemessen bezahlt zu werden.[2]

aa) In den Genuß von Geldbeträgen seitens der Polizei kommen Informanten und V-Personen grundsätzlich nur im Erfolgsfall,[3] also wenn der die Information bzw. Mitarbeit betreffende Fall erfolgreich abgeschlossen ist.
Vom Erfolgseintritt selbst können jedoch nur eventuelle Belohnungen oder Erfolgshonorare abhängig gemacht werden, nicht auch notwendig gewordene Auslagen.[4]
So ist es bei V-Personen manchmal auch erforderlich, vor Beginn ihrer Tätigkeit einen kleineren Geldbetrag vorzuschießen. Dies deshalb, weil die Durchführung des Auftrages Unkosten verursachen kann, welche die V-Person aus eigener Tasche nicht bezahlen kann oder will.[5]
Während des Einsatzes erhält die eingesetzte V-Person dann lediglich die Kosten für erforderliche Aufwendungen erstattet.[6] Die laufende Begleichung der anfallenden Auslagen birgt natürlich große Gefahren für den V-Mann-Führer. Es ist schon vorgekommen, daß V-Personen ihre Aufträge unnötig in die Länge gezogen haben und sich fingierte Auslagen haben erstatten lassen. Wenn überhaupt, dann wur-

---

1) JOACHIMSKI, V-Leute, S. 557.
2) HERTLEIN, Ermittlungsgruppe, S. 48; ZÜHLSDORF, Bekämpfung, S. 74.
3) BDK, HOHENSINN, S. 37.
4) SCHULZ, Bearbeitung, S. 330.
5) BAUER, Verbrechensbekämpfung II, S. 347.
6) SCHULZ, Bekämpfung, S. 517 f.

den Erfolge meist erst viel später geliefert, als dies möglich gewesen wäre.

bb) Betreffend die "Geldzuwendungen an V-Personen und Informanten" bestimmen z. B. auch die Hamburger Richtlinien unter Punkt 8., daß diese dem Grunde nach vom Erfolg abhängen:

> 8.1 V-Personen werden grundsätzlich aus besonderen Mitteln des Landeshaushaltes bezahlt. Die Höhe der Zahlungen ist abhängig vom Informationsgehalt. Zahlungen werden grundsätzlich erst nach Erfolg geleistet.
>
> 8.2 Anträge auf Zahlungen an V-Personen sind dem jeweiligen Dienststellenleiter vorzulegen, der die Entscheidung über die Auszahlung durch folgende Stellen herbeiführt...(es folgen genauere Hinweise zur Auszahlung der Gelder, die bei kleineren Beträgen - bis 500,- DM - bei einmaliger Zahlung von den unteren Dienststellen genehmigt werden kann, bei größeren Beträgen von höheren Dienststellen genehmigt werden muß).

cc) Quittieren ist im Rahmen der Auszahlung von Honoraren an Informanten und V-Personen nicht üblich.[1] Zur Geldübergabe wird vielmehr - entsprechend der o. dargestellten Auszahlung von Versicherungsgeldern und Belohnungen an Informanten und V-Personen - i. d. R. ein zweiter Beamter hinzugezogen. Die Beamten bezeugen dann schriftlich, daß der Informant bzw. die V-Person (folgt Deckname) diesen Betrag ausgehändigt erhalten hat. Mit einem derartigen Vorgehen wird dann auch den Erfordernissen über die Verwendung öffentlicher Mittel Rechnung getragen.[2]

dd) In der Folge der Entlohnung von Informanten und V-Personen ergeben sich u. a. zwei Probleme:

- Zum einen wurde im Umgang mit Fixern, welche Rauschgiftsachbearbeiter gelegentlich gegen Informantenhonorar mit Informationen versorgten, in der Vergangenheit wie-

---

1) BAUER, Verbrechensbekämpfung II, S. 348; GROSS/GEERDS II, S. 78. Eine Quittung kann, fällt sie in die falschen Hände, zur Decouvrierung des Informanten bzw. der V-Person führen. Außerdem könnte eine dem Informanten oder der V-Person erteilte Durchschrift von dieser dazu mißbraucht werden, mit guten "connections" zur Polizei zu prahlen.
2) BAUER, Verbrechensbekämpfung II, S. 348.

derholt die Erfahrung gemacht, daß Informationsgelder von den Drogenabhängigen zum Kauf von Rauschgiften benutzt wurden.[1]
Zu recht wird es für nicht vereinbar mit den polizeilichen Aufgaben und dem polizeilichen Ziel der Rauschgiftbekämpfung gehalten, wenn bei einer Entlohnung nicht ausgeschlossen werden kann, daß der Empfänger den erhaltenen Betrag zur Beschaffung von Rauschgiften, wenn auch für den Eigenbedarf, verwendet.[2]

- Zum anderen scheint auch manchen nichtpolizeilichen Behörden das notwendige Feingefühl bei der Bearbeitung von Fällen zu fehlen, welche i. e. L. den polizeilichen, aber unter irgendeinem Gesichtspunkt auch ihren eigenen Zuständigkeitsbereich tangieren.
So berichtet der SPIEGEL[3] von einer sehr erfolgreichen V-Person. Sie hatte jahrelang der Polizei Blütendrucker und Waffenhändler, Rauschgiftdealer und Bildfälscher, Hehler und Seriendiebe ins Netz getrieben. Nun wollte sie ihre Mitarbeit aufkündigen, weil sie sich um ihren Lohn gebracht fühlte. Grund: Das Finanzamt verlangte Offenlegung ihrer geheimen Einkünfte und erhebliche Steuernachzahlungen für die "Erfolgsprämien und Provisionen von verschiedenen Dienststellen für die Mithilfe bei der Aufklärung krimineller Handlungen". Begründung des Finanzamtes: Auch ein V-Mann beteilige sich am allgemeinen wirtschaftlichen Verkehr.

ee) Für die Höhe der Prämien sind zwei Gesichtspunkte von besonderer Bedeutung:

- Zum einen müssen Informanten und V-Personen in einschlägigen Kreisen Vertrauen genießen, wenn sie erfolgreich arbeiten wollen. Gerade V-Personen, die im Bereich der Bekämpfung der Rauschgiftkriminalität eingesetzt werden, er- und behalten das Vertrauen des Milieus da-

---

1) UHLHORN, S. 515; THOMAS, Drogenkriminalität, S. 160.
2) Zu den Kritikern dieser Praxis gehört z. B. SCHULZ, Bekämpfung, S. 518.
3) N. N., Verbrechen, S. 68.

durch, daß sie in dieses zumindest scheinbar integriert sind. Diese (Schein-)Integration als Rauschgiftdealer oder -schmuggler erfordert einen gewissen Lebensstandard. Denn die im Rauschgiftgeschäft möglichen, hohen Gewinnspannen lassen es unglaubwürdig erscheinen, wenn eine V-Person, die nach ihrer Selbstdarstellung im Geschäft mitmischt, sozusagen immer "am Hungertuch nagt". Der milieu- und statusgerechte Lebensstandard muß, da V-Personen nur selten einer einträglichen, "ordentlichen" Arbeit nachgehen, zumindest teilweise auch durch die von der Polizei gezahlten Belohnungen getragen werden. Die Polizei kann daher nicht mit Kleinstbeträgen operieren, ohne sich lächerlich zu machen.[1]

- Zum anderen muß die Belohnung insbesondere der im Rauschgiftbereich eingesetzten V-Personen den Umständen entsprechend einen gewissen Anreiz darstellen, denn V-Personen arbeiten mit der Polizei schließlich nicht ohne Eigengefährdung und auch nicht aus Selbstlosigkeit zusammen.

aaa) Selbstverständlich kann die Entlohnung bei weitem nicht dem entsprechen, was mittels illegaler Rauschgiftgeschäfte - wenn auch mit dem Risiko langjähriger Freiheitsstrafen - an finanziellem Gewinn zu erzielen ist. Die Informanten- und V-Personenentlohnung bietet dem Betreffenden aber immerhin die Alternative, durch die Unterstützung der Polizei einen angemessenen Betrag verdienen zu können, ohne dadurch gegen das Gesetz zu verstoßen.[2]

bbb) Folgende Kriterien werden i. a. der Bemessung der Höhe der Prämien zugrundegelegt:

- Bedeutung des Falles,

---

1) PANITZ, S. 397. In einem vor dem LG Berlin verhandelten Fall (Urt. v. 23. 2. 1984) betätigte sich ein Zapfer als V-Person. Er konnte von den dafür erhaltenen Beträgen sogar teilweise seinen Lebensunterhalt bestreiten.

2) SCHULZ, Bekämpfung, S. 517 f.

- persönlicher Einsatz und Gefährlichkeit,[1]
- Nutzen der Information bzw. der Mitarbeit für die öffentliche Sicherheit.[2]

ccc) Um zu vermeiden, daß Informanten und V-Personen verschiedene Polizeidienststellen dadurch gegeneinander ausspielen, daß sie ihre Informationen und ihre Mitarbeit dem "Meistbietenden" antragen, war eine polizeieinheitliche Regelung der Informanten- und V-Personenentlohnung erforderlich.
Eine weitgehend gleichmäßige Handhabung der Bezahlung von Informanten und V-Personen wurde durch die Erarbeitung von Richtwertempfehlungen erreicht. Diese Richtwerte finden bundesweit bei allen Polizei- und Zollbehörden Anwendung.[3]
Nach Äußerungen Pawelczyks[4] gibt es in Hamburg z. B. weder feste Taxen noch Höchst-, sondern nur Richtsätze. Nach diesen Richtsätzen macht der V-Mann-Führer seinem Dienststellenleiter Vorschläge, welche dieser genehmigen muß. Das Geld stammt aus dem Haushaltstitel "Fahndungskosten und vorbeugende Verbrechensbekämpfung sowie Aufwendungen für Festgenommene" (1982: 336000 Mark).

ddd) Zur Höhe der Belohnungen für die Mitarbeit einer V-Person, die zur Sicherstellung von Rauschgift führt, nochmals die bereits zitierte V-Person des Hamburger Rauschgiftdezernats:

> "Natürlich kassiert der V-Mann seine Erfolgsprämien, deswegen ist er ja im Geschäft. Diese 'Auslobung', wie die Prämie offiziell heißt, beträgt für ein Kilogramm beschlagnahmtes Haschisch 75 Mark[5], bei einem

---

1) So auch von Hertlein schon 1978 gefordert: HERTLEIN, Ermittlungsgruppe, S. 48. Wie aber z. B. die Hamburger Richtlinien zeigen, kommt es dort ausschließlich auf den Informationsgehalt an.
2) BEER, Strategien, S. 206.
3) A. a. O.
4) PAWELCZYK, S. 106/108.
5) Im Jahr 1977 waren es noch 45 Mark pro Kilo, N. N. Verbrechen, S. 67.

reellen Marktwert von 8000-9000 Mark. Für ein Kilogramm beschlagnahmtes Heroin gab es 1500 Mark, bei einem reellen Marktwert von 100-120000 Mark."[1]

b) Sonstige Gegenleistungen können meist nicht ohne Einschaltung anderer Stellen versprochen und gewährt werden und sind daher problematisch. Geld hat demgegenüber den Vorteil, daß es polizeiintern, ohne Einschaltung anderer Stellen, ausgezahlt werden kann. Außerdem sind sonstige Vergünstigungen bzw. Gegenleistungen oft termingebunden, während Geld erst nach Vorliegen konkreter Ergebnisse gezahlt werden kann. Geld kann z. B. bei Unzuverlässigkeit der V-Person bzw. des Informanten einfach einbehalten oder die Zahlungen können eingestellt werden. Demgegenüber erfordert z. B. die Aufhebung bzw. Rücknahme einer unter Mitwirkung der Polizei erteilten oder verlängerten Aufenthaltserlaubnis einen verwaltungsmäßig (u. U. gar juristisch) viel größeren Aufwand.

aa) Über die finanzielle Entlohnung hinaus wird die Polizei vielfach mit der Forderung nach anderen Vergünstigungen konfrontiert. Allgemein handelt es sich hierbei um behördliches Entgegenkommen oder um Tolerierungen in beruflicher oder privater Hinsicht, insbesondere um

- die Erteilung oder Verlängerung von Aufenthalts- und/ oder Arbeitserlaubnissen,
- die Verzögerung von Zurück- bzw. Abschiebungen bei Ausländern,
- die Erteilung von Erlaubnissen beruflicher oder gewerberechtlicher Art,
- die Verzögerung rechtlich zulässiger Einziehungen,
- die Tolerierung der Nichtbefolgung von Auflagen,
- das Absehen von berechtigten Kontroll- oder Überprüfungsmaßnahmen,[2]
- den Nichterlaß eines Haftbefehls,

---

1) MÜNDER, S. 56.
2) SCHULZ, Bekämpfung, S. 517.

- die Aussetzung des Vollzuges eines Haftbefehls durch Meldeauflagen oder Kautionsgestellung,
- die (vorzeitige) Freilassung aus der Untersuchungshaft, Haftverschonung oder die Vermeidung der Verhaftung (die Mitarbeit als V-Person kann sozusagen die Kaution ersetzen)[1] usw.

bb) Eine der ersten Fragen, insbesondere von V-Personen an den V-Mann-Führer, betrifft jedoch die Strafbarkeit früheren Verhaltens. Meistens wird schlankweg Straffreiheit verlangt. Im Strafrecht findet dieses Verlangen keine Stütze. Auch können nach dem Beamtenrecht und der StPO erkennbare Beweise für Verfehlungen der V-Person nicht einfach ignoriert werden, und eine Einstellung wegen Geringfügigkeit durch die Staatsanwaltschaft kommt bei Vergehen nach dem BtMG nur selten in Betracht.
Möglich ist allenfalls eine Zurückstellung der Verfolgung früherer Straftaten der V-Person unter Opportunitätsgesichtspunkten (bis die V-Person nicht mehr benötigt wird oder bis die Verfolgung ihrer Straftaten dringend geboten ist, z. B. weil ansonsten die Strafverfolgung rechtlich oder tatsächlich unmöglich wird).[2]
Außerdem ist nichts dagegen einzuwenden, daß der betreffende Polizeibeamte z. B. beim Staatsanwalt oder beim Richter objektiv vorträgt, warum er sich für diese oder jene Person einsetzt (um z. B. Außervollzugsetzung eines Haftbefehls oder einen zeitlichen Strafaufschub zu errei-

1) KREUZER, Drogen, S. 185.
2) JOACHIMSKI, V-Leute, S. 555. Die Behauptung, daß ein Informant oder eine V-Person als Gegenleistung vom Kriminalbeamten erwartet, daß dieser beide Augen zudrückt, wenn sich der Informant oder die V-Person selbst strafbar macht, kann allerdings Schmidtmann nicht bestätigen. In der Praxis sähe dies, so Schmidtmann, ja so aus, daß der Informant bzw. die V-Person vom Beamten, der ihn führt, bei einer Straftat ertappt, aber laufengelassen würde. Das sei schlecht vorstellbar. Andererseits würden Ermittlungen gegen einen straffällig gewordenen Informanten oder gegen eine V-Person mit Sicherheit von Anfang an von anderen Kollegen geführt werden. Von "Gegenleistung" bei der "V-Mann-Tätigkeit" im üblichen Sinne, insbesondere wie es der Laie, aber auch viele Kriminalbeamte verstehen, könne also nicht gesprochen werden: SCHMIDTMANN, S. 162.

chen). Wenn dann die Staatsanwaltschaft der polizeilichen Argumentation folgt und ein legales Entgegenkommen befürwortet, dann trägt sie die Verantwortung und nicht der Beamte.[1]

cc) Die teilnehmende Beobachtung bei und schriftliche Befragung von Drogendezernaten[2] hat ergeben, daß die Erwartungen gesetzlich nicht legitimierter Belohnungen durch die Polizei meistens nicht erfüllt werden. Vielmehr wird einem Tatverdacht gegen Informanten und V-Personen wegen Drogenhandels ebenso nachgegangen, wie nicht mit der Polizei zusammenarbeitende Dealer verfolgt werden.
Ausnahmen bestätigen aber auch hier - wie üblich - die Regel, wie der Fall des 38 Jahre alten Kriminalhauptkommissars Peter Roßmar zeigt:
Angeklagt wegen Strafvereitelung im Amt, muß Roßmar sich 1984 vor der 31. Großen Strafkammer des LG Frankfurt verantworten. Die Staatsanwaltschaft wirft Roßmar vor, er habe ertappte Dealer eigenmächtig laufen lassen, um mit ihrer Hilfe an die Hintermänner der Rauschgiftgeschäfte h anzukommen. Dadurch habe Roßmar zeitweilig die Ermittlungen behindert.

> Im ersten Fall, der Roßmar zur Last gelegt wird, geht es um einen Jurastudenten. Dieser wurde in den Jahren 1979/ 80 in der Rauschgiftszene des Rhein-Main-Gebietes von Roßmar als V-Person eingesetzt. Dabei habe der Kommissar gewußt, so die Staatsanwaltschaft, daß der Student insgesamt 1000 Gramm Kokain von Bolivien nach Frankfurt geschmuggelt hatte. Dennoch soll Roßmar durch Verschweigen sowohl gegenüber der Staatsanwaltschaft wie auch später als Zeuge vor Gericht bewirkt haben, daß der Student nur wegen Schmuggels von ca. 171 Gramm verurteilt wurde.
> Der zweite Fall der Anklageschrift betrifft den Einsatz einer Türkin als V-Person. Roßmar hatte sie im

---

1) BERGBAUER, S. 612.
2) BKA-Forschungsreihe, S. 363.

Frühjahr 1980 beim Handel mit 300 Gramm Heroin observiert.
Nach Ansicht der Staatsanwaltschaft hat sich die Türkin nicht freiwillig als V-Person angeboten. Der Kommissar soll ihr vielmehr mit ihrer Verhaftung für den Fall gedroht haben, daß sie eine Zusammenarbeit verweigere. Als die StA dann gegen die Türkin vorgehen wollte, sei von Roßmar - der Wahrheit zuwider - erklärt worden, ihr Aufenthalt sei unbekannt. Dadurch habe die Frau über zwei Jahre lang nicht wegen Heroinhandels bestraft werden können (inzwischen erstinstanzlich wegen Handels mit 840 Gramm Heroin zu viereinhalb Jahren Freiheitsstrafe verurteilt).
Die dritte V-Person, die der Kommissar vor Strafe verschont haben soll, war ein im Heroingeschäft tätiger Israeli. Vorwurf des Staatsanwaltes: Obwohl Roßmar wußte, daß dieser Mann mit Heroin handelte, habe er ihn nach der Festnahme wieder laufenlassen. Außerdem habe Roßmar später auch den Israeli belastende Angaben unterdrückt.[1]

dd) Weiteres Ergebnis der teilnehmenden Beobachtung und schriftlichen Befragung[2] war, daß

- Belohnungen nach Absprache mit der Staatsanwaltschaft durch Haftverschonung gewährt werden,
- Drogenfahnder in Gerichtsverfahren positiv für angeklagte Informanten oder V-Personen aussagen,
- gelegentlich auch schriftliche Vermerke mit positiven Stellungnahmen für Angeklagte zu den Ermittlungsakten gegeben werden,
- weniger häufig anhängige Ermittlungsverfahren eingestellt wurden.

---

1) N. N. Hausfrauen, S. 63; LEPPERT, S. 17 f. Allein über die Türkin konnte Roßmar zwanzig Rauschgiftgroßhändler überführen und 30 Kilogramm Heroin sicherstellen!
2) BKA-Forschungsreihe, S. 363.

Insgesamt bleibt festzuhalten und im Umgang mit Informanten und V-Personen auch zu berücksichtigen, daß es für diese am lukrativsten ist, wenn wertvolles Diebesgut (10% Prämie!) oder eine größere Menge Rauschgift (Haschisch: 75 DM pro Kilo; Heroin: 1500 DM) sichergestellt werden kann. Die Mitwirkung an der reinen Straftatenaufklärung ist demgegenüber vergleichsweise unergiebig.[1]

II. <u>Die Zusicherung der Vertraulichkeit</u>

Eine der meist diskutierten Fragen im Bereich der verdeckten Informationsbeschaffung war in den vergangenen Jahren die nach der Zulässigkeit und den Folgen staatlicher Tatprovokation. Unter Praktikern und Juristen nicht weniger umstritten jedoch war das Problem der Zusicherung der Vertraulichkeit gegenüber Informanten und V-Personen.

1. Von elementarer Bedeutung - und noch wichtiger als irgendwelche Gegenleistungen - ist für Informanten und V-Personen i. d. R. die Geheimhaltung ihrer Beziehung zur Polizei und die vertrauliche Behandlung der ihr gelieferten Informationen. Dementsprechend gilt eine der ersten Fragen der Informanten und V-Personen der Zusicherung der Vertraulichkeit/Geheimhaltung. Grundsätzlich wird diese nicht von der Polizei angeboten, sondern seitens der Informanten und V-Personen gefordert. Dies darf nicht darüber hinweg täuschen, daß beide Seiten gleichermaßen ein berechtigtes und billigenswertes Interesse an der Wahrung der Vertraulichkeit haben. Der Polizei geht es dabei darum, sich eine Informationsquelle zu erhalten und V-Personen nicht "verbrennen" zu lassen. Die Nichterteilung bzw. Nichteinhaltung der Vertraulichkeit würde die Gewinnung von Informanten und V-Personen ungemein erschweren, wenn nicht gar unmöglich machen. Die Erfüllung der öffentli-

---

1) SCHMIDTMANN, S. 166.

chen Aufgabe Verbrechensbekämpfung wäre dann in Frage gestellt.
Informanten und V-Personen hingegen möchten nicht als Polizeiinformant bzw. V-Person er- und bekannt werden, ein Auftreten vor Gericht als Zeuge vermeiden und fürchten nicht zu Unrecht Repressalien der Gegenseite.[1]

2. Die absolute Einhaltung einer einmal gegebenen Zusicherung der Vertraulichkeit (von ganz wenigen Ausnahmen abgesehen, auf die Informanten und V-Personen hinzuweisen sind, s. u.) ist daher von besonderer Bedeutung, denn jede nicht eingehaltene Zusicherung ist ein Sieg für die Kriminellen. Dabei darf nicht übersehen werden, wie ungemein schwierig es ist, die Vertraulichkeit bis in die letzte Konsequenz zu durchdenken und zu gewährleisten. So ist es z. B. schon vorgekommen, daß im Zuge einer gesteuerten Verkehrskontrolle aufgrund vertraulich gegebener Informationen ein größerer Posten gestohlener Pelze sichergestellt werden konnte. Alles verlief planmäßig, und in Richtung V-Person konnte kein Verdacht aufkommen. Die zuständige Versicherung zahlte jedoch über die Polizei eine Wiederbeschaffungsprämie an die V-Person und machte später im Regreß eine entsprechende zivilrechtliche Forderung gegenüber den Tätern geltend (!). Diese erfuhren so, daß die Sache verpfiffen worden war, und es war nun nicht mehr schwer, zumindest hypothetisch den Informanten zu ermitteln.[2]
Durch derartige Pannen wird die Polizei gleichermaßen unglaubwürdig und verliert das oft mühsam gewonnene Vertrauen wie durch gewollte Durchbrechungen der einmal zugesicherten Vertraulichkeit. Die Bereitschaft zum "Auspacken" wird vermindert und die Bereitschaft gefördert, dem Druck der Kriminalitätsszene folgend zu lügen, zu verschweigen

---

1) SCHULZ, Bekämpfung, S. 450; DERSELBE, Bearbeitung, S. 334 f.; MEIXNER, S. 185.
2) MÖRSCHEL, S. 171.

und zu verheimlichen.[1] Die Verbrechensbekämpfung als Erfüllung einer öffentlichen Aufgabe wird so erheblich erschwert.

3. In der Praxis des Bundesinnenministeriums und der Innenministerien der Länder[2] wird die Beschränkung der Aussagegenehmigung für die vor Gericht als Zeugen vom Hörensagen auftretenden Beamten hinsichtlich der Identität der V-Personen meist nicht nur mit der diesen zugesicherten Vertraulichkeit, sondern außerdem mit einer "ganz erheblichen Gefährdung des Lebens" oder einer "erheblichen persönlichen Gefährdung" der V-Personen bei Preisgabe ihrer Identität bzw. ihrer ladungsfähigen Anschrift begründet:

> "Ohne vorherige Zusage der Vertraulichkeit (wäre) eine Mitarbeit abgelehnt worden. Die Einhaltung dieser Zusage ist aber grundsätzlich notwendig, um die Glaubwürdigkeit des Bundeskriminalamtes und das Vertrauensverhältnis zwischen Polizei und Informanten zu erhalten. Die Nichteinhaltung gegebener Zusagen auf vertrauliche Behandlung würde die Bereitschaft möglicher Informanten mindern, ihr Wissen zu offenbaren. Dies würde nicht nur die Zusammenarbeit mit gezielt angesprochenen Informanten gefährden, sondern auch erhebliche negative Auswirkungen bei öffentlichen Fahndungsaufrufen an die Bevölkerung haben, in denen regelmäßig darauf hingewiesen wird, daß Hinweise auf Wunsch vertraulich behandelt werden."[3]

4. Um nicht in irgendeiner Phase von Ermittlungen oder eines Verfahrens gegen den Willen der Polizei die Enttarnung eines Informanten oder einer V-Person betreiben zu müssen, wurde seitens der Staatsanwaltschaften eine enge Kooperation zwischen der Kriminalpolizei und den Staatsanwälten gefordert, insbesondere hinsichtlich der Zusicherung der Vertraulichkeit.[4]

---

1) So Staatsanwältin Werner: WERNER, S. 55; außerdem MÖRSCHEL, S. 171; BKA-Schriftenreihe, S. 80; RITGEN, S. 71; schon 1951: MEIXNER, Kapitel, S. 240.
2) S. z. B. die inhaltliche Wiedergabe entsprechender Stellungnahmen des Hessischen Ministers des Inneren in den Gründen von BGH Urt. v. 16. 3. 1983 - 2 StR 543/82, mitgeteilt in: NJW 1983/1572 f.
3) Schreiben des Bundesinnenministeriums vom 5.5.1981 an das Amtsgericht Hamburg zur Strafsache 132 b 68/79 des AG Hamburg, nach: MEYER, Problematik, S. 431.
4) Z. B. Staatsanwältin Werner: WERNER, S. 55.

a) Bis vor wenigen Jahren jedoch wurde die Zusicherung der Vertraulichkeit fast ausschließlich durch die Polizei erteilt.[1] Eine Beteiligung der Staatsanwaltschaft erfolgte nicht oder nur selten. Von der Inanspruchnahme von Informanten und dem Einsatz von V-Personen erfuhr die Staatsanwaltschaft (wenn überhaupt) erst aus den Ermittlungsakten.

b) Diese Verfahrensweise hat ihren Grund i. e. L. in der faktischen Vormachtstellung der Polizei im Ermittlungsverfahren. Den aufkommenden Bestrebungen, die Staatsanwaltschaft verantwortlich in die Zusicherung der Vertraulichkeit einzubinden, wurde polizeilicherseits entgegengehalten, daß insbesondere V-Personen grundsätzlich nur für und mit "ihrem" Polizeibeamten zusammenarbeiten wollen und eine Beteiligung der Staatsanwaltschaft ablehnen.[2] Außerdem müßten insbesondere in der Rauschgiftszene oft sehr schnell Entscheidungen getroffen werden, die eine vorherige Abstimmung mit der Staatsanwaltschaft kaum zulassen. In der Drogenszene seien Erfolge nur durch ständige Präsenz und schnelle Entschlüsse möglich, die Staatsanwälte lägen demgegenüber schon im Bett, wenn Dealer aktiv werden.[3]

c) Den wirklichen Grund für die ablehnende Haltung der Po-

---

1) Nach einer von Haas vorgenommenen Auswertung der Akten von 176 in den Jahren 1981/82 seitens der Staatsanwaltschaft Freiburg zum Schöffengericht und zur Strafkammer angeklagter Verstöße gegen das BtMG waren es z. B. 119 Zusicherungen durch Kriminalbeamte des mittleren, 70 durch solche des gehobenen Dienstes (wobei nicht ein einziges Mal eine Zusammenarbeit mit der StA erfolgte), dagegen nur 5 durch einen Staatsanwalt (zu dem die "V-Leute" Kontakt hatten): HAAS, S. 267 und S.267 Fn. 2.
2) Dies gilt jedoch nur mit Einschränkungen.
3) So z. B. Mitarbeiter des Frankfurter Rauschgiftdezernates auf Anfrage der Frankfurter Rundschau anläßlich der Bekanntgabe neuer Richtlinien für die Arbeit der Ermittlungsorgane mit "V-Leuten" durch Hessens Justizminister Herbert Günter (Gemeinsamer Runderlaß des Hessischen Ministers des Innern und des Hessischen Ministers der Justiz vom 11. 7. 1983. Abgedruckt bei: SCHAEFER, Recht, S. 52 ff.). Sie sehen vor, daß die Kripo grundsätzlich nur in enger Zusammenarbeit mit der Staatsanwaltschaft V-Personen einsetzen kann: GELLERSEN, S. 14

lizei gegenüber einer Einschaltung der Staatsanwaltschaften wird jedoch z. T. darin gesehen, daß die Polizei bei ihren Ermittlungen selbständig und unbehindert durch die Staatsanwaltschaft bleiben möchte, weil sie sich primär ihrem Auftrag zur Gefahrenabwehr verbunden fühlt und die Verbrechensbekämpfung lieber präventiv betreibt. Dabei könne die StPO nur als Hemmnis gelten.[1]

5. Inzwischen hat das Problem der Zusicherung der Vertraulichkeit/Geheimhaltung eine detaillierte Regelung in den "Gemeinsame(n) Richtlinien der Justizminister/-senatoren und der Innenminister/-senatoren der Länder über die Inanspruchnahme von Informanten sowie über den Einsatz von Vertrauenspersonen (V-Personen) und Verdeckten Ermittlern im Rahmen der Strafverfolgung" erfahren.[2] Sie wurden im Jahre 1986 in den meisten Bundesländern durch Gemeinsame Verwaltungsvorschrift[3], Gemeinsamen (Rund-)Erlaß[4], Gemeinsame Bekanntmachung[5] oder durch Gemeinsame Ausführungsverordnung[6] in Kraft gesetzt.

a) An der uneingeschränkten und sofortigen Umsetzung der Richtlinien durch die Polizei in die Praxis scheinen Zweifel angebracht. Es ist jedoch zu erwarten, daß sie - soweit noch nicht geschehen - früher oder später Eingang in die polizeiliche Arbeit mit Informanten und V-Personen finden und diese mehr oder weniger gestalten werden. Da darüberhinaus die Zusicherung der Vertraulichkeit/Geheimhaltung gewissermaßen konstitutives Element der Zusammenarbeit von Informanten und V-Personen mit der Polizei ist, und die Richtlinien neben

- Grundsätzlichem und

---

1) HAAS, S. 134.
2) Abgedruckt in: KLEINKNECHT/MEYER, S. 1862 ff.
3) Z. B. in Baden-Württemberg am 4. 3. 1986, in Rheinland-Pfalz am 17. 1. 1986.
4) Z. B. in Niedersachsen am 16. 6. 1986, in Nordrhein-Westfalen am 17. 2. 1986, im Saarland am 24. 6. 1986 und in Schleswig-Holstein am 28. 2. 1986.
5) So in Bayern am 27. 3. 1986.
6) So in Berlin am 7. 3. 1986.

- Begriffsbestimmungen ausführlich die
- Voraussetzungen der Zusicherung der Vertraulichkeit/Geheimhaltung, deren Umfang und Folgen und das bei der Erteilung einzuhaltende Verfahren regeln,

ist eine auszugsweise Darstellung der Richtlinien angebracht.

b) Betreffend die Voraussetzungen der Zusicherung der Vertraulichkeit/Geheimhaltung ist bestimmt:

3.1 Die Inanspruchnahme von Informanten und der Einsatz von V-Personen gebieten eine Abwägung der strafprozessualen Erfordernisse der Unmittelbarkeit der Beweisaufnahme und der vollständigen Sachverhaltserforschung einerseits und der Erfüllung öffentlicher Aufgaben durch Sicherung der Vertraulichkeit/Geheimhaltung andererseits. Hierbei ist der Grundsatz des rechtsstaatlich fairen Verfahrens zu beachten.
Daraus folgt:
a) Die Zusicherung der Vertraulichkeit/Geheimhaltung kommt im Bereich der Schwerkriminalität, organisierter Kriminalität, des illegalen Betäubungsmittel- und Waffenhandels, der Falschgeldkriminalität und der Staatsschutzdelikte in Betracht.
b) Im Bereich der mittleren Kriminalität bedarf es einer besonders sorgfältigen Prüfung des Einzelfalles. Die Zusicherung der Vertraulichkeit/Geheimhaltung wird ausnahmsweise dann in Betracht kommen, wenn durch eine Massierung gleichartiger Straftaten ein die Erfüllung öffentlicher Aufgaben oder die Allgemeinheit ernsthaft gefährdender Schaden eintreten kann.
c) In Verfahren der Bagatellkriminalität kommt die Zusicherung der Vertraulichkeit/Geheimhaltung nicht in Betracht.

3.2 Informanten dürfen nur in Anspruch genommen, V-Personen nur eingesetzt werden, wenn die Aufklärung sonst aussichtslos oder wesentlich erschwert wäre. Werden sie in Anspruch genommen bzw. eingesetzt, so ist Ziel der weiteren Ermittlungen das Beschaffen von Beweismitteln, die den strafprozessualen Erfordernissen der Unmittelbarkeit der Beweisaufnahme entsprechen und einen Rückgriff auf diese Personen erübrigen.

3.3 Einem Informanten darf Vertraulichkeit nur zugesichert werden, wenn dieser bei Bekanntwerden seiner Zusammenarbeit mit den Strafverfolgungsbehörden erheblich gefährdet wäre oder unzumutbare Nachteile zu erwarten hätte.

3.4 Der Einsatz von Minderjährigen als V-Personen ist nicht zulässig.

c) Wenn oben festgestellt wurde, daß eine einmal erteilte Zusicherung der Vertraulichkeit unbedingt eingehalten werden muß, so ist damit natürlich nicht gemeint, daß es keine Ausnahmen von diesem Grundsatz gibt. Diese müssen sich

jedoch in engen Grenzen bewegen und dürfen ausschließlich in der Person des Informanten bzw. der V-Person begründet sein. Grundsätzlich geht es bei den von der Zusicherung der Vertraulichkeit/Geheimhaltung gemachten Ausnahmen um Fälle, in denen aufgrund einer Verletzung der Vertrauensbasis seitens des Informanten/der V-Person für deren Schutz kein Raum mehr ist.
Dementsprechend bestimmen die Richtlinien hinsichtlich Umfang und Folgen der Zusicherung:

> 4. Staatsanwaltschaft und Polizei sind an die Zusicherung der Vertraulichkeit/Geheimhaltung gebunden. Die Bindung entfällt grundsätzlich, wenn
> a) die Information wissentlich oder leichtfertig falsch gegeben wird,
> b) die V-Person von einer Weisung vorwerfbar abweicht oder sich sonst als unzuverlässig erweist,
> c) sich eine strafbare Tatbeteiligung des Empfängers der Zusicherung herausstellt,
> d) die V-Person sich bei ihrer Tätigkeit für die Strafverfolgungsbehörden strafbar macht.
> Hierauf ist der Informant/die V-Person vor jeder Zusicherung hinzuweisen.

d) Ob diese Richtlinien als gelungen betrachtet werden können, ist zumindest fraglich, bleiben doch für die Praxis - ganz abgesehen von der Verwendung z. B. des immer noch ungeklärten Begriffes der "organisierten Kriminalität" und anderer Formulierungsschwächen (wann tritt ein die Erfüllung öffentlicher Aufgaben oder die Allgemeinheit ernsthaft gefährdender Schaden durch Massierung gleichartiger Straftaten ein?) - viele Zweifel und Unklarheiten bestehen:

- Informanten und V-Personen machen ihre Kooperation regelmäßig von der vorherigen Zusicherung der Vertraulichkeit/Geheimhaltung abhängig. Erst danach erfolgt die Informationsübermittlung bzw. die Zusammenarbeit. Das durch die Richtlinie 3.1 geschaffene Problem besteht zunächst darin, daß sich aus vorangehenden globalen Andeutungen des Informationsbereiches weder Umfang, noch tatsächlicher Hintergrund oder gar konkrete Ermittlungsansätze erkennen lassen. Wenn überhaupt, so kann in diesen Fällen nur eine vermutete Einordnung der Kriminalitätsabstufungen erfolgen, wobei Über- bzw. Untertreibungen seitens des Informanten bzw. der V-Person ihr übriges zu einer Fehlbeurteilung beitragen können. In Zweifelsfällen stellt sich für den Führungsbeamten dann die Frage,

- ob er die Zusicherung der Vertraulichkeit/Geheimhaltung ablehnen und somit eventuell aussichtsreiche Ermittlungsansätze ignorieren soll, oder
- ob er Vertraulichkeit/Geheimhaltung zusichern soll, auf die Gefahr hin, sie später wieder aufheben zu müssen (mit all den oben beschriebenen Nachteilen der Aufhebung), oder
- ob er das Wissen des Betreffenden einfach in das Ver fahren einführen soll mit dem Ergebnis, daß dieser sich dann an nichts mehr erinnern kann bzw. alles als Irrtum bezeichnet.

- Die in der Richtlinie geforderte Abwägung zwischen den strafprozessualen Erfordernissen der Unmittelbarkeit der Beweisaufnahme und der vollständigen Sachverhaltserforschung einerseits und der Erfüllung öffentlicher Aufgaben durch Sicherung der Vertraulichkeit/Geheimhaltung andererseits kann daher grundsätzlich erst vorgenommen werden, wenn der Inhalt der zu erwartenden Information zumindest ungefähr vorhersehbar ist bzw. feststeht. Dies setzt jedoch gewissermaßen eine Vorleistung des Betreffenden Informanten/der V-Person i. F. von Vorinformationen voraus. Bereits hierfür möchte der Informant bzw. die V-Person die Zusicherung der Vertraulichkeit/ Geheimhaltung. Denn auch derartige Vorinformationen können den Informanten/ die V-Person verraten, selbst wenn es dabei bleibt und nicht zu weiteren Mitteilungen oder zu einer darüberhinausgehenden Zusammenarbeit kommt. Die Zusicherung kann hier jedoch - theoretisch - nicht gegeben werden, und das wird viele von einer Mitarbeit abhalten.
- Die Aufhebungsandrohung des Punkt 4 c) bedeutet, daß eine V-Person, deren strafbare Beteiligung sich herausstellt, nicht nur wegen dieser Beteiligung verfolgt, sondern auch den Mittätern, Auftraggebern und maßgebli-

chen Führern krimineller Organisationen als "Mitarbeiter" der Polizei präsentiert wird. Ob sich nach einer derartigen Belehrung noch Informanten bzw. V-Personen finden lassen werden, mag mit Recht bezweifelt werden.

- Unter Punkt 5, Verfahren (insoweit wurde auf die Wiedergabe der Richtlinien verzichtet), sehen die Richtlinien vor, daß, betreffend die Zusicherung der Vertraulichkeit/Geheimhaltung, die Einwilligung der Staatsanwaltschaft (grundsätzlich: Behördenleiter) herbeizuführen ist, und zwar bevor die Zusicherung erteilt wird. Auf polizeilicher Seite muß die Entscheidung über die Zusicherung mindestens auf der Ebene des Leiters der sachbearbeitenden Organisationseinheit getroffen werden.
  In der Praxis darf also der polizeiliche Sachbearbeiter, insbesondere der Kontaktbeamte des Informanten bzw. der V-Mann-Führer, eigenverantwortlich die Vertraulichkeit/Geheimhaltung nicht mehr zusichern. Vielmehr muß er grundsätzlich zuvor mindestens über seinen Dienststellenleiter die Einwilligung der Staatsanwaltschaft einholen.
  Dieses umständliche Verfahren macht es dem betreffenden Beamten jedoch beinahe unmöglich, von sich aus potentielle Informanten und V-Personen anzusprechen und für eine Mitarbeit zu gewinnen.

Insgesamt (auch die Entscheidung über den Einsatz verdeckter Ermittler ist dem Behördenleiter der Staatsanwaltschaft übertragen) stellen die Richtlinien einen erheblichen Eingriff in die Eigenständigkeit der kriminalpolizeilichen Ermittlungsführung dar, da der Behördenleiter der Staatsanwaltschaft über die Anwendung kriminalistischer Aufklärungsmaßnahmen bzw. kriminaltaktischer Einsatzmethoden entscheidet.[1] Es wird daher befürchtet, daß die Institute "Informant", "V-Person" und "verdeckter Ermittler" mit zunehmender Komplizierung durch Reglementierun-

---

1) SCHULZ, Thesen, S. 86.

gen und Einschaltung weiterer Instanzen immer wirkungsloser werden.[1]

III. Die Führung von V-Personen

"Der Umgang mit V-Personen ist kompliziert, nicht ohne Risiko und erfordert Fingerspitzengefühl. Trotzdem sollte auf die Mitwirkung von V-Personen in der Rauschgiftbekämpfung nicht verzichtet werden."[2] Mit diesen Sätzen beschrieb Geißler schon 1971 auf einer Arbeitstagung im (damaligen) Polizei-Institut Hiltrup die Problematik der Inanspruchnahme von V-Personen. Die seit dem Referat Geißlers gemachten Erfahrungen haben leider nur allzu oft dessen Richtigkeit bestätigt, und so hat eine entsprechende Feststellung schließlich auch Eingang in die Hamburger Richtlinien gefunden:

> 7. Führung und Erfassung von V-Personen
>
> 7.1 Die Führung von V-Personen ist mit besonderen Anforderungen und Risiken verbunden.

1. Zentrale Führung von V-Personen

Die grundlegende Frage der V-Personen-Führung ist die, ob V-Personen zentral oder dezentral geführt werden.

a) Seit Anfang der 70er Jahre geht der Trend hin zur zentralen Führung von V-Personen.[3] Seit Mitte der 70er Jahre wird sowohl von Polizeipraktikern als auch von Juristen eindeutig die zentrale Führung von V-Personen bejaht.[4]

---

1) SCHULZ, Bekämpfung, S. 469.
2) PROTOKOLL I, GEISSLER, S. 161.
3) MÖRSCHEL, S. 169.
4) BERGBAUER, S. 607. In Hamburg ist demgegenüber der Umgang mit Informanten und die Führung von V-Personen klar in dem Sinn geregelt, daß V-Personen zentral erfaßt und dezentral geführt werden. Es gilt das Prinzip der internen Transparenz (zwei, höchstens drei Personen sind informiert: der Führungsbeamte, der Dienststellenleiter, der die Befugnis zur Führung erteilt hat, der Beamte, der die zentralen "VP-Akten" führt, s. PAWELCZYK, S. 108) bei höchstmöglicher Abschottung nach außen. Bestimmte Kriminalbeamte werden ausschließlich als V-Mann-Führer eingesetzt: SIELAFF, Ermittlungen, S. 581; PAWELCZYK, S. 103.

Auch heute wird der zentralen Führung von V-Personen jedoch noch entgegengehalten, verschiedene Dienststellen könnten sich im Falle der zentralen Führung gegenseitig ihre V-Personen abwerben, und außerdem sei sie in der Realität unpraktikabel. Dies deshalb, weil eine V-Person nur mit "ihrem" Führungsbeamten zusammenarbeiten wolle. Vertrauensbasis und persönlicher Kontakt zwischen der V-Person und dem Führungsbeamten werden gewissermaßen als konstitutive Elemente der Arbeit mit V-Personen betrachtet[1] und damit eindeutig überbewertet. Denn es wird oft übersehen, daß diese Vertrauensbasis auch mit einem anderen als dem ursprünglichen Führungsbeamten hergestellt werden kann, da V-Personen primär ihren eigenen Vorteil anstreben und nur selten aus persönlicher Zuneigung zu dem Führungsbeamten handeln.[2] Für V-Personen ist vielmehr neben dem persönlichen Vorteil die "professionelle" polizeiliche Arbeitsweise in der sie betreffenden Zusammenarbeit von entscheidendem Gewicht,[3] jedenfalls wenn und soweit es sich bei ihnen selbst um Kriminelle handelt.
Beizupflichten ist jedoch Schulz[4], der eine zentrale Führung von V-Personen für alle Fachbereiche für ineffektiv hält, weil es dieser i. d. R. an der erforderlichen (aktuellen) Sachkunde mangelt bzw. diese zumindest verlorengeht (z. B. wenn sachkundige Beamte aus ihren Fachdienststellen herausgelöst und zur V-Mann-Führung zusammengeführt werden).

b) Als vorteilhaft hat sich die zentrale Führung von V-Personen insbesondere deshalb erwiesen, weil
- der Führungsbeamte den ersten und unmittelbaren Ein- und Überblick hat,
- der Sachbearbeiter von V-Personen verschont und damit

---

1) So z. B. zu lesen bei HARMS/DUVENHORST/HAKEL, S. 371.
2) So auch BERGBAUER, S. 607, der mit einem Fall aus der Praxis belegt, daß es immer wieder vorkommt, daß ein Beamter seine V-Person an einen anderen Beamten bzw. an eine andere Dienststelle abgibt, ohne daß der Informationsfluß dadurch beeinträchtigt wird.
3) MELLENTHIN, S. 85.
4) SCHULZ, Täter II, S. 461.

vor Gericht oft von unliebsamen Nebenerscheinungen bewahrt wird (die Auseinandersetzung vor dem Gericht mit dem Problem V-Person bleibt Aufgabe des Führungsbeamten), vor Gericht kann nur einer Angaben machen,[1]
- Erfolge und Mißerfolge nachprüfbar werden,
- Aktivität, Arbeitslust, intellektuelle und räumliche Einsatzmöglichkeiten sich kontrollieren lassen. Dies gestattet optimale Einsatzmöglichkeit bei anderen Komplexen und verringert das Risiko, von unwilligen oder unfähigen V-Personen hintergangen zu werden,
- der zentrale Führungsbeamte Routine gewinnt, er unwichtige Hinweise von wichtigen trennen kann, wodurch sich unnötige Mehrbelastungen vermeiden lassen,
- sich das Ausspielen von Beamten gleicher oder verschiedener Dienststellen - z. B. Informationsverkauf an den "Meistbietenden" - so vermeiden läßt,[2]
- unnötige Ermittlungen, Mehrfachaufträge und Doppelbezahlungen vermieden werden.

c) Die praktische Abwicklung der zentralen Führung beschreibt Mörschel[3] aus seiner 20jährigen Erfahrung als Leiter des Einbruchsdezernates in Frankfurt. Mörschel hatte den Umgang mit Informanten und V-Personen zentral, d. h. für seinen ganzen Bereich selbst ausgeübt:
Als Dienststellenleiter nahm Mörschel die Informationen von Informanten und V-Personen selbst entgegen. Dann ließ er den Sachbearbeiter kommen und wies diesen aufgrund der Information ein. Der Sachbearbeiter erfuhr so nicht, von wem die Information stammt. Wenn die Information so zwingend war, daß zu strafprozessualen Maßnahmen geschritten werden konnte, so wurden diese von Mörschel als Dienststellenleiter verantwortlich angeordnet.

---

1) MÖRSCHEL, S. 169.
2) BERGBAUER, S. 607.
3) MÖRSCHEL, S. 169.

d) Nicht alle Beamten sind für die Aufgaben eines V-Mann-Führers geeignet. Nach den gemachten Erfahrungen kann Führungsbeamter nur ein beruflich bewährter, absolut zuverlässiger und erfahrener Beamter sein. Der Führungsbeamte muß z. B. in der Lage sein,

- die V-Person theoretisch darüber zu unterweisen, wie sie jegliche Situation (z. B. drohende Enttarnung) tatsächlich und rechtlich zulässig bewältigt,
- die V-Person praktisch von Einsatz zu Einsatz mit konkreten Verhaltensanweisungen zu führen.[1]

Die Hamburger Richtlinie bestimmt insoweit:

> 7.1 ... Sie (die Führung von V-Personen) ist besonders qualifizierten Sachbearbeitern im Kriminaldienst (ausgenommen Fahndungsdienststellen) vorbehalten ...
> Die Befugnis zum Führen von V-Personen erteilt der Dienststellenleiter.

Den an die Führungsbeamten zu stellenden Anforderungen wird jedoch nicht überall (voll) entsprochen.
So bemängelt z. B. Schaefer[2] für den Bereich der Staatsanwaltschaft Frankfurt, daß offensichtlich zahlreiche Polizeibeamte, die dort als V-Mann-Führer tätig sind oder waren, offensichtlich keine "juristische Grundausbildung" erhalten haben (Schaefer schließt das z. B. aus unzulässigen Versprechungen von Vorteilen bei der Gewinnung von V-Personen wie z. B. Haftverschonung) . Außerdem seien den V-Mann-Führern die einschlägigen Richtlinien des Hessischen Ministeriums des Inneren (HMdI) bzw. des hessischen LKA nicht bekannt gewesen und V-Personen seien entgegen klarer Anweisungen z. T. nicht registriert und unkoordiniert eingesetzt worden. In verschiedenen Fällen gerieten dann bei Rauschgifttransaktionen V-Personen an V-Personen, weil die eine Dienststelle nichts von der V-Person einer anderen Dienststelle wußte.
Derartige Pannen kommen jedoch nicht nur in Frankfurt

---

1) KÖRNER, V-Mann, S. 293.
2) SCHAEFER, Einsatz, S. 15.

vor. Das Hamburger Abendblatt vom 21. Januar 1981[1] berichtet z. B. von dem tags zuvor vor dem Hamburger Landgericht verhandelten Fall des peruanischen Seemanns Jose M. Der Fall spielte sich folgendermaßen ab:

> Der spanische V-Mann Pablo sollte im Auftrag von zwei DEA-Officers aus Frankfurt Käufer für zwei Kilo Kokain und ein Kilo Heroin finden. Pablo engagierte für die Geschäftsanbahnung den M. Dieser wiederum geriet bei seinen Vermittlungsversuchen an einen Hamburger namens Uwe. Uwe war V-Person des Hamburger Rauschgiftdezernates. Er machte den M. mit einem "Dänen" namens Guido bekannt. Dieser gab vor, ein Mitglied der "Dänischen Mafia" zu sein. In einem Hotelzimmer kam es dann zu einem Treffen, bei dem der Deal abgewickelt werden sollte. Die US-Beamten der Drug Enforcement Administration hatten sich als Scheinkäufer getarnt, um die vermeintlichen Kaufinteressenten bei der Übergabe des Stoffes zu verhaften. Die Scheinkäufer, die V-Person Uwe und Guido, ein verdeckter Ermittler des Hamburger Rauschgiftdezernates, wollten wiederum die Verkäufer verhaften.
> Zum besseren Verständnis:

```
2 uca's (DEA)------V-Mann Pablo
                          .
                          .
                          .
                          .
                        Jose M.
                          .
                          .
                          .
                          .
                   V-Mann Uwe------------Guido (vE)
```

1) Nach BEHR, Verbrechen, S. 177.

Wie aus der vorstehenden Skizze unschwer zu entnehmen ist, blieb für eine Verhaftung jedoch nur noch M. übrig. Jose M., beschuldigt, mit zwei Kilogramm Kokain im Wert von 150000 DM gehandelt zu haben, wurde schließlich wegen Anstiftung zum Handel mit BtM zu sechs Jahren Freiheitsstrafe verurteilt!

e) Aus derartigen Pannen wird die Forderung nach genauer Registrierung, Überwachung und Kontrolle der V-Personen durch die Führungsbeamten und nach einem möglichst lückenlosen Informationsaustausch zwischen den verschiedenen Polizeidienststellen über die jeweiligen V-Personen abgeleitet.[1]
Nicht alle Probleme und Risiken der Führung einer V-Person lassen sich jedoch durch derartige Maßnahmen von vornherein für die Zukunft ausschließen. Denn gerade der Einsatz von V-Personen im Bereich der Bekämpfung der Rauschgiftkriminalität verlangt oft schnelle Entschlüsse, welche zu umfangreichen Vorbereitungs- und Sicherungsmaßnahmen keine Zeit mehr lassen. Dies gilt nicht nur für spontan von einer V-Person mitgeteilte Rauschgifttransaktionen. Schon ein kurzfristig von der V-Person verlangtes und dann vom V-Mann-Führer anberaumtes Treffen von V-Person und Führungsbeamtem kann erhebliche, kurzfristig kaum zu lösende Probleme aufwerfen. Sie beginnen schon dann, wenn die V-Person ein Treffen außerhalb des Zuständigkeitsbereiches des Führungsbeamten vorschlägt, setzen sich fort bei der Frage, welches Fahrzeug auf dem Weg zu dem beabsichtigten Treffen zu verwenden ist, wer die bei dem Treffen anfallenden Spesen (Bewegungsgeld!) trägt usw.
Die ganze Palette der in Betracht zu ziehenden - und wie zu zeigen sein wird auch nicht zu kalkulierenden - Schwierigkeiten veranschaulicht der Fall[2] eines Beamten, der eine V-Person führte, die sich vorwiegend in Zuhälter-

---

1) So z. B. SCHAEFER, Einsatz, S. 15.
2) HOHENSINN, S. 340 f.

und Einbrecherkreisen aufhielt:

Eines Tages erhielt der Führungsbeamte im Büro einen Telefonanruf der V-Person. Diese bat ihn, nach Starnberg zu kommen (in das Polizeipräsidium wollte sie wegen der eigenen Sicherheit nicht). Es sollte ein Gespräch über eine sich in München frisch etablierte Einbrecherbande stattfinden. Der Beamte des PP München dachte sofort an seine örtliche Zuständigkeit, die in Starnberg nicht mehr gegeben war. Trotz des Hinweises, daß der Beamte ihm keine Kosten erstatten könne, gelang es ihm, die V-Person nach München umzudirigieren. Als Treff wurde ein Denkmal in Schwabing vereinbart.

Der Beamte ging zur Fahrbereitschaft und bat um einen Dienstwagen, den er auch erhielt. Zu seinem Entsetzen stellte er jedoch fest, daß an der vorderen Stoßstange ein Polizeistern angebracht war (aus Steuergründen). Es gelang nicht, den Stern abzumontieren, da die Schraube des "Firmenetiketts" eingerostet war. Das Fahrzeug wurde gegen ein anderes umgetauscht. Dieses hatte zwar keinen Polizeistern, dafür aber war eine Funkantenne angebracht.

Auf der Fahrt zum "Treff" fiel dem Beamten ein, daß seine Tätigkeit über die übliche Bürozeit hinaus dauern und Überstunden anfallen könnten, die einer Genehmigung bedürfen. Im Interesse des Erfolges nahm er jedoch dieses "Dienstvergehen" auf sich. Durch die in einem anderen Fall bereits gemachten Erfahrungen verzichtete er freiwillig auf den ihm zustehenden Dienstausgleich.

Der Beamte traf am Verabredungsort ein. Die V-Person wartete bereits in einer Luxuslimousine mit laufendem Motor. Wegen der klirrenden Kälte schlug sie ein nahegelegenes Speiselokal vor. Die Gedanken des Beamten: 'Mensch, da müssen wir ja essen. Wie steht es mit den Spesen?'. Der Beamte zur V-Person: "Gehen wir doch gegenüber in die Kneipe. Ich glaube, daß in letzter Zeit viele "Raben" (Rechtsbrecher) in dem

Speiselokal verkehren." Sie gingen also in die Kneipe. Dort bestellte sich jeder ein Bier, die V-Person zusätzlich eine Gulaschsuppe.
Kurze Zeit später wurde die V-Person von zwei Bekannten begrüßt, der Beamte wurde jedoch nicht erkannt. Nach dem Bezahlen verließen Beamter und V-Person die Kneipe und begaben sich in das Fahrzeug der V-Person. (Das Dienstfahrzeug mußte aus Tarnungsgründen von dem Beamten nach Ankunft einige hundert Meter abseits geparkt werden).
Die V-Person erklärte, ihr seien Teppiche angeboten worden. Der VM-Führer zeigte sich interessiert und hörte sich den Sachstand an. Es wurde vereinbart, daß die V-Person am nächsten Tag im Büro anrufen sollte. Bis dahin hatte der Beamte bereits innerdienstliche Ermittlungen bezüglich der letzten Einbrüche geführt. Im PP stellte er fest, daß vier Tage zuvor ein Teppichgeschäft aufgebrochen worden war (Schaden: 120000,- DM).
Die V-Person rief tatsächlich an und teilte mit, sie habe einem der Täter - wie abgesprochen - erzählt, daß sie einen "Großhehler" an der Hand habe. Damit war natürlich der VM-Führer gemeint. Die Sache müßte noch heute starten, da die Verkäufer "stier" wären (=in finanz. Notlage).
Der Beamte brauchte also Vorzeigegeld. Bei der 5. Instanz stellte er fest, daß dies gar nicht so einfach war, und auch hier war noch nicht Endstation. Nach sechs Stunden kam er abgehetzt in sein Büro zurück. Mittlerweile waren sechs Beamte für den Einsatz freigestellt worden. Die V-Person hatte zwischenzeitlich zweimal angerufen. Der 3. Anruf erreichte den Beamten. Die V-Person hatte den Verkäufer des Stehlgutes bereits vor der Telefonzelle stehen. Dieser wollte den "Hehler" selbst sprechen. Die V-Person übergab, und der Beamte erzählte seine Story hervorragend und glaubhaft. Der Einbrecher war begeistert bis zu dem Zeitpunkt, an dem am Telefon eine ungewollte Unter-

brechung stattfand. Eine Frauenstimme schaltete sich ein:
"Herr Nudlbichler, ich unterbreche, da ist für Sie ein Gespräch vom Polizeipräsidium Stuttgart."
Der Beamte war verständlicherweise ungehalten: "Endlich 20000,- DM Bargeld (Vorzeigegeld) in der Tasche und im ganzen Polizeipräsidium kein einziger Amtsanschluß".
Dann kam es zu einem erneuten Treffen zwischen dem Führungsbeamten und der V-Person. Diese hatte nochmals mit dem Täter Kontakt aufgenommen. Dabei wollte die V-Person den Täter doch noch zu dem "Geschäft" bewegen. Aus diesem Grunde trank er eine ganze Nacht mit ihm und hatte 200,- DM Unkosten. Als der Täter betrunken war, sagte er zur V-Person, daß er und seine Komplizen keine Teppiche an die Polizei verkaufen würden. Die Polizei solle sich welche im Kaufhaus Neckermann besorgen. Ihre Teppiche seien schon in Händen von Zigeunern, und die V-Person sei eine vertrauensunwürdige Person.

2. Aushändigung von Papieren
Selbstverständlich erhalten weder Informanten noch V-Personen Ausweise oder Bescheinigungen, aus denen sich eine Verbindung zur Polizei herleiten läßt. Meistens beruht ein derartiges Verlangen seitens der V-Personen darauf, daß der Betreffende sich brüsten, persönliche Vorteile erlangen oder diese Dinge bei der Begehung strafbarer Handlungen benutzen will.[1] Bei Schwierigkeiten mit Behörden bleibt Informanten und V-Personen die Möglichkeit, sich auf "ihren" Kriminalbeamten zu berufen.[2]

Schon in einer Verwaltungsanordnung des Preußischen Ministers des Inneren wurde bestimmt, daß Vertrauenspersonen keinerlei Ausweise und Bescheinigungen auszustellen sei-

---

1) BAUER, Verbrechensbekämpfung, II, S. 347.
2) GROSS/GEERDS II, S. 77.

en,[1] und auch die Dienstanweisung der Polizeidirektion Hannover enthält eine entsprechende Vorschrift unter Punkt 4.4.5:

> "Bescheinigungen oder sonstige amtliche Unterlagen, aus denen sich eine Verbindung zur Polizei herleiten läßt, dürfen VP nicht ausgehändigt werden."[2]

3. <u>Auftragserteilung</u>

a) Schwierigkeiten ergeben sich oft aus der Tatsache, daß sich V-Personen, wenn sie bei einer Straftat erwischt werden, auf einen vermeintlichen Auftrag berufen.
Viele Beamte hatten schon große Unannehmlichkeiten, weil sie Aufträge, welche von den V-Personen "mißverstanden" worden waren, nur mündlich und nicht in Gegenwart eines Zeugen formuliert hatten. Da viele V-Personen ein Protokoll grundsätzlich ablehnen (und es nicht ratsam ist, in dieser Richtung Druck auszuüben), hat es sich in der Praxis als zweckmäßig erwiesen, bei der Auftragserteilung an eine V-Person einen zweiten Beamten hinzuzuziehen. Der Auftrag wird später schriftlich formuliert und von beiden Beamten unterschrieben. Um "Mißverständnisse" auszuschließen, werden die Aufträge so klar wie möglich formuliert, wobei es sich oft auch als zweckmäßig erwiesen hat, auf die Strafbarkeit der Beihilfe, der Begünstigung, der Mittäterschaft, der falschen Anschuldigung und der Anstiftung ausdrücklich hinzuweisen, und auch dies in dem Auftrag und in den Akten zu vermerken.[3]

---

1) WENZKY, Kriminaltaktik, S. 135. Es handelte sich um einen RdErl. des damaligen PrMdI. vom 15. Februar 1934 (MBliV, S. 213), nach: WENZKY, S. 169.
2) Diese Forderung stellen außerdem auf: BÖGE, S. 93; BKA-Schriftenreihe, S. 79; HARMS/DUVENHORST/HAKEL, S. 374 und RITGEN, S. 70.
3) BÖGE, S. 92 f. So oder ähnlich auch BKA-Schriftenreihe, S. 79; BDK, HOHENSINN, S. 41; HARMS/DUVENHORST/HAKEL, S. 373 f.; RITGEN, S. 70. Die von Haas durchgeführte Aktenauswertung hat ergeben, daß zumindest in den staatsanwaltschaftlichen Ermittlungsakten Belehrungen über die Wahrheitspflicht, über die Auswirkungen einer Beteiligung an Straftaten etc. nicht protokolliert waren: HAAS, S. 267, Fn. 3.

b) Die Hamburger Richtlinien bestimmen insoweit:

> 5.5 Die polizeilichen Aufträge an V-Personen sind so genau und umfassend, wie dies nach den Umständen möglich ist, zu erteilen. Dabei darf der VP-Führer polizeiliche Erkenntnisse nur insoweit offenbaren, als es für die Auftragsdurchführung erforderlich ist. Die mit der V-Person abgesprochenen Maßnahmen und der Ablauf des Einsatzes sind in der VP-Akte festzuhalten.

IV. V-Person oder verdeckter Ermittler?

Die Frage, ob im Einzelfall oder generell der Einsatz einer V-Person oder aber der eines vE bevorzugt wird, wird uneinheitlich beantwortet. Sie kann nur im Bewußtsein der mit dem jeweiligen Einsatz verbundenen Vor- und Nachteile beantwortet werden.

1. Vor- und Nachteile des Einsatzes von vE

a) Der Einsatz von Polizeibeamten hat den Vorteil,

- daß die in der Person des vE liegenden Einsatzvoraussetzungen nicht risikobehaftet sind. Für vE stellt sich der Einsatz im Untergrund lediglich als andere Form der Wahrnehmung der Amts- und Berufspflicht dar, nicht als Möglichkeit, persönliche Vorteile zu erringen. Die bei V-Personen typischerweise vorhandenen Gefahren der Doppelfunktion, der Übertreibung eigener Möglichkeiten und Fähigkeiten, falscher Informationen und v. a. der Ausspähung der Polizei scheiden beim vE aus. VE sind als Mitglieder der Polizei weisungsgebunden, kontrollierbar, zuverlässiger und berechenbarer als V-Personen,[1] dementsprechend entfällt bei vE die Notwendigkeit der Überprüfung ihrer Person und Zuverlässigkeit. Beschränkungen hinsichtlich der Einbeziehung in den polizeilichen Informationsstand sind ebensowenig erforderlich, wie Probleme mit der Zusicherung der Vertraulichkeit bestehen.[2]
- daß Nachrichten und Bewertungen, die von dem vE übermit-

---

1) RIEHLE, Verrechtlichung, S. 20.
2) SCHULZ, Bekämpfung, S. 526.

telt worden sind, als exakt und sicher gelten können,

- daß die Gefahr, einem "Doppelagenten" aufzusitzen, gering ist,[1]
- daß vE in der Lage sind, die jeweilige Situation rechtlich und polizeitaktisch zu beurteilen,
- daß vE keine eigenen Ziele verfolgen,
- daß vE sich an ihren Auftrag halten und dessen Grenzen kennen,
- daß vE zu einer realistischen Beurteilung des Gegners in der Lage sind,
- daß sie als Zeuge vor Gericht auftreten können.[2]

b) Von Nachteil ist demgegenüber,

- daß der Aufbau einer Legende für den Fall der langfristigen Einschleusung in Organisationen oder allgemein ins Milieu äußerst zeitraubend, schwierig und aufwendig ist. Die Legende und ihre Abdeckung müssen umso hieb- und stichfester sein, je höher die Einsatzziele gesteckt und je höher die Täterebenen angesiedelt sind, gegen die sich die operativen Maßnahmen richten.[3]
- daß erhebliche rechtliche Bedenken bestehen, soweit der vE in strafrechtlich relevante Ereignisse verstrickt wird,
- daß sich familiäre und fürsorgerechtliche Probleme ergeben (können). Die Polizeizugehörigkeit des vE darf auch nicht über private Kontakte bekannt werden. Dienst und Privatleben müssen daher voneinander getrennt und abgeschottet werden, was zwangsläufig Einschränkungen des privaten gesellschaftlichen Verkehrs, häufige Abwesenheit von der Familie usw. mit sich bringt.[4] Für den Fall längerfristiger Einschleusungen in kriminelle Or-

---

1) PFA, Schriftenreihe, S. 24; STÜMPER, Probleme, S. 230.
2) PIETRZIK, Rauschgifthandel, S. 230.
3) SCHULZ, Bekämpfung, S. 527. In einem vor dem LG Stuttgart verhandelten Fall (Urt. v. 30. 11. 1983 - 16 KLs 187/83 (nr)) hatte sich z. B. ein vE des LKA Baden-Württemberg als Nachtlokalbesitzer in Unterweltkreise eingeschleust, um Waffen-, Falschgeld- und Betäubungsmitteldelikte aufzudecken, mitgeteilt von H. Chr. Arnsperger, in: Strafverteidiger 1984, Heft 5, S. 197 ff.
4) SCHULZ, Bekämpfung, S. 528 f.

ganisationen oder ins Milieu ist zu berücksichtigen, daß der gesamte private Bereich von den Lebensumständen, die in Erfüllung des dienstlichen Auftrages weitgehend unvermeidbar sind, geprägt wird. Die Rolle, die der vE über einen längeren Zeitraum zu spielen hat, kann dieser nicht einfach für die dienstfreie Zeit ablegen. Der Einsatz prägt den rein familiären Bereich ebenso wie die eigene Wesensart des vE. Hinzu kommt, daß sich der vE u. U. schnell und gern an das Leben im Milieu und die mit diesem verbundenen Annehmlichkeiten gewöhnt. Ein "Zurücktreten ins Glied" fällt dem vE dann oft sehr schwer[1], teilweise wird sogar davon gesprochen, daß vE nach einem längerfristigen Einsatz im Untergrund "resozialisiert" werden müßten.

- daß im Falle längerfristiger Einschleusung mit einer Gefährdung an Leib und Leben des vE infolge einer frühzeitigen Entlarvung gerechnet werden muß,[2]
- daß die nicht unerhebliche Gefahr einer Kollision mit dem Strafverfolgungszwang besteht. Dabei darf jedoch nicht übersehen werden, daß - entgegen der oft vertretenen Ansicht - jedenfalls der Einsatz des vE im Bereich des international organisierten Rauschgifthandels dem vE i. d. R. keine Betätigung in der örtlichen Drogensubkultur abverlangt, wie das z. B. bei Kürbis und Müller der Fall war. Auf dieser Stufe der Hierarchie macht weder der berühmte Joint die Runde, noch wird die Teilnahme an strafbaren Handlungen verlangt.[3]

2. <u>Vor- und Nachteile des Einsatzes von V-Personen</u>

a) Der Vorteil des Einsatzes von V-Personen liegt darin, daß

- diese Personen i. d. R. bereits über Personen-, Orts- und Milieukenntnisse verfügen,

---

1) STÜMPER, Probleme, S. 230; SCHULZ, Bekämpfung, S. 529 empfiehlt daher eine Begrenzung der Einsatzdauer auf durchschnittlich 3, max. 5 Jahre.
2) PFA, Schriftenreihe, S. 24; STÜMPER, Probleme, S. 230.
3) PIETRZIK, Rauschgifthandel, S. 230.

- sie i. a. in der Szene bzw. im Milieu bekannt und daher grundsätzlich unverdächtig sind,
- eine Legende nicht aufgebaut werden muß, der Zeitgewinn daher größer und der Aufwand geringer ist.[1]

b) Zum Nachteil gereicht den V-Personen jedoch,
- daß ihren Informationen eventuell nur ein geringer Sicherheitswert zukommt und daß aus diesem Grund Kontrollinformationen erforderlich sind,
- daß sie gelegentlich sehr unzuverlässig sind (s. dazu aber unten: Gefahren der Zusammenarbeit mit V-Personen).

3. Allgemein[2] wird von Juristen und Polizeipraktikern der Einsatz des vE favorisiert. Zur Begründung wird i. w. angeführt,
- daß der vE die rechtstaatlichen Grenzen seines Handlungsspielraumes kennt,[3] bzw.
- daß er allgemein an Recht und Gesetz gebunden bleibt, er zudem über ein geschultes Rechtsbewußtsein und eine bessere Ausbildung verfügt,[4]
- daß der vE zuverlässiger arbeitet (Auftragserteilung, Bewertung der verdeckt erlangten Informationen),
- daß der vE einer regelmäßigen Dienstaufsicht unterliegt und in enger Abstimmung mit seiner Führungsdienststelle arbeitet (d. h. Beeinflussung, Leitung, Lenkung, Überwachung, Beendigung des Einsatzes),[5] V-Personen demge-

---

1) PFA, Schriftenreihe, S. 25 f.
2) Anders z. B. die Praxis Ende der 70er Jahre beim PP München. Dort wurden Beamte nur in Ausnahmefällen eingesetzt, d. h. wenn kein geeigneter Kaufinteressent, Hehler oder Vermittler in Gestalt einer V-Person zur Verfügung stand: SCHÖFFEL, S. 72.
3) WERNER, S. 54; THOMAS, Drogenkriminalität, S. 162.
4) GdP, SCHOELER, S. 41.
5) HERTLEIN, Erfordernis, S. 323; STEINKE, V-Mann, S. 49; bestätigt wird das auch von Mellenthin, nach dessen Angaben sich sogar die Kontaktanbahnung einerseits und die Führung und Betreuung der V-Personen andererseits durch veschiedene Beamte in der Praxis bewährt hat, MELLENTHIN, S. 85.

genüber (von beiden Seiten!) nur über Geld zu steuern seien,[1]

- daß der vE in vielen, v. a. nicht politisch motivierten Fällen, ohne eine unzumutbare Beeinträchtigung seiner persönlichen Sicherheit und Existenz, seine Untergrundtätigkeit notfalls als Zeuge im Strafprozeß offenlegen kann.[2]

a) Dies gilt jedenfalls, soweit es sich nur um sporadische, kurze und klar abgrenzbare Einsätze handelt. Der vE kann z. B. in seiner Funktion als Scheinkäufer von BtM jederzeit wieder aus dem Geschehen herausgelöst werden.
Bei langfristigen Einschleusungen im Bereich der Bekämpfung organisierter Kriminalität sprechen demgegenüber nach Folger[3] die beim BKA gemachten und aus den Ländern mitgeteilten Erfahrungen gegen den Einsatz von vE. Dort sind es v. a.

- Probleme mit dem Legalitätsprinzip,
- Einengungen des Handlungsspielraumes durch Beamten- und Disziplinarrecht, durch verwaltungs- und haushaltsrechtliche Bestimmungen und
- Probleme der Fürsorge,

die ein Vordringen des vE allenfalls bis zur "Mittleren Stufe" des Managements zulassen.

b) Wegen der Milieubezogenheit der verdeckten Informations- und Beweismittelbeschaffung kann der vE die V-Personen nicht ersetzen,[4] denn das langfristige Eindringen in

---

1) GdP, SCHOELER, S. 41.
2) FOLGER, S. 173. Erkenntnisse der V-Personen sind demgegenüber für sich allein regelmäßig nicht gerichtsverwertbar: BEER, Strategien, S. 208.
3) FOLGER, S. 173. Auch Schöffel gibt hier wegen der vordergründigen Reize der Unterwelt den V-Personen den Vorzug: SCHÖFFEL, S. 73; nach Ansicht von Goessner und Herzog sind jahrelang im Untergrund eingesetzte vE nicht nur die besseren Polizisten, sondern aus ihnen können auch bessere Kriminelle werden. Verdeckte Ermittler gelten daher bei ihrer Rückgewöhnung in den Polizeialltag als "unsichere Kandidaten", die erst "resozialisiert" werden müssen: GOESSNER/HERZOG, S. 84.
4) KRUPSKI, Organisierte Kriminalität, S. 31; RIEHLE, S. 27, Fn. 33).

ein Milieu ist oft schwierig, wenn nicht gar unmöglich, und es sind langwierige Vorbereitungen erforderlich: Der vE muß sich in einem zeitraubenden Prozeß in die Gepflogenheiten, die Psychologie und Sprache der Subkultur und ihrer Peripherie hineintasten. Überlegenes und sicheres Auftreten in jeder Situation, Überspielen von Angst, souveräner Umgang mit Geld, überzeugendes Auftreten gegenüber Hotelpersonal, Taxifahrern, der nicht eingeweihten Polizei, am Flug-, Post- und Bankschalter im In- und Ausland, Mut zum Risiko und das Gespür für Gefahren sowie die vielen, u. U. lebenswichtigen kleinen Tricks können jedoch nicht einfach theoretisch erlernt und dann angewendet werden.[1] Der vE muß schließlich in die Rolle eines entlassenen Sträflings, eines Zuhälters, Gastwirtes, Kaufmannes, Taxi- oder Fernfahrers, Kellners oder Zeitungsverkäufers schlüpfen. Die Aufrechterhaltung der Legende erfordert hin und wieder den Einsatz mehrerer V-Personen oder vE, die z. B. als Bande auftreten und sich gegenseitig als Auftraggeber oder Hintermänner vorstellen.[2]

c) Aber nicht nur der langfristige, sondern auch der kurzfristige, fallbezogene Einsatz vE macht gelegentlich umfangreiche Vorbereitungen erforderlich, z. B. wenn ein vE im Rahmen eines Scheingeschäftes als Scheinkäufer sein Interesse an größeren Rauschgiftmengen glaubhaft machen soll:[3]

> So versuchten z. B. zwei Düsseldorfer Kriminalbeamte, als "Kaufinteressenten" von Rauschgift in einschlägigen Kreisen Eingang zu finden. Bald schon kam es zu einem Kontakt mit einem Türken namens Ömer, Pseudonym 'Aldo'. Dieser war angeblich in der Lage, zusammen mit seinem Kurier 'Laszlo' auf Wunsch jede Menge Heroin zu beschaffen. Die beiden vE gingen

---

1) FOLGER, S. 173.
2) KÖRNER, S. 420, § 31, Rn. 42.
3) Dieser Fall wurde in der Rheinischen Post vom 14. 5. 1985 geschildert, nach: WEHNER, Definitionswirrwarr, S. 356.

gleich aufs Ganze und fragten an, ob auch 15 kg Heroin pro Woche geliefert werden könnten. Diesen enormen Bedarf erklärten sie damit, daß der eine von ihnen, der sich 'Sam' nennen ließ, in Düsseldorf eine Nobel-Disco betreibe und seiner feinen Kundschaft ein solches Angebot schuldig sei. Die Lieferanten waren skeptisch, und sie wollten sich zunächst einmal die Disco ansehen. Dieses Verlangen löste seitens der Polizei drehbuchreife Aktivitäten aus. Zunächst mußte in Düsseldorf ein den Erzählungen des vE 'Sam' entsprechender Betrieb gefunden werden, dessen Besitzer - zweitens - auch damit einverstanden war, den Posten des Chefs zumindest für einen Abend 'Sam' zu überlassen. Dann mußte gezwungenermaßen auch das Umfeld bis hin zur Telefonbedienung eingeweiht und zum Schweigen verpflichtet werden. Am Abend des 15. Oktober kamen dann 'Aldo' und 'Laszlo'. Sie ließen sich täuschen und verabredeten die Übergabe des ersten Kilo Heroin für den nächsten Tag. Zu dem vereinbarten Treffen kam nur 'Laszlo'. Er wurde verhaftet.

d) Letztendlich bleibt es daher der Einzelfallentscheidung überlassen, ob vE oder V-Personen zum Einsatz kommen. Maßgebend ist, ob das angestrebte Ziel eher mit einer V-Person oder mit einem vE zu erreichen ist.

aa) Wie bereits zu Beginn der Arbeit ausgeführt, werden kriminelle Organisationen im Bereich des Rauschgiftschmuggels und -handels meist in starkem Maß von Ausländern geprägt. Diese Rauschgifthändler- und -schmugglerorganisationen basieren in ihrem Kern zumeist auf landsmannschaftlichen Zugehörigkeiten. Sie haben ihre Ursachen in
- verwandtschaftlichen oder bekanntschaftlichen Verbindungen,
- gleicher Sprache,
- gleichem Brauchtum,
- Ausnutzung bestehender Kontakte und Gettobildung.

Innerhalb den von Angehörigen gleicher ethnischer Herkunft bestimmten Organisationen entstehen oft Subkulturen mit eigenem Ehrenkodex und Abgrenzungsbestrebungen zur Außenwelt. Zweck ist es, das Zusammengehörigkeitsgefühl zu stärken und sich verstärkt vor den Strafverfolgungsorganen zu schützen.[1] Schwierigkeiten bei den Ermittlungen nehmen daher mit zunehmender Abkapselung in ethnische Gruppen bzw. ausländische Subkulturen zu.[2] Wegen der bestehenden Sprachschwierigkeiten, der gegenseitigen Abdekkung sowie des allgemeinen Zusammenhaltes der meist auf Familien- bzw. Sippenzugehörigkeit beruhenden Gruppen und Organisationen erweist es sich für Fremde als äußerst schwierig, zumeist als unmöglich, in diese Kreise einzudringen.[3]

bb) Dies gilt insbesondere für die Infiltration türkischer, arabischer, afrikanischer oder israelischer Rauschgifthändler- oder -schmugglerorganisationen mittels vE. Großdealer, Auftraggeber, Finanziers und Drahtzieher des organisierten Rauschgifthandels und -schmuggels (die keinen unmittelbaren Kontakt zu BtM zu haben pflegen) können regelmäßig nur mittels milieuerfahrenen V-Personen überführt werden, welche gleicher Nationalität (und Sprache) sind, die Mentalität der Tatverdächtigen gut kennen und denen aufgrund ihrer Vorstrafen, ihres Vorlebens oder ihres aktuellen gesetzwidrigen Verhaltens weniger Mißtrauen entgegengebracht wird.[4]
So ist es z. B. in Frankfurt in Kreisen türkischer Rauschgifthändler schon seit Jahren nicht mehr möglich, Polizeibeamte als Scheinkäufer auftreten zu lassen, da als Aufkäufer nur noch eigene Landsleute, allenfalls Araber und Afrikaner akzeptiert werden.[5]

---

1) BDK, SCHRAMM, S. 21.
2) GdP, BOGE, S. 30.
3) BDK, SCHRAMM, S. 21; GdP, BOGE, S. 30; WIENBERG, S. 455; BOEDEN, S. 37.
4) KÖRNER, S. 421, § 31, Rn. 45; DERSELBE, V-Mann, S. 290.
5) THOMAS, S. 54. Aus diesem Grund fordert Boeden sogar die Anstellung in Deutschland lebender Ausländer der 2. Generation bei der Polizei: BOEDEN, S. 37.

V. Gefahren der Zusammenarbeit mit Informanten und V-Personen

V-Personen üben ihre Tätigkeit fast ausschließlich im eigenen Interesse und zum eigenen Vorteil aus. Pflichtbewußtsein und Zuverlässigkeit sind daher i. d. R. nicht besonders ausgeprägt.[1] Die Inanspruchnahme von Informanten und die Zusammenarbeit mit V-Personen ist folglich mit vielen Risiken behaftet, und echtes Vertrauen kann ihnen berechtigterweise nicht oder nur selten entgegengebracht werden. Da sie jedoch auf Zurückhaltung oder gar Mißtrauen seitens der Polizei sehr empfindlich reagieren, erfordert der Umgang mit ihnen besonderes Fingerspitzengefühl.[2] Diese Erkenntnis ist jedoch nicht neu. Schon Anuschat[3] und Hackenberg[4] haben dies erkannt wie vor ihnen im 19. Jahrhundert andere.[5]

Heute zeigen zum einen alle Erfahrungen mit enttarnten V-Personen, jedenfalls im Bereich der Rauschgiftkriminalität, daß diese überwiegend einschlägig vorbestraft sind oder gar ein noch anhängiges Strafverfahren haben.[6] Dies indiziert deutlich die Gefahren, die in der Person von Informanten und V-Personen liegen und von diesen ausgehend die Umwelt (Polizei, öffentliche Sicherheit und Ordnung, Dritte) tangieren können.
Besonders groß sind die Risiken im Umgang mit den sog. "Selbstanbietern", insbesondere dann, wenn die Bereitwilligkeit zur Mitarbeit an Zugeständnisse gebunden oder die Mitwirkung von Vorleistungen seitens der Polizei abhängig gemacht wird. Hier liegt es nahe, daß nur eigene Interes-

---

1) SCHULZ, Täter II, S. 461.
2) BKA-Schriftenreihe, S. 79.
3) ANUSCHAT, Kriminaltaktik, S. 59, warnt z. B. davor, daß V-Personen "mit doppelten Karten spielen", Vorschüsse erschwindeln, Genossen zu Einbrüchen verleiten, Kriminalisten auf die falsche Fährte setzen usw.
4) HACKENBERG, S. 987 f., der ähnliche Risiken wie Anuschat sieht.
5) Z. B. DOPFFEL, S. 9; AVE-LALLEMANT, II, S. 366: "Das Vigilantenwesen ist die dämonische Gewalt der Polizei"; ZIMMERMANN, S. 209 ff.; v. MOHL, S. 491 f.
6) WEIDER, S. 31.

sen im Vordergrund stehen, und daß Möglichkeiten der Einsatzfähigkeit und eigene Qualifikationen lediglich vielsagend vorgegeben werden, um in den Genuß der Vorleistung zu kommen. Bei V-Personen, die sich nicht selbst angeboten haben, sondern die von ihrem Führungsbeamten geworben worden sind, sind die Risiken geringer. Bei ihnen kann sich der Führungsbeamte von vornherein ein besseres Bild, v. a. hinsichtlich der der Bereitschaft zur Mitarbeit zugrundeliegenden Motivation machen.[1]
Zum anderen bestehen aber auch für die Person des Informanten/der V-Person selbst gewisse Gefahren, v. a. die der Enttarnung durch die Gegenseite mit allen Konsequenzen.

1. Von Informanten und V-Personen ausgehende Gefahren
Naturgemäß ist eine Enumeration der von Informanten und V-Personen ausgehenden Gefahren nicht möglich. Die nachfolgende Aufzählung kann daher nur beispielhaft aufführen, welche Verhaltensweisen sie typischerweise zu Lasten der Polizei - insbesondere unerfahrene Beamte merken oft zu spät, daß ihre V-Person sie ausgenutzt hat[2] - an den Tag legen:
V-Personen
- versuchen oft, die Strafverfolgungsorgane von eigenen Straftaten abzulenken,
- neigen dazu, bei der Polizei auch für das Milieu aufzuklären (Doppelspiel),
- lernen polizeiliche Taktiken kennen (Ausspähung der Polizei),
- binden Polizeikräfte,
- befriedigen gelegentlich auch private Neigungen,

---

1) SCHULZ, Bekämpfung, S. 456 f.
2) GdP, BÖGE, S. 31. Deshalb forderte LINDENAU, S. 287 schon früh, nur besonders erfahrene und zuverlässige Beamte mit der Führung von V-Personen (Vigilanten) zu betrauen.

- kassieren u. U. Geldzuwendungen und Belohnungen anderer Art ohne wirkliche Gegenleistung,[1]
- "produzieren" Straftaten,
- liefern falsche Informationen (auch Informanten).

a) <u>V-Personen "produzieren" Straftaten</u>

V-Personen finden schnell" Geschmack" an ihrer Tätigkeit. Oft ist die zu erwartende Belohnung ohne große Mühen zu verdienen, die von Versicherungen ausgesetzten Wiederbeschaffungsprämien und von Privaten gezahlten Belohnungen machen den V-Personen-Einsatz zum einträglichen Geschäft. Andererseits sind jedoch häufig die Möglichkeiten einer V-Person, innerhalb eines bestimmten Kreises als solche zu agieren, schnell erschöpft. V-Personen sind sich der Tatsache bewußt, daß sie die zugesagten Vergünstigungen nur im Erfolgsfall er- bzw. behalten. Können V-Personen dagegen keine Erkenntnisse mehr liefern bzw. für die Polizei Rauschgifttransaktionen abwickeln, so werden sie wertlos. Es besteht dann die Gefahr, daß sie von der Polizei fallengelassen werden. Dies bedeutet Nichterhalt bzw. Wegfall der von der Polizei zugesagten oder gewährten Vergünstigung. Um sich die von der Polizei gewährten Vorteile weiterhin zu sichern, lassen sich V-Personen dann gelegentlich in Ermittlungen selbst dann einschalten, wenn sie genau wissen, daß sie in dem betreffenden Fall kaum nützliche Arbeit leisten können.[2] Diese V-Personen stellen dann ihre Erfolgsmöglichkeiten übertrieben dar, lassen in ihren Aktivitäten dafür um so schneller nach, sobald der Vorteil oder die angestrebte zugesagte Vergünstigung erreicht ist. Auf dieses Verhalten wirken sich zugesagte Erfolgshonorare besonders fördernd aus.
In Extremfällen drängen sich V-Personen der Polizei gar auf und wollen mit allen Mitteln neue Fälle bringen.[3]

---

1) KRUPSKI, Organisierte Kriminalität, S. 31. Er sieht darin Gründe für den Einsatz speziell ausgebildeter Polizeibeamter im Milieu (vE).
2) BÖGE, S. 92.
3) A. a. O.

Dann besteht die Gefahr, daß V-Personen anderen Personen Straftaten "unterschieben" oder sich als agent provocateur betätigen.
Unter erheblichem Erfolgsdruck stehen v. a. drogenabhängige V-Personen, z. B. dann, wenn sie unter Auflagen von der Untersuchungshaft verschont oder gar vorzeitig entlassen worden sind.[1] Solche V-Personen befürchten, daß sie im Falle eines Versagens zurück in die Untersuchungshaft müssen. Diese hindert sie jedoch daran, ihre Sucht zu befriedigen und drohende Entzugserscheinungen abzuwenden.
Es ist leicht auszumalen, daß eine derart unter Erfolgszwang stehende V-Person sich als agent provocateur betätigen könnte.
Das "Produzieren" von Straftaten kann grundsätzlich auf zweierlei Wegen geschehen:

aa) Die eine - weniger häufige - Methode ist die, daß einer anderen Person von der V-Person inkriminierte Gegenstände untergeschoben werden.
Dann macht die V-Person dem Führungsbeamten Meldung darüber, daß die betreffende Person z. B. mit Diebesgut oder mit BtM handele, und daß sicher davon ausgegangen werden könne, daß man in der Wohnung des Betreffenden fündig werden würde.
Bei einer anschließenden gezielten Durchsuchung stößt die Polizei dann tatsächlich auf die von der V-Person angekündigten Gegenstände (sehr zu Überraschung des Betroffenen!).
Nicht selten wird so versucht, Unschuldige zu Straftätern zu machen, indem angebliche "Beweise" von strafbaren Handlungen anderer von V-Personen erfunden oder selbst hergestellt werden.[2]

Bekanntgeworden ist z. B. der Fall[3] der laut Kripo Dortmund "besonders vertauenswürdigen" V-Person Meh-

---

1) KREUZER, Spitzel, S. 53.
2) BÖGE, S. 93.
3) BEHR, Verbrechen, S. 144. Siehe dazu den schon oben, S. 91 f. geschilderten Fall.

met Cingöz. Er führte die Polizei am 13. Dezember 1983 in die Wohnung eines Landsmannes. Dort konnte ein Paket Haschisch sichergestellt werden. Dem Wohnungsinhaber und vermeintlichen Täter brachte dies zunächst zweieinhalb Jahre Freiheitsstrafe. Von der II. Großen Strafkammer wurde der "Täter" jedoch freigesprochen: Die für die Kripo mittlerweile "unerreichbare" V-Person hatte, "wohl unter Leistungsdruck", den Stoff selbst in der Wohnung des Landsmannes deponiert.

bb) Die weitaus häufigere Methode ist die, daß V-Personen andere zu Straftaten "anstiften" i. w. S., um die so - ohne Wissen des betreffenden Führungsbeamten - beeinflußten Täter bei der Straftatenbegehung durch die zuvor informierte Polizei festnehmen zu lassen. Derartige Verhaltensweisen, die mit dem Terminus "agent provocateur" bezeichnet werden, haben die "V-Person" in Verruf gebracht.
Es ist kein großes Problem, in kriminalitätsanfälligen, sozial schwachen Milieus neue Straftäter zu schaffen. Unerfahrene Seeleute lassen sich zum Schmuggel verführen, Asylanten erliegen materiellen Versuchungen, Türken werden in ihrer Sippe gegeneinander ausgespielt. Entsprechendes gilt für manchen Homosexuellen, Drogen- und Alkoholabhängigen, für Angehörige von Straftätern usw.[1]

aaa) V. a. im Bereich der Bekämpfung der Rauschgiftkriminalität werden V-Personen provokatorische Betätigungen (z. B. "Anheizen" des Geschäftsabschlusses) oft nachgesagt, und Fälle, in denen V-Personen tatsächlich provozierend agiert haben, werden von Teilen der Presse und dem Schrifttum immer wieder gern und mit besonderer Aufmerksamkeit aufgegriffen, kommentiert und diskutiert. Dadurch wurde und wird der - unzutreffende - Eindruck erweckt, als ob der "agent provocateur" die zentrale Problematik

---

1) KREUZER, Spitzel, S. 53.

des Einsatzes von V-Personen wäre.[1] Hinzu kommt, daß kritische Betrachtungen des Einsatzes von vE und V-Personen regelmäßig unterstellen und indizieren, die Tätigkeit vE und von V-Personen verstieße zwangsläufig und regelmäßig gegen Strafvorschriften.
Dabei wird zum einen unterschlagen, daß der Einsatz vE und von V-Personen kriminaltaktisch so angelegt werden kann und angelegt wird, daß i. d. R. weder ein Agieren als agent provocateur noch die Verwirklichung von Straftatbeständen in Betracht kommt.[2]
Außerdem wird oft übersehen oder unterschlagen, daß die Drogenszene als illegaler Markt ähnlich wie die freie Marktwirtschaft von Angebot und Nachfrage bestimmt wird. Rauschgiftgeschäfte stellen ein dynamisches Geschehen dar. Käufer und Verkäufer geben ihre Absichten erst nach tastenden Vorgesprächen zu erkennen. Dem Scheitern oder Erfolg des Geschäftes gehen lange andauernde Verhandlungen voraus. Nur ausnahmsweise werden Rauschgifttransaktionen durch den einseitigen Wunsch des Käufers oder durch dessen Anstiftung initiiert, auch wenn angeklagte Rauschgiftverkäufer dies zu ihrem Schutz häufig anders behaupten. Das Überreden und Verführen des berühmten "unbescholtenen Bürgers" zu RG-Geschäften ist die Ausnahme,[3] und dementsprechend sind die Fälle äußerst selten, in denen sich der Verdacht tatsächlich bestätigt, eine V-Person habe sich als agent provocateur betätigt.[4]
Selbst wenn die V-Person einen bis dahin Unverdächtigen auf den Verkauf von Rauschgift anspricht, ist damit noch nicht indiziert, daß es zur tatsächlichen Geschäftsabwicklung auch einer weitergehenden Beeinflussung seitens der V-Person bedurft hätte.
Derartige Fälle gingen in der Vergangenheit gelegentlich

---

1) PFISZTER, S. 255. Das Problem der Polizeien und Staatsanwaltschaften besteht i. d. R. darin, in der Hauptverhandlung die Schutzbehauptung des Angeklagten zu widerlegen, er sei erst durch die V-Person zu der Straftat angestiftet worden.
2) A. a. O., S. 256.
3) KÖRNER, S. 444 f., § 31, Rn. 92.
4) PFISZTER, S. 255.

bis zum BGH, weil die Verteidiger die Angeklagten als Opfer unzulässiger staatlicher Beeinflussung sahen. Hin und wieder stellte sich heraus, daß eine V-Person tatsächlich einen bis dahin Unverdächtigen angesprochen hatte. Davon abgesehen bedurfte es aber meistens keiner weitergehenden Beeinflussung des Täters.
Typisch ist diesbezüglich der Sachverhalt von BGH, Urteil v. 6.2.1981, 2 StR 370/80:[1]

> "Ein Mann, gegen den ein Verfahren wegen Vergehens gegen das Betäubungsmittelgesetz anhängig war, erklärte der Polizei, er wolle sich bemühen, Rauschgifthändler zu ermitteln, zu benennen und bei ihrer Überführung behilflich zu sein. Dafür waren ihm von der Polizei im Erfolgsfall finanzielle Zuwendungen versprochen worden; außerdem erhoffte er sich von seiner Tätigkeit Vorteile in dem gegen ihn anhängigen Verfahren.
> In der Folgezeit sprach er einen bis dahin nicht vorbestraften, unbescholtenen und der Beteiligung an der Rauschgiftszene nicht verdächtigen Türken 'auf gut Glück' an und fragte diesen, ob er ihm nicht eine größere Menge Heroin liefern könne. Anfangs lehnte der Türke ab, versprach aber dann, 'sich einmal umzuhören'. In den beiden nächsten Wochen führte der Lockspitzel mit dem Türken zwei Gespräche, deren Ergebnis darin bestand, daß dieser 100 g Heroin zum Preis von 12000 bis 13000 DM anbot. Der Lockspitzel unterrichtete hiervon die Polizei, die ihm Verhaltensmaßregeln erteilte, Vorzeigegeld gab, die Geschäftsabwicklung observierte und den Türken bei der Übergabe des Heroins festnahm. Der Türke wurde zu einer Freiheitsstrafe von zwei Jahren und drei Monaten verurteilt.
> Mit der Revision machte sein Verteidiger geltend,

---

1) Mitgeteilt in: Kriminalistik 1981, Heft 9, S. 350 f.

der Einsatz des Lockspitzels stelle ein Verfahrenshindernis dar".

Im vorliegenden Fall hat der BGH die Voraussetzungen eines Verfahrenshindernisses verneint (heute wird die Konstruktion eines Verfahrenshindernisses i. F. einer unzulässigen Provokation so oder so abgelehnt; die Beeinflussung des Täters durch V-Personen oder vE wird vielmehr bei der Strafzumessung berücksichtigt). Einer nachhaltigen Beeinflussung des Türken hatte es nicht bedurft. Vielmehr war dieser trotz anfänglicher Ablehnung alsbald bereit, in das Geschäft einzusteigen. Seine allgemeine Bereitschaft zur Mitwirkung an der Rauschgifttransaktion hatte der Türke nämlich schon im ersten Gespräch mit der V-Person zu erkennen gegeben. In dessen Verlauf hatte der Türke versprochen, "sich einmal umzuhören". Damit hat er nach Ansicht des BGH selbst den Weg zu jenen Gesprächen gewiesen, die dann zum Abschluß des Handels führten. Eine stärkere Beeinflussung war nicht erforderlich.
Um die mit derartigen Fällen zweifelsohne einhergehenden Ansehensverluste der Polizei zu vermeiden, fordern gelegentlich sogar manche Praktiker die Einschaltung der Staatsanwaltschaft bei Einsätzen von V-Personen und v. a. ein Vorgehen nur gegen bereits als Wiederholungstäter bekannte Dealer. Bei diesen könne meist von einem Gesamtvorsatz ausgegangen werden, sodaß Anstiftung ausscheidet![1]

bbb) Eine realistische Betrachtung der Abwicklung von Drogengeschäften zeigt jedoch, daß V-Personen regelmäßig entgegen anderslautenden Behauptungen nicht harmlose Passanten darauf ansprechen, ob sie ihnen ein Kilo Heroin, Haschisch etc. verkaufen wollen. V-Personen schauen und hören sich vielmehr zunächst auf der Rauschgiftszene nach potenten Lieferanten um. Dabei besteht regelmäßig schon

---

1) So z. B. GEMMER, Bekämpfung, S. 189.

von Beginn des V-Personen-Einsatzes an ein konkreter Tatverdacht hinsichtlich eines oder mehrerer Täter, z. B. in Form eines Hinweises auf den Halter eines Rauschgiftbunkers, Verkaufsangebotes eines Dealers oder Vermittlers usw. Erkannt-potentielle Dealer werden angesprochen, oder die V-Person läßt sich ansprechen. Im Gegensatz zum legalen Wirtschaftsverkehr werden illegale Rauschgiftgeschäfte von gegenseitigem Mißtrauen geprägt. Alle Beteiligten rechnen mit Täuschung, Raub und Betrug der Gegenseite. Wie bereits oben gezeigt, komplizieren vielfältige Test- und Sicherungsmaßnahmen die Geschäftsanbahnung und -abwicklung. Nur ca. 5% des im Umlauf befindlichen Stoffes kann von der Polizei sichergestellt werden, und ca. 75% der Scheingeschäfte werden von den Verkäufern abgebrochen. Dies zeigt, daß die Geschäftsmodalitäten regelmäßig nicht vom polizeilichen Scheinkäufer, sondern vom Rauschgiftverkäufer bestimmt werden. In den meisten Fällen hilft der polizeiliche Scheinaufkäufer lediglich dem bereits tatentschlossenen Verkäufer, dessen Verkaufsabsichten zu realisieren.[1]

b) <u>V-Personen arbeiten in die eigene Tasche</u>
Wie bereits oben dargestellt, werden V-Personen i. e. L. aus der Rauschgiftszene rekrutiert. Ihr gehören sie entweder an oder sie unterhalten zumindest enge Kontakte zu ihr. Viele Angehörige des betreffenden Personenkreises waren oder sind selbst in illegale Rauschgiftgeschäfte verwickelt. Die Gefahr ist daher groß, daß sie ihre Tätigkeit auch für eigene Zwecke oder die einer bestimmten Gruppe ausnutzen.
Auch hier sind grundsätzlich zwei Möglichkeiten denkbar:

aa) Es kommt vor, daß V-Personen unter dem Schutz ihres guten Einvernehmens mit der Polizei längere Zeit Straftaten begehen, z. B. selbst im Rauschgiftgeschäft mitmi-

---

1) KÖRNER, S. 444 f., § 31, Rn. 92.

schen (sog. Eigengeschäfte). Diese V-Personen verbinden ihre polizeiliche Rolle mit ihrer ureigenen Rolle in der Szene, z. B. als Dealer. Dabei kann die Tätigkeit im polizeilichen Auftrag die V-Person dazu ermutigen, ihre "Szenen-Rolle", z. B. als Dealer, auszubauen, da sie Macht, Respekt und einen Sonderstatus verleiht. Andere Milieuangehörige haben ein feines Gespür dafür, wer u. U. eine V-Person sein könnte, und arrangieren sich mit dem Betreffenden.[1] Die Polizei hingegen wird eventuell mit Informationen über geringfügige Delikte abgespeist, oder ein Rivale wird der Polizei "ans Messer geliefert", um selbst ungestört lohnendere Straftaten begehen zu können. Nicht selten behaupten dann die ertappten Täter, die Führungsbeamten hätten hierzu ihr Einverständnis gegeben, es handele sich um ein Scheingeschäft oder der Führungsbeamte habe sie gar angestiftet.[2]
Bei der Prüfung des Tatverdachtes gegen V-Personen ist jedoch besondere Vorsicht angebracht, weil V-Personen bevorzugtes Ziel von Verleumdungen und Falschaussagen der von ihnen überführten Täter sind.[3] Außerdem lernen V-Personen zwangsläufig den Polizeiapparat kennen. Sie können daher ihre eigenen Straftaten weitaus geschickter als andere Straftäter verbergen und entdeckte Eigengeschäfte als angebliche Scheingeschäfte, durchgeführt im Auftrag der Polizei, ausgeben.[4]

aaa) Eine derartige kriminelle Verstrickung wurde einer V-Person in einem Verfahren zur Last geworfen, das im Frühsommer 1983 die 29. Große Strafkammer in Frankfurt beschäftigte.

Angeklagt war eine Türkin (33), die nach eigener,

---

1) KREUZER, Drogen, S. 187.
2) BÖGE, S. 93.
3) Auf einen derartigen Fall von Denunziation einer V-Person durch ein ehemaliges "Opfer" stieß auch Haas bei seiner Aktenauswertung. Die Eröffnung eines Hauptverfahrens wurde dort jedoch abgelehnt, da man im Zwischenverfahren merkte, daß Polizei und StA sich nur für die Rache an der V-Person hatten einspannen lassen: HAAS, S. 279.
4) KÖRNER, V-Mann, S. 293.

unwidersprochener Aussage zum Einsatz als V-Person gezwungen worden war (s. bereits o.). Sie lieferte der Polizei zwanzig Rauschgifthändler und dreißig Kilo Heroin. Allerdings lieferte sie daneben laut Anklageschrift auch drei Kilo Heroin für eigene Rechnung an andere Abnehmer.[5] Verurteilt wurde die Türkin schließlich zu viereinhalb Jahren Freiheitsentzug, weil sie, wie die mehrere Wochen dauernde Beweisaufnahme ergab, 1980 in zwei Fällen zusammen 840 Gramm Heroin an Landsleute abgegeben hatte.[2]

bbb) Derartige Fälle sind, v. a. im Bereich der Rauschgiftkriminalität, keine Seltenheit.

Auch in einem Verfahren vor dem LG Frankfurt/M.[3] kamen in der erneuten Verhandlung nach der Rückverweisung durch den BGH Zweifel daran auf, daß die V-Person durch wahrheitsgemäße Angaben zur Sachaufklärung beitragen wollte. Begründet wurden diese Zweifel mit dem Verdacht, daß die V-Person über größere, dem HLKA nicht bekannte Geldquellen verfügt haben mußte. Nach Kenntnis des Führungsbeamten beim HLKA bezog die V-Person lediglich Arbeitslosenunterstützung. Daneben hatte das HLKA zwischen Dezember 1980 und März 1981 insgesamt 2500.- DM in Teilbeträgen als Spesenersatz an die V-Person bezahlt. Danach war es unerklärlich, wie die V-Person zwischen dem 6.10. und dem 30. 12. 1980 insgesamt mindestens 10750 DM, möglicherweise sogar 20750 DM an die Heimatadresse in der Türkei überweisen konnte. Tatsächlich war gegen die V-Person wegen der Beteiligung an einem 100 Gramm Heroingeschäft in Rüsselsheim im Oktober 1980 ein Ermittlungsverfahren anhängig. Der Führungsbeam-

---

1) BEHR, Verbrechen, S. 143.
2) LEPPERT, V-Frau, S. 16.
3) Urt. v. 2. 7. 1984 - 88 Js 31593/81 (nr), (Rückverweisung durch BGH Urt. vom 23. 9. 1983), mitgeteilt von Johannes Hoffmann und Bauer, in: Strafverteidiger 1984, Heft 10, S. 415 ff. Es ging um die "Annahme eines Verfahrenshindernisses bei Anstiftung durch einen polizeilichen Lockspitzel".

te wußte von diesem Geschäft nichts. Das LG schloß daraus zutreffend, daß die V-Person bei diesem Geschäft, wenn überhaupt, dann nicht im Auftrag der Polizei tätig geworden war (Tatsächlich wurde dieses Verfahren gegen die V-Person gem. § 170 Abs. 2 StPO eingestellt.). Dennoch kam das LG zu dem Schluß, daß - im Hinblick auf die in die Türkei überwiesenen Geldbeträge - zugunsten des hier Angeklagten davon auszugehen war, daß die V-Person an dem illegalen, dem HLKA nicht bekannten Heroingeschäft beteiligt gewesen sein konnte, möglicherweise auch an anderen Geschäften.

ccc) V-Personen beteiligen sich jedoch nicht zwingend an strafbaren Handlungen. Vielmehr gibt es auch nicht-kriminelle V-Personen, und zwar sowohl unter denen, die in das jeweilige Milieu integriert sind und dort "Vertrauen" genießen, als auch unter denen, die lediglich persönliche Kontakte zum Milieu pflegen. Außerdem beweisen manche Fälle, daß milieuangehörige V-Personen nach einigen Einsätzen der Szene den Rücken kehren und ein normales, gesetzmäßiges Leben beginnen.[1]

bb) Andererseits haben V-Personen aber auch schon unmittelbar ihren Einsatz, z. B. bei einem Scheingeschäft, dazu ausgenutzt, sich zu bereichern und aus dem Staube zu machen.
Günstige Gelegenheiten, sich selbst zu bereichern, bieten sich den V-Personen besonders im Verlaufe ihres Einsatzes als polizeilicher Scheinkäufer. Nicht selten kommt es vor, daß V-Personen ein mühsam und aufwendig aufgezogenes Geschäft gefährden oder zum Scheitern bringen, weil sie sich entweder mit dem ihnen übergebenen Vorzeige- bzw.

---

1) SCHULZ, Bekämpfung, S. 518.

Kaufgeld[1] oder mit der inkriminierten Ware davonmachen. Das ist um so ärgerlicher, je aufwendiger die Vorbereitungen auf polizeilicher Seite waren.

So ist es z. B. schon vorgekommen, daß auf einen Gastwirt der Frankfurter Innenstadt eine V-Person angesetzt wurde, weil ihm mit herkömmlichen Methoden die gewerbsmäßige Hehlerei nicht nachzuweisen war. Die V-Person erhielt den Auftrag, mit dem Gastwirt Kontakt aufzunehmen. Um das Vertrauen des Gastwirtes zu erhalten, mußte sich die V-Person als potentieller Krimineller stark herausstreichen. Entsprechend der von der Polizei erteilten Weisungen erzählte die V-Person dem Gastwirt, in Paris gute Freunde zu haben und auch zahlungskräftige Abnehmer zu kennen. Dieser wurde hellhörig und zeigte sich interessiert. Für die V-Person war es nun ein leichtes, mit dem Verdächtigen ins Geschäft zu kommen. Dieser erzählte der V-Person, z. Z. Pelze, Schmuck und auch Fotogeräte zur Verfügung zu haben. Diese könne man in Paris absetzen. Zunächst einmal sollte die V-Person nach Paris fahren und den Absatz dort regeln. Für diese Fahrt erhielt die V-Person eine Aufstellung über alle zum Verkauf vorgesehenen Sachen.

Für die Fahrt nach Paris mußte von der Polizei u. a. folgendes organisiert werden:

1. Eine Fahrkarte nach Paris; Rückgabemodus wurde mit der Bahn vereinbart.
2. Eine fingierte Hotelbestellung in Paris über eine Mittelsperson.
3. In Paris mußten Belege für eine spätere Vorlage beschafft werden.
4. Die Fahrt nach Paris wurde tatsächlich angetreten, der Hehler begleitete die V-Person zum Bahn-

---

1) In Hamburg gab z. B. die Kripo einer V-Person, die bis dahin gegen entsprechende Honorare zuverlässig gearbeitet hatte, 10000 DM für einen Scheinkauf von fünf Kilo Haschisch. Der Rauschgifthändler kam nicht, die V-Person verschwand mit dem Geld, s. N. N., Verbrechen, S. 67.

hof und überzeugte sich von deren Abfahrt (Observation durch die Polizei). An der nächsten Bahnstation stieg die V-Person wieder aus, fuhr nach Frankfurt zurück und hielt sich dort auftragsgemäß streng verborgen. Dennoch wurde die V-Person gesehen. Der Hehler erfuhr dies zwar, glaubte es aber nicht, da er einen Anruf der V-Person aus Paris erhalten hatte.

5. Nach der "Ankunft" in Paris ein fingiertes Ferngespräch der V-Person aus Paris mit dem Hehler in Frankfurt (s. Ziffer 4), arrangiert durch die Fernmeldestelle im Polizeipräsidium.
6. Nach der "Rückkehr" aus Paris meldete sich die V-Person verabredungsgäß beim Hehler zurück. Dieser überprüfte die V-Person anhan vorgelegter Belege (Hotelrechnung pp.; notfalls hatte man in Paris auch noch einen Alibizeugen!).

Dann mietete der Führungsbeamte (Morschel) für die V-Person ein für den Transport geeignetes Kfz. Der Mietvertrag (er war echt) wurde vom Hehler genau überprüft. Er konnte nichts daran aussetzen, und so wurde der Reisetag festgelegt. Vor Antritt der Fahrt wurde die V-Person mit Fahrzeug an einen bisher unbekannten Ort gelotst.

Vom Reisetag an fand ohne Wissen der V-Person eine konsequente Observation der V-Person statt. Nur so wurde der von der V-Person angesteuerte Ort bekannt. Hier hatte der Hehler eine getarnt gehaltene Eigentumswohnung, in der das Diebesgut verwahrt war. In ihr wohnte auch "unangemeldet" ein Einbrecher. Er hatte den Schmuck, der jetzt nach Paris gebracht werden sollte, eine Nacht zuvor im nordhessischen Raum geholt. Die observierenden Beamten waren Zeugen des Beladens des Fahrzeuges mit Pelzen, Schmuck und Fotoapparaten. Danach trat die V-Person die Reise an. Vereinbart war für Frankfurt eine bestimmte Fahrstrecke, auf der "per Zufall" eine Verkehrskontrolle stattfinden sollte. Wider Erwarten hielt sich die V-

Person jedoch nicht an die vereinbarte Strecke. Es ließ sich daher nicht umgehen, jetzt auch nach der V-Person zu fahnden. Mit Recht mußte man annehmen, daß sie mit dem Wagen der Polizei tatsächlich nach Paris fährt! Die Beamten der Observation gaben Mörschel sofort Meldung, und dieser löste noch zusätzlich eine Stadtfahndung aus. In dramatisch erscheinender Weise wurde die V-Person mit Fahrzeug in Nähe des Flughafens gestellt.[1]

cc) Gelegentlich verwirklichen sich die hier beschriebenen Risiken auch nur deswegen, weil die Führungsbeamten von V-Personen diese nicht ausreichend kontrollieren, bzw. nicht merken, daß sie von ihnen hintergangen werden. So zeigt gerade der zuvor geschilderte Fall, daß Mörschel durch umsichtiges Verhalten (Observation der V-Person) den durch diese verursachten Schaden begrenzen konnte.

Anders erging es hingegen dem Kriminalhauptmeister Anton Anspach vom LKA Wiesbaden.[2] Er hatte sich mit dem Ungarn Jakob Siebzehner zusammengetan, der in der BRD mit Waffen geschoben hatte und deshalb mehrfach zu Freiheitsstrafen verurteilt worden war. Zusammen sollten sie, so der Plan der Ermittlungsbehörden, illegale Waffenhändler überführen und internationale Rauschgifthändler- und -schmugglerringe sprengen. Anspach ging (als vE) mit Siebzehner eineinhalb Jahre lang auf "Geschäftsreisen" in den Libanon und in die Türkei. Durch sie konnten

- neun Kilo Heroin,
- 200 Kilo Morphinbase,
- 800 Kilo Haschisch

und eine große Menge Barbiturate aufgespürt, jedoch nur einige hundert Pistolen sichergestellt werden. Dies lag daran, daß Siebzehner unter den Augen von Staatsanwaltschaft und Kripo während der konzertier-

---

1) MÖRSCHEL, List, S. 463.
2) N. N., Verbrechen, S. 70.

ten Aktion insgesamt 13135 Pistolen im Wert von 1,6 Millionen Mark kaufte, weiterverkaufte oder in geheimen Lagern versteckte. Wegen fortgesetzten illegalen Waffenhandels und Steuerhinterziehung wurde Siebzehner in Karlsruhe zu drei Jahren Freiheitsstrafe verurteilt. Als Zeugen mußten Kriminalbeamte und Staatsanwälte erklären, wie Siebzehner unbemerkt in die eigene Tasche hatten arbeiten können.

c) V-Personen spähen die Polizei aus

Die Herkunft der V-Personen sollte die Polizei stets daran erinnern, daß diese ihre Tätigkeit oft für eigene Zwekke ausnutzen (wollen). So kommt es z. B. auch vor, daß V-Personen Informationen über polizeiliche Erkenntnisse an die Rauschgiftszene liefern. Der Zuträger der Polizei wird auf diese Weise oft zugleich zum Zuträger der Szene. Er kennt die polizeiliche Taktik, kann vorwarnen, kennt Kennzeichen ziviler Polizeifahrzeuge usw.[1] Im Bereich der organisierten Kriminalität arbeiten V-Personen nicht selten im Auftrag ihrer Organisation als V-Personen mit der Polizei zusammen, um kriminalpolizeiliches Wissen bzw. die bei den Kriminaldienststellen vorhandenen einschlägigen Informationen auszuspähen. Dabei werden verschiedene Dienststellen kontaktiert mit dem Ziel, die erlangten Informationen als eigene auszugeben und zu verwerten sowie damit auch Dienststellen gegeneinander auszuspielen.[2]

aa) Der Grundsatz, daß Informanten und V-Personen Informationen weder zum konkreten Fall noch allgemeiner Art erhalten sollen, wird oft nicht eingehalten. So kommt es z. B. immer wieder vor, daß polizeiliche Erkenntnisse über
- die eigene Präsenz,
- vermutete Rauschgifthändler,
- den Stand der Ermittlungen,

---

1) KREUZER, Drogen, S. 186.
2) SCHULZ, Täter II, S. 461.

- die Beurteilung von Verdächtigen und deren Vorstrafen
- eingeleitete Maßnahmen und deren Ergebnisse usw.

zur Kenntnis der V-Personen gelangen. Darunter fällt auch schon die Bestätigung der Richtigkeit gelieferter Informationen, die wahrheitsgemäße Beantwortung von Fragen seitens des Informanten/der V-Person über ermittlungstechnische polizeiliche Möglichkeiten, personenbezogene Erkenntnisse sowie Bekanntgabe der auf ihre Anregungen hin getroffenen Feststellungen.[1]

bb) Die Gefahr des Ausspähens ist besonders groß bei Selbstanbietern, die von anderen Dienststellen - auch außerpolizeilichen - als Informationsquelle oder -beschaffer eingesetzt wurden oder noch werden.[2]

cc) Wie Erfahrungen gelehrt haben, geht die Ausspähung der Polizei nicht nur zu Lasten der Ermittlungsarbeit, sondern oft auch zu Lasten des Führungsbeamten.[3] In vielen Fällen haben V-Personen nach beiden Seiten gearbeitet, indem sie die Gegenseite vor geplanten polizeilichen Maßnahmen gewarnt[4] und außerdem ihre "polizeilichen" Kenntnisse und ihre Beziehungen zur Polizei genutzt haben, sich diese seitens der Kriminellen erheblich besser bezahlen zu lassen, als es die Polizei für die ihr geleistete "Hilfe" konnte.[5]

dd) Darüberhinaus zeigen die Erfahrungen, daß V-Personen

---

1) SCHULZ, Bekämpfung, S. 455 f.
2) A. a. O., S. 457.
3) BÖGE, S. 93; nicht zuletzt auch unter dem Aspekt der Verletzung der Pflicht zur Amtsverschwiegenheit, welche die Gewährung von Akteneinsicht, die Bekanntgabe strafrechtlich relevanter Sachverhalte, geplanter polizeilicher Maßnahmen oder des Ermittlungsstandes verbietet: BKA-Schriftenreihe, S. 79; die Mitteilung der erforderlichen Informationen wird durch § 163 StPO gedeckt.
4) S. z. B. N. N., Verbrechen, S. 67: Dort ist die Rede von einem elsässischen Falschgeldkurier, tätig für das BKA. Er führte die Falschgeldfahnder auf die Spur eines Blütendruckers im Badischen. Eine bei diesem daraufhin geschaltete Telefonüberwachung ergab, daß der Elsässer den Fälscher kurz vor dem Zugriff warnte: "Leg dich mit deinem Hunderter schlafen."
5) BÖGE, S. 93.

selbst Zielpersonen polizeilicher Ermittlungen werden können.[1] Diese gestalten sich dann um so schwieriger, je mehr V-Personen über die Arbeit der Polizei wissen.

d) <u>Informanten und V-Personen liefern falsche Informationen</u>

Viele Führungsbeamte sind schon von ihren eigenen V-Personen irregeführt, z. B. von ihr zur Durchführung einer Razzia oder zur Durchsuchung einer bestimmten Wohnung veranlaßt worden. Der Erfolg bestand einzig und allein darin, daß die betreffende V-Person in Verbrecherkreisen mit ihren "connections" zur Polizei prahlen und andere Milieuangehörige erpressen konnte.[2]

aa) Folgende Möglichkeiten sind in Betracht zu ziehen:

- Die Information ist falsch, ohne daß ein Verschulden oder Irreführen seitens des Informanten/der V-Person vorliegt. Der Informant/die V-Person hat sich geirrt, er/sie wurde angelogen. Am sichersten sind die Informationen daher, wenn sie auf eigenen Beobachtungen des Informanten/der V-Person beruhen. Ansonsten, d. h. wenn sein/ihr Wissen auf Mitteilungen anderer beruht, muß mit einem (zusätzlichen) gewissen Unsicherheitsfaktor gerechnet werden.[3]
- Die Information ist falsch, weil der Informant/die V-Person nur renommiert, prahlt, sich wichtig tut und deshalb nur Phantastereien erzählt.
- Die Information ist vom Informanten/der V-Person bewußt falsch überbracht worden, um die Polizei auf eine fal-

---

1) MELLENTHIN, S. 89; PIETRZIK, Rauschgifthandel, S. 229 f. Mellenthin und Pietrzik schließen daraus, daß es am zweckmäßigsten sei, V-Personen primär nur in der Anfangsphase operativer Ermittlungen einzusetzen und die Aktivitäten nach und nach auf vE zu übertragen.
2) BÖGE, S. 93.
3) Nach der Aktenauswertung von Haas wirkten in 72 Fällen "V-Leute" (= Informanten und V-Personen i. S. d. Arbeit) mit. In 36 Fällen beruhten die vertraulichen Hinweise auf persönlicher Wahrnehmung, in 35 Fällen waren die "V-Leute" selbst "Zeugen" vom Hörensagen: HAAS, S. 266.

sche Spur zu lenken,

- um sich selbst oder einen anderen Täter von einem Verdacht zu befreien, oder
- weil eigene Straftaten verdeckt, andere Personen dem Zugriff der Polizei entzogen werden sollen usw.,
- um ungestört Straftaten begehen zu können,

- Denkbar sind auch falsche Anschuldigungen aus Haß, Rache oder Neid,[1] z. B. um unliebsame Konkurrenten auszuschalten.

aaa) Thomas[2] versäumt es nicht darauf hinzuweisen, daß aufgrund der gegebenen Motivation der V-Personen bei der Bewertung ihrer Informationen entsprechende Vorsicht angebracht ist, insbesondere deshalb, weil die Verdienstspannen auf dem illegalen Drogenmarkt höher liegen als die Entlohnung für sichergestellte Drogen. So wird von V-Personen i. d. R. der eigene Anteil am Rauschgifthandel verschwiegen, und in Aussicht gestellte Sicherstellungsmengen existieren vorwiegend nur in der Fantasie der V-Person.

bbb) Aber auch durch unkluges taktisches Verhalten des Führungsbeamten können Falschinformationen geradezu provoziert werden, z. B. wenn der Beamte zu hohe Erwartungen hegt. Da kein Informant und keine V-Person eine unerschöpfliche und universelle Informationsquelle darstellt, entsteht im Falle zu hoher Erwartungen seitens des Kontakt- bzw. Führungsbeamten schnell ein gewisser Leistungsdruck. Es kann dann nicht ausbleiben, daß "Geschichten" erfunden und dadurch unnötige polizeiliche Maßnahmen eingeleitet werden.[3]

bb) Wie oben bereits gezeigt wurde, dient der Einsatz von V-Personen i. w. der Gewinnung von vertraulichen Hinwei-

---

1) BKA-Schriftenreihe, S. 77.
2) THOMAS, Drogenkriminalität, S. 129/161.
3) ZÜHLSDORF, Bekämpfung, S. 75.

sen für die Fahndung und Ermittlung, der Überführung von Rauschgiftschmugglern und -händlern im Rahmen von Scheingeschäften und der Unterstützung der Untergrundfahndung und -ermittlung durch vE bei der Kontaktaufnahme. Aus der Sicht der Polizei ergibt sich das Problem, daß die von Informanten und V-Personen erlangten Informationen fast immer mit Verwertungshindernissen behaftet, m. a. W. für sich allein i. d. R. nicht gerichtsverwertbar sind. Das liegt daran, daß Informanten und V-Personen nicht genannt werden dürfen und daher als Beweismittel im Prozeß nicht zur Verfügung stehen.
Außerdem wissen Polizei und Gerichte um die Gefahr, Fehlinformationen aufzusitzen.

aaa) I. d. R. werden daher Mitteilungen von Informanten/V-Personen nicht zur Begründung eines dringenden Tatverdachtes und daher auch nicht als Grundlage für strafprozessuale Maßnahmen herangezogen, sondern dienen lediglich als Anstoß und Grundlage für weitere polizeiliche Ermittlungen.[1]

bbb) Ihr Wahrheitsgehalt wird durch außerhalb der Mitteilung liegende Umstände überprüft bzw. durch zusätzliche Fakten bestätigt. Außerdem wird, wenn irgend möglich, die Information so aufbereitet, daß später die Quelle nicht auf andere Weise bekanntgemacht werden kann.
Dem entspricht auch die bereits zitierte Dienstanweisung der Polizeidirektion Hannover, die unter Punkt 3.8 be-

---

1) Für diese spielen sie allerdings eine wichtige, wenn auch nur selten eine allein entscheidende Rolle, HAAS, S. 270. Die Aktenauswertung ergab ferner, daß von 35 Verfahren, in denen im Zusammenhang mit "V-Leuten" Durchsuchungen durchgeführt bzw. angeordnet wurden, nur in 11 Verfahren lediglich vertrauliche Hinweise zugrunde lagen; von 25 Verfahren, in denen im Zusammenhang mit "V-Leuten" Haftbefehle erlassen wurden, lag nur in einem einzigen Fall nur ein vertraulicher Hinweis vor, in 10 Verfahren wäre der Haftbefehl ohne vertrauliche Hinweise nicht haltbar gewesen: HAAS, S. 269 f.

stimmt, daß

> ... stets anzustreben sei, "mit Hilfe der Information eine Beweislage zu schaffen, die einen Rückgriff sowohl auf den Informanten als auch auf seinen vertraulich gegebenen Hinweis unnötig macht. Im letzteren Fall ist kein Hinweis auf die vertraulich erreichte Information in die Ermittlungsakten aufzunehmen."

ccc) Müssen dennoch einmal die Angaben einer, z. B. als Scheinkäufer von Rauschgift aufgetretenen, V-Person (verdeckt) in ein Verfahren eingeführt werden[1], dann wird die Glaubwürdigkeit/Unglaubwürdigkeit der V-Person anhand von Indizien[2] beurteilt:

Zweifel an der Glaubwürdigkeit einer V-Person sind angebracht, wenn

- gegen die V-Person selbst wegen des Verdachts auf illegalen Rauschgifthandel ermittelt wird,
- die V-Person sich nicht an die Anweisungen ihres Führungsbeamten gehalten hat,
- die V-Person einen Teil des Rauschgiftes für sich selbst abgezweigt hat,
- sie, um ein höheres Honorar zu erhalten, das als Scheinkäufer erworbene Rauschgift gestreckt hat,
- die V-Person wegen eines Aussagedeliktes vorbestraft ist,
- sie im Laufe des Verfahrens stark voneinander abweichende Darstellungen des Tatgeschehens abgegeben hat,
- diese Darstellungen den Ergebnissen der polizeilichen Observation widersprechen,
- die V-Person von einem der Beschuldigten Geld entgegengenommen, nicht abgeliefert und ihn entlastet hat,
- sie einem Beteiligten die Flucht ermöglicht hat,

---

1) Die Aktenauswertung von Haas ergab, daß die Relevanz der "V-Leute" in den als "V-Mann-Fälle" bezeichneten Verfahren bereits mit der Anklage nachläßt (Nur in einem Verfahren klagte die StA Taten an, die sie ausschließlich auf "V-Mann"-Erkenntnisse (und -beweise) stützte.) Aussagen von Führungsbeamten und Kontaktpolizisten in der Hauptverhandlung über vertrauliche Hinweise kommt kaum Bedeutung zu: HAAS, S. 276 f.
2) KÖRNER, Glaubwürdigkeit, S. 386.

- die V-Person sich bereits bei einer anderen Dienststelle wegen falscher Angaben oder Abweichung von den Vereinbarungen als unzuverlässig erwiesen hat.

  In einem vor dem Amtsgericht Frankfurt (90 Js 2333/80) verhandelten Fall[1] ließ z. B. die Staatsanwaltschaft selbst den auf die Angaben eines zunächst als V-Person in Erscheinung getretenen amerikanischen Soldaten gestützten Vorwurf ganz fallen. Die Soldat hatte zunächst jahrelang selbst Haschisch gedealt. Aus Angst vor Strafe hatte er sich später den Behörden als V-Person zur Verfügung gestellt. Schließlich wurde ihm die Durchführung eines Scheingeschäftes übertragen. Bei dessen Abwicklung wurden mehrere Beschuldigte festgenommen. Die V-Person gab in dem von ihr verfaßten Bericht an, sie habe mit den Beschuldigten schon seit geraumer Zeit Geschäfte getätigt und ihnen ca. 4 kg Haschisch abgekauft. Im Verfahren gegen die bei dem Scheingeschaft Festgenommenen war es trotz bekannter Identität der V-Person nicht möglich, diese zur Hauptverhandlung zu laden. Daher wurden Vernehmungsbeamte gehört. Da die Identität der V-Person feststand, konnte über die Vernehmungsbeamten die ganze Vorgeschichte der V-Person (Eigengeschäfte und Einsatz als V-Person aus Angst vor drohender Strafverfolgung) offenbart werden. Nach diesen Darstellungen schienen die Angaben der V-Person hinsichtlich des angeblichen 4 kg-Deals zu fragwürdig. Dieser Vorwurf wurde daher insgesamt fallengelassen.

Dagegen spricht für Glaubwürdigkeit der V-Person, wenn der Führungsbeamte berichtet, daß die V-Person

- bereits seit Jahren zuverlässig und korrekt für die Dienststelle arbeitet,
- nicht vorbestraft ist,
- die Behörde über jeden Teilakt des Geschehens durch ex-

---

1) WEIDER, S. 32.

akte Berichte informiert, welche i. d. R. durch die weiteren Ermittlungen bestätigt werden.

2. Gefahr der Enttarnung von V-Personen

Im Ergebnis üben V-Personen Verrat. Die davon Betroffenen sinnen verständlicherweise oft auf Rache. Da der Bereich der Rauschgiftkriminalität weitgehend organisiert ist, kann die V-Person auch i. F. d. Inhaftierung und Verurteilung des Täters zu einer Freiheitsstrafe nicht sicher sein, der Rache der geschädigten Organisation zu entgehen. V-Personen müssen daher regelmäßig um ihre Sicherheit fürchten. Dennoch scheinen nach einer von Kreuzer[1] durchgeführten Fixerbefragung tatsächlich durchgeführte und gelungene Racheaktionen verhältnismäßig selten zu sein.

a) Ursachen der Enttarnung

(1) Aufhebung der Vertraulichkeit.

(2) Die vertraulich erlangten Informationen werden dergestalt verwertet, daß die Gegenseite aus bestimmten Einzelheiten die Quelle erkennen oder durch eigene Recherchen ermitteln kann.

(3) Wissen Beschuldigte, daß ihr gegenwärtiger Aufenthalt, das Rauschgiftdepot, das spezielle Schmuggelversteck, die Verbringungsroute, Grenzübergangsstellen und -zeiten, Transportmittel etc. nur einer bestimmten Person bekannt sind oder merkt der Täter, daß er einem vE aufgesessen ist, der ihm von einem Bekannten offeriert wurde, so ist es nicht schwer, den "Maulwurf" zu entlarven.

aa) Dies geschieht dann auch. Denn auch ohne Aussicht auf Entlastung neigt die Täterseite (oft auch unter Einschal-

---

1) KREUZER, Drogen, S. 187.

tung des verteidigenden Anwaltes) dazu, Zeugenbenennungen vermeintlicher Informanten und V-Personen vorzunehmen.
Das hat den Zweck, Informationsquellen für die Polizei zu verschließen und V-Personen durch "Verbrennen" unbrauchbar zu machen.
Die Gefahr der Enttarnung durch die Gegenseite besteht daher auch dann, wenn die V-Person z. B. nach der Kontaktaufnahme mit dem Verdächtigen und nach Heranführung eines vE aus Scheinkaufsverhandlungen herausgelöst wird.[1)]

bb) Interessant ist in diesem Zusammenhang, daß sich Verteidiger hin und wieder, bewußt oder unbewußt, für die Interessen der Kriminellen einspannen lassen. Dies äußert sich in verstärkten Enttarnungsbemühungen mancher Verteidiger:
Diese sind vielfältig:[2)]

- Meistens wird zuerst der Mandant nach Personen befragt, die im Rahmen des Tatgeschehens mit ihm in Kontakt traten. Der Verteidiger recherchiert dann, was aus diesen Personen geworden ist.
- Einzelne BTM-Verteidiger verfügen sogar über eine V-Personen-Kartei. In ihr sind Spitznamen, Aussehen, Alter, Nationalität, Sprache, körperliche Gebrechen, Arbeitsweise, Einsatzorte, VP-Führer, Dienststelle, Vorstrafen, benutzter Pkw, Freundeskreis, Stammkneipe und Arbeitgeber der bekanntgewordenen V-Personen eingetragen. Wird in einem Ermittlungsverfahren eine größere Anzahl übereinstimmender Daten von V-Personen festgestellt, so ist die Wahrscheinlichkeit groß, daß eine bestimmte V-Person im Einsatz war.
- Verteidiger fragen, oft mit Erfolg, bei Kollegen nach V-Personen mit einer bestimmten Beschreibung.
- Manche Eigenarten von V-Personen werden durch gründliches Aktenstudium festgestellt.
- Die Akten ermöglichen leider nicht selten, bestimmte

---

1) SCHULZ, Bekämpfung, S. 466.
2) Siehe dazu KÖRNER, V-Leute, S. 230.

Kontaktpersonen aus dem Verwandten- und/oder Bekanntenkreis der V-Person (Freundin, Arbeitgeber, Wirt der Stammkneipe) zu ermitteln, die dann zur Identifizierung der V-Person als Zeugen benannt werden können.
Dies, obwohl die Aktenführung grundsätzlich so angelegt sein muß, daß nicht später ungewollt die V-Person enttarnt werden kann.
Die Hamburger Richtlinien bestimmen im Zusammenhang mit der Zusicherung der Vertraulichkeit:[1]

> 6.3. Die Mitwirkung von Informanten/V-Personen und der Inhalt ihrer Informationen und/oder Aktivitäten sind nur in dem Umfange in den Ermittlungsakten zu vermerken, der für das Verständnis des Ermittlungsergebnisses unerläßlich ist. Dabei ist darauf zu achten, daß Darstellungen unterbleiben, die Rückschlüsse auf die Identität, den Aufenthalt oder die Verbindung zur Polizei zulassen.

- Wiederholt gelang es Verteidigern, in Begleitung des ihnen als Führungsbeamten bekannten Polizisten die V-Person zu erkennen.
- Vereinzelt wurden V-Personen auch enttarnt, weil sie sich ausgerechnet während einer laufenden Hauptverhandlung im Dienstzimmer des sachbearbeitenden Staatsanwaltes versteckten oder dort Rat suchten.

b) <u>Gegenreaktion der Polizei</u>

Es braucht nicht besonders betont zu werden, daß Führungsbeamte von V-Personen den Enttarnungsbemühungen der Gegenseite nicht tatenlos zusehen. Im Interesse einer effektiven Verbrechensbekämpfung sind die Versuche der betreffenden Beamten, die Enttarnung ihrer V-Personen zu verhindern, auch legitim, jedenfalls bis zu einem gewissen Maß. Der Schutz von V-Personen hat jedoch dort seine Grenze, wo der Verdacht besteht, sie könnten sich selbst strafbar gemacht haben, und wo die Durchsetzung des staatlichen Strafanspruches gegen die V-Person durch eine weitere Geheimhaltung gefährdet ist. Manche Beamte scheinen hier

---

1) Entsprechend die Dienstanweisung der Polizeidirektion Hannover unter Punkt 3.8.

jedoch über das Ziel hinaus zu schießen.
Anders jedenfalls ist nicht zu erklären, daß Staatsanwälte bei ihren Ermittlungen gegen V-Personen wegen des Verdachts oder Bekanntwerdens strafbarer Handlungen häufig Probleme mit Kriminalbeamten haben, die unter Berufung auf die Fürsorgeverpflichtung des Führungsbeamten gegenüber der V-Person (bzw. vor Gericht auf die fehlende Aussagegenehmigung)

- gelegentlich Auskünfte verweigern, den Tatverdacht oder den Haftgrund anzweifeln,
- Erkenntnisse über das Verhalten und/oder den Aufenthaltsort der V-Person verschweigen,
- Eigengeschäfte der V-Person nachträglich als mögliche Scheingeschäfte für die Polizei darstellen,
- sich wegen der Erfolge einer V-Person weigern, einen erlassenen Haftbefehl zu vollstrecken,
- die bisher vertrauliche Zusammenarbeit mit der Staatsanwaltschaft beenden,
- für die V-Personen einen Verteidiger beauftragen und diesen ausführlicher informieren als die Staatsanwaltschaft.[1]

1) KÖRNER, V-Mann, S. 293 f.

FÜNFTER TEIL

SITUATION DER POLIZEILICHEN RAUSCHGIFTBEKÄMPFUNG UND AUSBLICK

A. Situation der polizeilichen Rauschgiftbekämpfung

I. Die Bekämpfungssituation im allgemeinen

Nach einem unlängst von Schulz[1] veröffentlichten Aufsatz stellt sich die Situation der polizeilichen Rauschgiftbekämpfung folgendermaßen dar:
Die Bekämpfung des Rauschgifthandels ist Schwerpunkt der polizeilichen Aktivitäten auf dem Gebiet der Strafverfolgung. Vor allem in den nördlichen und mittleren Bundesländern beschränken sich diese auf mehr oder weniger intensive Kontakte zur Szene und auf die Entgegennahme von Informationen. Deren Aufbereitung und wirksame Verfolgung scheitert jedoch v. a. auf örtlicher Ebene, aber auch in überörtlich zuständigen Dienststellen und zentralen Rauschgiftdienststellen der meisten Bundesländer am Zeit- und Kräfteaufwand. I. w. werden die Informationen daher nur weiter verfolgt, wenn sie von vornherein die Möglichkeit erkennen lassen, strafprozessuale Maßnahmen einzuleiten, bzw. soweit Erfolge aufgrund kurzfristiger verdeckter Maßnahmen und Einsätze zu erwarten sind. Selbst dann werden die Ermittlungsmaßnahmen nicht selten auf den konkreten Fall und die darin beweiskräftig verwickelten Personen beschränkt. Dementsprechend werden verdachterregende Randerscheinungen mit deutlichem Hintergrundcharakter nicht weiter verfolgt und bleiben oft auch unausgewertet, v. a. in Bundesländern mit schwachen Rauschgiftzentralstellen. Aus diesem Grund finden dort auch keine auf der

---

1) SCHULZ, Situation, S. 118 ff.

Auswertung von Hintergrunderkenntnissen beruhenden personenbezogenen Ermittlungen gegen die Drahtzieher von Rauschgifthändler- und -schmugglerorganisationen statt. Dies gilt in gewissem Maße auch für die besser ausstaffierten Rauschgiftdienststellen der Landeskriminalämter und des Bundeskriminalamtes. Auch hier werden nicht selten umfangreiche Verfahren mit Beweiswirkung im Teilbereich abgeschlossen, verdachtsrelevante Hintergrunderkenntnisse und Fälle, die nicht schon von vornherein relativ schnelle Erfolge versprechen, nicht weiterverfolgt.

Das Übergewicht der polizeilichen Bekämpfungsmaßnahmen liegt im Bereich des Erwerbs, Kleinhandels und -schmuggels von und mit Drogen. Dementsprechend beschränken sich die Bekämpfungserfolge i. w. auch auf die Peripherie der Rauschgiftszene. Von den vor Gericht verhandelten Fällen, an denen eine V-Person beteiligt war, betreffen mehr als zwei Drittel simple Besitzdelikte, vier von fünf Verfahren finden wegen "geringer Mengen" statt.[1]

Nur vereinzelt kann die Polizei tiefer eindringen, weil ihre Aktivitäten in den meisten regionalen Bereichen nicht über die Entgegennahme und Verfolgung von Hinweisen mit greifbaren Ermittlungsansätzen hinausgehen. Nur ein Bruchteil der polizeilichen Anstrengungen richtet sich gegen den organisierten Rauschgiftschmuggel und -handel. Insbesondere wegen des Personalbestandes haben die wenigsten Bundesländer genügend Raum und Zeit für gezielte personenbezogene Ermittlungen gegen den organisierten Schmuggel und Handel.
Dabei behindern die zunehmende Abschottung, verfeinerte Absatzmethoden, Absicherungen und die Ausspähung kriminalpolizeilicher Erkenntnisse durch die Täter die Aufklärung und führen öfters zu Fehleinsätzen.

---

1) BEHR, Verbrechen, S. 129.

II. Inanspruchnahme von Informanten, Einsatz von V-Personen und verdeckten Ermittlern

1. Relevanz in der polizeilichen Ermittlungsarbeit

a) Tendenziell haben die Gewinnung und der Einsatz von Informanten und V-Personen nachgelassen.[1] Dennoch nimmt die Verfolgung derjenigen Fälle noch immer breiten Raum ein, in denen die ausreichende Wahrscheinlichkeit besteht, unter Mitwirkung eines Informanten, einer V-Person oder eines verdeckten Ermittlers Rauschgift sicherzustellen. Inzwischen versucht man allerdings polizeilicherseits angesichts einiger Pannen grundsätzlich zu verhindern, daß V-Personen mit Vorzeigegeldern und Drogen unmittelbar in Berührung kommen.[2] Das geschieht dergestalt, daß V-Personen zunehmend nur noch in der Anfangsphase von Scheingeschäften eingesetzt und dann aus diesen herausgelöst werden, bevor die Gegenseite Kaufgeld sehen will.

b) Auch mit dem Einsatz verdeckter Ermittler ist die Polizei zurückhaltender geworden.[3] Heute bevorzugt man in der BRD den verdeckten Ermittler, der nur einzelne Aufträge erledigt, d. h. der nur kurzfristig von Fall zu Fall tätig wird. Weniger praktiziert wird der ausschließlich konspirative Einsatz verdeckter Ermittler auf längere Dauer i. S. einer Einschleusung ins Milieu oder in eine kriminelle Organisation.[4] Damit soll zum einen vermieden werden, daß sich, wie geschehen, Polizeibeamte mit szenekonformen, illegalen Verhaltensweisen identifizieren. Zum anderen kann damit aber auch das Problem der "Keuschheitsproben" umgangen werden, denen sich verdeckte Ermittler

---

1) SCHULZ, Situation, S. 126; BKA-Forschungsreihe, S. 366.
2) BKA-Forschungsreihe, S. 366.
3) SCHULZ, Situation, S. 129; BKA-Forschungsreihe, S. 366.
4) BKA-Forschungsreihe, S. 366; so auch schon die Praxis anfangs der 80er Jahre beim PP München: SCHÖFFEL, S. 72.

in der Vergangenheit bisweilen unterziehen mußten, um von einer Straftätergruppierung akzeptiert und integriert zu werden.[1]
Soweit längerfristige Einschleusungen verdeckter Ermittler erfolgen, so vollziehen sie sich in der Praxis hauptsächlich auf der Ebene der Verbraucher, des Klein- und Zwischenhandels oder im Randbereich des organisierten Rauschgifthandels. Der für längerfristige Einschleusungen erforderliche Aufbau einer Legende und deren Abdeckung gegen Überprüfungen durch die Gegenseite begegnet hier i. a. nicht ganz so großen Problemen wie auf höheren hierarchischen Ebenen.[2]

c) Auch Informanten werden zunehmend nur noch von Fall zu Fall zur Gewinnung tatverdachtsbegründender Hinweise in Anspruch genommen. Die Erfahrungen haben nämlich gezeigt, daß Informanten aus der Szene nur selten besser über aktuelle Geschehnisse des illegalen Drogenmarktes informiert sind als Fixer und Dealer. Deren Geständnisfreudigkeit kann ebenso gut und ohne Eigengefährdung zur Informationsgewinnung genutzt werden.[3]

2. Justitielle Relevanz der V-Personen

Die große Bedeutung der V-Personen für die polizeiliche Bekämpfung insbesondere der (organisierten) Rauschgiftkriminalität wurde im ZWEITEN und DRITTEN TEIL dieser Arbeit dargestellt. Anläßlich immer wiederkehrender Diskussionen über die V-Personen-Problematik im Hauptverfahren scheinen jedoch noch einige ergänzende Bemerkungen hierzu angebracht.
Gemessen an der vermuteten Häufigkeit des Einsatzes von V-Personen ist davon auszugehen, daß nur eine relativ klei-

---

1) BKA-Forschungsreihe, S. 366; KÖRNER, S. 434, § 31, Rn. 71.
2) SCHULZ, Bekämpfung, S. 528.
3) BKA-Forschungsreihe, S. 363 f.

ne Anzahl von V-Personen-Einsätzen oder sog. "V-Mann-Fällen" bekannt wird. Allerdings sind dies meist auch die spektakulärsten. Zudem wurde die von der Polizei früher geübte Praxis, das Wissen von V-Personen nicht in Strafverfahren einzuführen, in einigen Fällen durchbrochen. Hierdurch wurden im Ergebnis einige höchstrichterliche Grundsatzurteile herbeigezwungen und in deren Folge heftige Kontroversen ausgelöst.

Dies hat in der Vergangenheit zu einer eindeutigen Überbewertung der strafprozessualen V-Personen-Problematik geführt. Denn die entscheidende Rolle der V-Personen liegt trotz allem im Ermittlungsverfahren. Demgegenüber werden Erkenntnisse von V-Personen nur in ganz wenigen Strafverfahren wirklich relevant, weil sich Anklageerhebung und Verurteilung regelmäßig auf andere Beweise stützen können.

Dies bestätigt auch die von Haas[1] vorgenommene Aktenauswertung:

a) Sie ergab, daß die Relevanz der "V-Leute" (= Informanten und V-Personen i. S. dieser Arbeit) in den als "V-Mann-Fälle" bezeichneten Verfahren bereits mit der Anklage nachläßt:[2]

1. In 17 (von 176) Verfahren wurden ihre Erkenntnisse noch aufgeführt. Diese hatten nach der Wertung in der Anklage jedoch keinerlei (notwendigen) Beweiswert.
2. In zwei Verfahren waren V-Mann-Erkenntnisse zwar ausführlicher beschrieben, jedoch diente das nur der verständlichen Sachverhaltsdarstellung. Ein Beweiswert kam dem nicht zu.
3. In 12 Verfahren rundeten die V-Mann-Erkenntnisse die Anklage ab, wobei grundsätzlich die sonst vorhandenen Beweise ausreichten. Auf die V-Mann-Erkenntnisse hätte daher verzichtet werden können.

---

1) HAAS, S. 264 ff.
2) Siehe dazu HAAS, S. 275 f.

4. In 12 Verfahren kam den V-Mann-Erkenntnissen bereits ein eigener Beweiswert zu. Zwar wurden auf sie nicht direkt und allein einzelne Anklagepunkte gestützt, aber sie fundierten allgemein die Anklage.
5. In nur einem Verfahren klagte die StA Taten (als Teil der Gesamtklage) an, die sie allein auf "V-Mann"-Erkenntnisse stützte. Für diese Anklagevorwürfe hatte sie keine weiteren Beweise.

b) Im Hauptverfahren waren die Erkenntnisse der "V-Leute" nur wenig relevant. Sie wären sogar nahezu ausschließlich für Verurteilungen entbehrlich gewesen.[1] Selbst wenn Kontaktpolizisten in der Hauptverhandlung über Hinweise aussagten, kam dem letztlich kaum mehr Relevanz zu.[2] In nur 9 Verfahren (5%) schien dem Gericht bzw. der Verteidigung die Vernehmung der "V-Leute" so wichtig zu sein, daß Bemühungen um ihre Vernehmung in der Hauptverhandlung stattfanden.[3]

c) Letztendlich gab es nur ein Verfahren, in dem die Erkenntnisse der V-Person die Grundlage eines Urteils bildeten. In diesem Fall lag jedoch ein erheblicher Heroinfund vor, so daß andere Beweise für eine wenn auch etwas andere Straftat gegeben waren. Die nur in diesem Verfahren auf die V-Mann-Problematik gestützte Revision wurde durch den BGH als unbegründet verworfen.[4]

---

1) HAAS, S. 304.
2) A. a. O., S. 276.
3) A. a. O., S. 281.
4) A. a. O., S. 299.

B. Ausblick

Es ist fraglich, ob die Polizei die Instrumente Informant, V-Person und verdeckter Ermittler in Zukunft mit derselben Effizienz wird einsetzen können wie noch Ende der 70er Jahre, als es ihr im Rahmen der Bekämpfung der gewerbsmäßigen und bandenmäßig organisierten Rauschgiftkriminalität gelang, mit V-Personen große Rauschgiftmengen sicherzustellen und zahlreiche Dealer zu überführen. Zweifel an der gleichbleibenden Relevanz der Arbeit mit Informanten, V-Personen und verdeckten Ermittlern für das Ermittlungsverfahren sind aus folgenden Gründen angebracht: Zum einen lernen Kriminelle ständig hinzu und passen ihre Methoden denen der Polizei an. Diesem Anpassungsprozeß könnte die Polizei jedoch wiederum ihrerseits mit verfeinerten Methoden begegnen, so daß hierin nicht das entscheidende Problem der Zukunft liegen wird. Problematischer ist insoweit, daß der durch Grundsatzentscheidungen determinierte, rechtlich zulässige Rahmen "verdeckter Informations- und Beweismittelbeschaffung" durch Erlasse, Richtlinien und andere Verwaltungsvorschriften weiter eingeschränkt wurde als von gerichtlicher Seite gefordert. Die einschlägigen Vorschriften beschränken die Zusicherung der Vertraulichkeit/Geheimhaltung, den Einsatz von Informanten, V-Personen und verdeckten Ermittlern ganz erheblich. Die verbleibenden Möglichkeiten werden durch komplizierte Vorgänge der Entscheidungsfindung, durch unklare Begriffsbestimmungen, durch die Verlagerung fast aller Entscheidungskompetenzen auf die Staatsanwaltschaft (und die damit verbundenen Kommunikationsprobleme) usw. zusätzlich erschwert.

Für diese Entwicklung sind jedoch nicht allein Kriminelle und ihre findigen Verteidiger, Politiker oder Polizeikritiker verantwortlich. Zu einem nicht unbeachtlichen Teil hat die Polizei selbst die Weichen in diese Richtung gestellt. Sie hat entgegen langer Übung vielfach nicht beachtet, daß es sich gerade bei V-Personen um hervorragende Informations-, aber nur um unzureichende Beweismittel handelt.

Die tatsächliche Umsetzung der einschlägigen Richtlinien in die Praxis läßt erwarten, daß Informanten, V-Personen und verdeckte Ermittler, die der Polizei ursprünglich einmal Waffen- bzw. Chancengleichheit gegenüber den Kriminellen gewährleisten sollten, allmählich zu "stumpfen Waffen" werden - eine fatale Entwicklung, angesichts der Tatsache, daß allein der von der "organisierten Kriminalität" in der Bundesrepublik jährlich verursachte Schaden auf 130-150 Milliarden DM geschätzt wird.
Hinzu kommen Hunderte von Drogentoten jedes Jahr und kaum faßbares menschliches Leid, das mit dem Schicksal eines jeden Drogenabhängigen verknüpft ist.

Joachim Paulus

Überprüfung der V-Mann-Sperrung durch einen neutralen Strafrichter?

Frankfurt/M., Bern, New York, Paris 1988. 346 S.
Europäische Hochschulschriften: Reihe 2, Rechtswissenschaft.
Bd. 770
ISBN 3-631-40394-1 br./lam. DM 51.--/sFr. 42.--

Der V-Mann Einsatz bei der Aufklärung schwerer Kriminalität wird in der Bundesrepublik für unerläßlich gehalten. Kernpunkt der strafprozessualen Problematik dieser Aufklärungsmethode ist die Vernehmung des V-Mannes als Zeuge in der Hauptverhandlung. Die Ermittlungsbehörden haben aufgrund strafprozessualer und beamtenrechtlicher Normen die Möglichkeit, durch Sperrerklärungen die persönliche Venehmung des V-Mannes zu verhindern. Nach einer Sperrerklärung kann in der Regel die Aussage des V- Mannes durch einen Zeugen vom Hörensagen - z.B. die Verhörsperson des V-Mannes - oder durch ein anderes mittelbares Beweismittel in die Hautverhandlung eingeführt werden, ohne daß der Angeklagte die Möglichkeit hat, dem V-Mann selbst gegenübergestellt zu werden. Gegen eine Sperrerklärung steht nach jetziger Rechtsprechung nur dem Angeklagten der Rechtsweg offen, Strafgerichte und Statsanwaltschaft haben nach herrschender Ansicht nicht die Möglichkeit, eine Änderung der Behördenentscheidung gerichtlich zu erzwingen. Untersucht wird deshalb das gegenwärtige System des Rechtsschutzes gegen Sperrerklärungen und die Möglichkeit der Einführung eines neuen Verfahrens, durch das dem Gericht, der Staatsanwaltschaft und dem Angeklagten das Recht einer umfassenden, aber auch raschen Überprüfung der Rechtsmäßigkeit einer Sperrerklärung eingeräumt und so gegebenenfalls die Vernehmung des V-Mannes im Strafprozeß erreicht wird.

Aus dem Inhalt: Der Einsatz des V-Mannes und die Wahrung seiner Anonymität - Die Überprüfung der Rechtmäßigkeit einer Sperrerklärung de lege lata - Die Behandlung von Sperrerklärungen im ausländischen Recht - Die Zwischenverfahren der Verfahrensordnungen - Das Zwischenverfahren de lege ferenda.

Gottlieb-Duttweiler-Institut (Hrsg.)

Rauschmittel und Süchtigkeit

Bern, Frankfurt/M., 1971. 220 S.
Probleme im Gespräch. Bd. 3
ISBN 3-261-00445-2 br./lam. DM 23.--/sFr. 19,85

Hier liegen nun in Buchform die Referate und auch die Texte der oft sehr lebhaften Diskussion vor, bei denen sich Befürworter und Gegner des Drogengebrauchs gegenüberstehen: neben Ärzten aus der Schweiz, der Bundesrepublik Deutschland, den USA, aus Schweden und England die Fürsorgrinnen, der Berichterstatter der internationalen Rauschmittelkontrollstelle, der leitende Mitarbeiter der Interpol, der Psychiater und der Soziologe, der Vetreter des Eidgenössischen Militärdepartementes (über Drogeneinsatz zur Ausschaltung des Gegners), der Jugendsekretär und der Geistliche, der Kriminalist und die Psychologin, der bekannte Orientalist Gelpke, und schließlich die Chemiker, darunter der Erfinder des LSD.

Aus dem Inhalt: Beiträge von F. Bschor - A. Cerletti - P. Conell - D.X. Freedmann - R. Gelpke - L. Goldberg - A. Hoffmann - F. Huxley - P. Keller - P. Kielholz - H. Mörschel - J. Nepote - H. Solms - C. Somerhausen -L. Steinig und andere.

Verlag Peter Lang Frankfurt a.M. · Bern · New York · Paris
Auslieferung: Verlag Peter Lang AG, Jupiterstr. 15, CH-3000 Bern 15
Telefon (004131) 321122, Telex pela ch 912 651, Telefax (004131) 321131
- Preisänderungen vorbehalten -